Soana T. Maxwell

Grenzwall der Erotik

Grenzwall der Erotik

SOANA T. MAXWELL

Covergestaltung: Soana T. Maxwell

Kontakt: soanatmaxwell@hotmail.com

Überarbeitete Auflage
Mai 2013

GRENZWALL DER EROTIK

Sydney nahm den Finger vom Druckpunkt, ließ den Abzug los, senkte seine Flinte und wischte sich erleichtert über die Stirn.

Santa Hubertus! Das hätte voll in die Hose gehen können. ... In eine Hose, um deren Inhalt es wahrhaft schade gewesen wäre. Was führte diese Luxusausführung eines zweibeinigen Rehs an einem derart feuchtkalten Herbstmorgen in den Wald? Er duckte sich in seine Grube und bestaunte dieses anmutige Wesen, das soeben mit misstrauischen Blicken aus den Büschen trat.

Eigentlich sollte er sauer sein, denn an ihrer Stelle hatte er ein Reh der vierbeinigen Gattung erwartet. Ihr Anblick ließ jedoch keinen Unmut aufkommen. Im Gegenteil, er jagte ihm einen wohligen Schauer nach dem anderen über den Rücken, denn mit ihr betrat der Traum seines Lebens die Bühne. Eine Bühne, wie sie nur die Natur erschaffen konnte.

Dämmriges, geradezu gespenstisches Zwielicht ließ die Büsche und Bäume, zwischen denen watteartige Schleier wie halbtransparente Geistererscheinungen umherwogten, grau und leblos erscheinen. Hier und da wanderte ein fahler Lichtfinger durch die Landschaft und erweckte bei seinem Dahingleiten für wenige Augenblicke den Eindruck, Leben zu erzeugen, um es wenig später wieder erstarren zu lassen. Einer dieser Lichtfinger hauchte soeben seiner Umgebung den Odem des Lebens ein, verwandelte das allgegenwärtige Grau in saftiges Grün und alles Umliegende in eine geheimnisvolle Kulisse voller unerfüllter Träume.

Sydney atmete tief durch und sicherte die Flinte. Den gespickten Rehrücken á la German Forester konnte er von seinem Speiseplan streichen, denn diese Elfe sorgte mit ihrer Duftspur dafür, dass sich hier in den nächsten Tagen kein Wild mehr zeigen würde. Ihre gesamte Erscheinung legte die Vermutung nahe, dass sie den dezenten Duft eines exotischen Parfüms verströmte.

Die vielleicht zwanzigjährige, makellose Sinfonie aus purer Weiblichkeit verharrte keine zehn Meter von ihm entfernt und ließ für eine Weile ihr Profil bewundern. Ein gnadenlos erotisches Profil. Selbst einen Greis würde es vom Sterbebett reißen. Langes rötliches Haar umfloss ihre grazile Gestalt. Auf dem geradezu aufreizend durchgebogenen Rücken reichte es fast bis zu ihrem keck hervorstehenden Hintern herunter.

Sydney stellte die Flinte neben sich an der Grubenwand ab und rieb seine Augen. Großer Gott, wie hatte sie es fertig gebracht, ihre Figur selbst durch die warme Herbstkleidung hindurch wie nackt erscheinen zu lassen? Ihr beigefarbener Strickpullover, passend zu dem ultrakurzen Wollminiröckchen, dessen Saum nicht mal den Schritt bedeckte, hüllte den Oberkörper wie flauschige Daunen ein, zeichnete aber die Formen ihres grandios proportionierten Busens genauso deutlich nach wie ihre aufreizenden Bauch- und Beckenwölbungen. Die ebenfalls formvollendeten Beine, mit ungewöhnlich glatten und damit sehr erotischen Knien, wurden von einer dunkelbraunen Strickstrumpfhose umhüllt. Unter dem Röckchen lugte der Poansatz wie ein Fanal hervor und zeugte von einem lebhaften Muskelspiel ihrer Gesäßbacken. Ein langer zartrosafarbener Schal, der vorn und hinten bis in den Schritt hinunterreichte, umschlang den Hals der Grazie und setzte das I-Tüpfelchen auf ihre Kleidung. Jeder noch so schwache Windhauch bewegte seine Enden, die dann wie liebkosende Hände ihren Po und den sich aufreizend abzeichnenden Venushügel streichelten. Die von der Strumpfhose überdeutlich nachgezeichnete Schamkerbe trat wie die Sünde in Person hervor. Ihre zierlichen Füße steckten in farbig zum Schal passenden Wildlederstiefeletten mit Pelzbesätzen. Ein grandioser Anblick!

Sydney duckte sich hinter ein dickes Graspolster, denn dieses aus schierer Sinnlichkeit bestehende Wesen wandte sich nun mit forschenden Blicken in seine Richtung. Ihre Augen könnten tatsächlich die eines Rehs sein. Wunderschöne Augen mit endlos langen Wimpern. Diese Augen musterten nun kritisch die Büsche rings um sein Loch herum, während sich ihre linke Hand nervös unter das Röckchen tastete, um darunter zielstrebig in Richtung Po zu gleiten.

Unerwartet öffneten sich dabei ihre vollen Lippen zu einem kläglichen Laut. Ihr Unterleib bog sich nach einem heftigen Zucken der Beine ungestüm nach hinten und die rechte Hand verschwand hastig zwischen den Schenkeln, die sich daraufhin bebend aneinanderpressten. Unfassbar, wie anrührend und hilflos sie wirkte! Es gab sie also wirklich, diese Frauen, von denen behauptet wurde, sie bestünden aus purer Erotik. Ein erneutes, geradezu faszinierendes Wimmern entrang sich ihrer Kehle. Es klang noch um etliches leidender als das vorangegangene und ihre Augen weiteten sich erschrocken. Sie nagte an ihrer Unterlippe, wippte in den Knien und begann zu tänzeln.

Ganz eindeutig, die Schöne litt unter einem nicht mehr im Zaum zu haltenden Bedürfnis. Sydney sah es im Geiste schon dampfend aus ihrer Strumpfhose plätschern. Ein wahnsinnig erregender Gedanke, bei dem ihm die Nackenhaare wie die einer Katze aufstanden, aber dennoch hielt er ihr die Daumen, dass sie es schaffte, ihre Notdurft ohne ein Debakel zu verrichten. Einen sich in die Hose pinkelnden Traum wollte er sich einfach nicht vorstellen.

Trotz ihrer Not verharrte sie noch unschlüssig, wie zu Stein erstarrt. Dieses Problem bei Frauen kannte er. Wenn es ihnen erst einmal Oberkante Unterlippe stand, ließen sich die zusammengekniffenen Schenkel kaum noch öffnen, ohne gleich loszupinkeln.

Langsam kam wieder Bewegung in die Szene. Sie trippelte nun in gebückter Haltung, noch einmal scheu in alle Richtungen sichernd, näher heran. Die Kühle des Morgens ließ Atemwölkchen vor ihrem Mund entstehen. Als Sydney schon befürchtete, entdeckt zu werden, drehte sie sich keinen Meter von ihm entfernt um, wandte ihm ihre Kehrseite zu und beugte sich wimmernd nach vorn. Während sie hastig ihr Röckchen nach oben schob, um es dann mit den Ellenbogen festzuhalten, sank sie in die Hocke, spreizte die Beine dezent, ergriff den Bund der Strumpfhose und ... zog sie mit einer flüssigen Bewegung samt Schlüpfer in die Kniekehlen. Im Zwickel ihres blauen Höschens ließ sich ein münzgroßer feuchter Fleck erkennen.

Sydney krallte die Finger in den Lehm seiner Grube. Der Anblick ihres flauschig eingerahmten Hinterns ließ trotz der kühlen Witterung Schweißperlen auf seiner Stirn entstehen. Die Worte des Götz von Berlichingen an diesem atemberaubenden Gesäß nicht sofort in die Tat umzusetzen, bedurfte es eiserner Beherrschung. Er blies seine Wangen auf, denn der Platz in seiner Hose begann knapp zu werden.

Vorsichtig wedelte er seinen dampfenden Atem zur Seite, damit der nicht zwischen ihren Schenkeln aufstieg und ihr seine Anwesenheit verriet. Unfassbar, wie elegant sich doch so ein Frauenhintern beim Bücken öffnen konnte, ohne vulgär zu wirken. Selbst die delikatesten Details offenbarten sich seinen Blicken. Das Hauptziel maskuliner Inbrunst präsentierte sich ihm wie ein prächtig angerichtetes Büffet, bei dem man nicht wusste, wovon man zuerst naschen sollte. Kein einziges Härchen verwehrte den Blick auf ihre fast schon unverschämt erotischen, wie von einem Künstler geformten Genitalien und die kleine, außergewöhnlich fein gefaltete Rosette dahinter.

Er unterdrückte einen Schmerzlaut, denn unter seiner Gürtellinie traten die Dinge in ein Stadium, für das einiges mehr an Platz vonnöten wäre als er derzeit bieten konnte. Sich jetzt noch zu bewegen, würde für ihn und die Schönheit vor ihm gewiss in einem Fiasko enden, so strafte er den kneifenden Schmerz mit Missachtung.

Die Dame rückte nun ihre graziösen Füßchen zurecht, streckte ihren atemberaubenden Allerwertesten noch ein Stück weiter heraus und seufzte verhalten, bevor unter ihr ein munter dahinplätschernder Wasserfall zu einem kleinen Rinnsal wurde. Unglücklicherweise kam ihr Bächlein genau da an, wo Sydney an der Böschung lehnte. So geräuschlos wie möglich schob er sich zur Seite, um nicht mit seiner Kleidung aufzusaugen, was sie in erstaunlichen Mengen von sich gab. Einige warme Sprenkel im Gesicht musste er bei seiner Umsiedlungsaktion in Kauf nehmen, was jedoch den Genuss an diesem aufregenden Schauspiel eher noch steigerte.

Äußerst faszinierend! So zielgerichtet wie bei Männern schien die Prozedur des Wasserlassens bei Frauen nicht zu funktionieren, denn der Strahl änderte ständig seine Richtung, wurde zeitweilig zu einer wild sprühenden Wasserblume, die ihre feinen Tröpfchen in alle Richtungen verteilte. Schon nach wenigen Sekunden liefen mehrere Rinnsale an ihren inneren Pobacken herab, bevor sie sich von der blütenzarten Haut lösten und ins Gras tropften.

Ein verführerischer Gedanke, seinen Finger jetzt in ihre einladend geöffnete Vagina einzuführen, um ihr beim Pinkeln einen unerwarteten Orgasmus zu bescheren. Er schmunzelte. Es würde sie wahrscheinlich von den Beinen reißen. Die andere Öffnung wirkte nicht weniger verlockend. Wie fiele wohl ihre Reaktion aus, wenn er seinen Finger jetzt in ihren kokett dargebotenen Anus schieben würde, der ihn wie ein neugieriges Auge anstarrte? Er spürte im Geiste schon die erregende Wärme, die diesem hochinteressanten Darmausgang innewohnte, der immer mal wieder wie blinzelnd zuckte.

Natürlich beließ er es bei dieser Vorstellung, denn eine derartige Handlungsweise entsprach nicht seiner Art. Außerdem wäre es mehr als schäbig, dieses zauberhafte Wesen in einer sowieso schon hochpeinlichen, absolut hilflosen Lage zu erschrecken.

Unter dem Südpol der Holden spielte sich ein kleines Drama ab. Ein Käfer, der sich den denkbar ungünstigsten Platz zum Ausruhen erkoren hatte, bekam bei einer der häufigen Richtungsänderungen des glitzernden Strahls ein dampfendes Vollbad verabreicht, wurde auf den Rücken geworfen und mit zappelnden Beinen in die Grube geschwemmt. Die Blase der Schönheit musste bis zum Bersten angefüllt gewesen sein, denn ihr Erguss wollte gar kein Ende nehmen. Irgendwann ließ er dann aber doch nach und tropfte aus.

Dass der Vorgang des Pinkelns bei Frauen den kompletten Intimbereich in eine Tropfsteinhöhle verwandelte, hätte Sydney nicht vermutet. Wo überall es jetzt bei ihr abperlte ließ sich allerdings schwer feststellen, denn sie hockte mittlerweile in einer beachtlichen Dampfwolke, die als bleierne Schwade über die Lichtung driftete, um unmerklich vom Nebel assimiliert zu werden.

Begierig schnuppernd hielt er seine Nase in die Schwaden. Schon erstaunlich, wie verlockend der Duft weiblichen Urins roch. Da konnte man die Erregung der Stags verstehen, wenn sie nach dem Beschnüffeln einer Hirschkuh die Geweihe strammstellten und wild losröhrten. Wäre beim modernen Homo sapiens eine Situation wie die jetzige nicht so prekär, würde er nun ebenfalls gern einen Brunftschrei loslassen, bei dem sich alle Hasen in der Umgebung auf der Flucht überschlügen. Im selben Moment dürfte sich dann allerdings auch die Holde vor Schreck überschlagen und ohnmächtig liegen bleiben, also lieber nicht.

Er wich geschickt zwei Papiertaschentüchern aus, die sich kurz nacheinander aus der Wolke lösten und zielsicher auf sein Gesicht zusteuerten. Ein drittes fuhr mehrmals an den aufregenden Schenkelinnenseiten entlang, bevor es dann in den kleinen Teich platschte, der sich unter ihr gebildet hatte. Mehrere Grasbewohner tummelten sich darin, wie in einem beheizten Pool. Fast wünschte er sich, einer von ihnen zu sein und auf dem Rücken treibend in einen Himmel aus betörenden Genitalien schauen zu können, aus denen der Nektar des Lebens rieselte.

Endlich hatte sie es hinter sich gebracht! Zwei, drei Schrittchen trippelte sie nun in der Hocke nach vorn, bevor sie sich aufrichtete, zunächst Rock und Pullover bis zum Brustansatz nach oben schob, um dann nacheinander Schlüpfer und Strumpfhose über ihre berauschenden Rundungen zu ziehen. Zwischen den feinen Nebelschleiern wirkte ihr ambrosischer Körper fast durchscheinend. Ein wahrhaft herrlicher Leib, bedeckt von einer straffen, seidig schimmernden Haut.

Sie benötigte geraume Zeit dazu, auch den Rest ihrer Kleidung wieder zu ordnen, bevor sie sich ruckartig umwandte, um den Ort ihrer hingebungsvollen Verrichtung einer Inspektion zu unterziehen. Dabei erstarrte ihr engelhaftes Gesicht, denn ihr Blick traf sich mit dem Sydneys, der nicht schnell genug abtauchen konnte und sich schließlich achselzuckend aufrichtete.

Er grinste verlegen, schulterte seine Flinte und brummte: „Sorry, tut mir leid. Es war nicht meine Absicht, Sie bei der Verrichtung ihrer Notdurft zu beobachten, aber ich lag nun mal hier auf der Lauer und … "

„ … da haben Sie dann gezwungenermaßen Ihre Nase bis zum Anschlag in meinen Hintern stecken müssen, um jedes Detail ausgiebig zu beschnüffeln", beendete sie seinen Satz aufgebracht.

Schuldbewusst senkte er seinen Blick: „Ich sagte doch, es tut mir leid. Aber ehrlich gesagt, der Mann, der bei einem solchen Anblick wegguckt, muss ein Eunuch sein. So etwas bekommt man nur einmal im Leben geboten und Sie, … Sie sind einfach zu schön, um wegzugucken, Madam.

Ihr teils wütendes, teils verängstigtes Gesicht entspannte sich allmählich und zeigte nach und nach sogar ein zaghaftes, wenn auch tief beschämtes Lächeln: „Ja, Sie haben Recht. Eindeutig bin ich es, die sich bei Ihnen entschuldigen muss. Ich hätte mich genauer versichern sollen, bevor … "

Sydney winkte entgegenkommend ab: „Ach was, da gibt es absolut nichts zu entschuldigen. Wer vermutet schon an einem derart abgeschiedenen Plätzchen einen Zuschauer, dazu noch direkt unter seinem … äh … Popo? Dass Ihnen ausgerechnet die Schneise zu meiner Grube als der am besten geeignete Ort für Ihre Verrichtung erschien, wird natürlich peinlich für Sie sein, ist aber weder ungeschehen zu machen noch wirklich tragisch. Mir jedenfalls wurde damit nichts zugemutet, was mir den Tag vergraulen würde. Im Gegenteil, hier in der Wildnis ein solch wunderschönes Geschöpf wie Sie zu sehen, macht selbst den düstersten Tag zum Erlebnis."

Ihr Lächeln verbreitete sich: „Oh ja, das glaube ich Ihnen aufs Wort. Vor allem, wenn man diesem ach so schönen Geschöpf dabei bis ins Hirn gucken kann. Auf die Idee, mich zu warnen, damit ich mich nicht auf Ihre Nase spieße, sind Sie wohl nicht gekommen?"

„Doch, bin ich. Ich befürchte aber, dann spräche ich jetzt mit einer ziemlich geknickten Dame, unter deren bezauberndem Hintern es mächtig dampft. Meiner Ansicht nach ist der Inhalt Ihrer zarten Blase im Gras besser aufgehoben als in Ihrer Wäsche."

Sie senkte den Blick: „Ich gebe mich geschlagen, denn auch damit werden Sie Recht haben. Schon beim ersten Laut wäre es wahrscheinlich voll durch die Hose gegangen. Einen solchen Druck hab ich noch selten gehabt."

Er grinste gewinnend: „Nicht zu übersehen, ich stehe bis zu den Waden im Wasser."

Ihr Gesicht nahm einen sonderbaren Ausdruck an. Für einen Augenblick starrte Sydney irritiert auf ihren Unterleib, denn nach einem auffälligen Zucken ihres Beckens presste sie die Schenkel heftig aneinander und sank ächzend in die Knie, während ein Beben ihren Körper durchlief. Sekunden später richtete sie sich wieder auf und atmete keuchend aus. Ihre Augen bekamen dabei einen Glanz, als hätte sie soeben einen heftigen …

Quatsch! Wahrscheinlich fröstelte sie nur. Ihre Wangen überzogen sich mit einen verschämten Rotschimmer, aber sie schaute ihn lange versonnen an, bevor sie mit aufregendem Timbre sagte: „Seltsam, ich sollte mich in Grund und Boden schämen, wo ich Ihnen meine intimsten Körperteile vors Gesicht gehalten habe, aber ich verspüre weder Scham noch Angst vor Ihnen. Wieso nicht?"

Sydney zuckte mit den Schultern: „Keine Ahnung, aber Angst brauchen Sie vor mir wirklich nicht zu haben und wenn ich anfangs erwähnt habe, Sie seien wunderschön, dann meine ich damit nicht nur Ihre … äh, Ihre … "

„Muschi?", fragte sie keck, um sich gleich darauf die Hand vor den Mund zu halten und endgültig puterrot anzulaufen.

Er nickte überrascht: „Ich hätte es vielleicht etwas abweichend ausgedrückt, aber im Prinzip meinte ich genau die."

Ihre Körperhaltung straffte sich bei seinen Worten und betonte damit die Sinnlichkeit ihrer überwältigenden Figur um weitere Nuancen. Müsste er ihren Anblick beschreiben, dann fiele ihm nur ‚pure Erotik' ein. Selbst der Boden unter ihren Füßen schien erregt zwischen ihre Schenkel zu starren, während einige Nebelschwaden sich erdreisteten, zwischen ihnen hindurchzuschweben. Wahnsinn!

Sydney schätzte sich glücklich, seine Jagdkleidung zu tragen, denn kein anderer Stoff wäre dazu in der Lage gewesen, dem Druck seiner Erektion standzuhalten. Die sich in der Hose maßlos ausdehnende Beule ließ sich allerdings kaum verbergen.

Nach anfänglichem Zögern und einem interessierten Blick auf seine Hose trat sie näher, als er aus seiner Grube stieg, zog ein Tuch aus ihrer Hängetasche und reichte es ihm kichernd: „Ich glaube, Sie waren etwas zu dicht am Geschehen. Ihr Gesicht sieht aus, als hätten sie im Nieselregen gestanden."

Er nahm ihr Papiertuch an, wischte sich ab und erwiderte grienend: „Wunderschöne Lady, Ihren Elfentau in meinem Gesicht sehe ich als Geschenk des Himmels an, denn wer darf während seiner Lebzeit schon mal einen Blick ins Paradies werfen?"

Sie lachte glockenhell auf, bevor ihr Gesichtsausdruck spöttische Züge annahm: „Na, wer beim Pinkeln einer Frau schon meint, das Paradies zu sehen, der muss viel Fantasie besitzen. Ich bin übrigens Sabrina."

Sie ging zur persönlicheren Anrede über: „Wo du nun schon mal meinen Hintern genauer kennst als ich selbst, brauche ich dir meinen Namen auch nicht mehr vorzuenthalten. Wie darf ich dich nennen?"

„Sydney, meine Freunde nennen mich Syd."

„Wie die Hauptstadt Australiens?"

Sydney nickte: „Was meine Eltern dazu trieb, mich mit diesen blöden Namen zu beehren, weiß ich nicht."

„Wieso blöd? Ich finde ihn toll und er passt sehr gut zu dir."

„Wegen meiner Jagdklamotten?"

„Nein, dein Gesicht ist so ehrlich und offen wie die Outback's."

Er kratzte sich perplex am Ohr: „Vielen Dank. Warst du denn schon mal in Australien?"

„Ja, zweimal. Hat mir sehr gut gefallen." Sie lächelte verlegen. „Da hat mich übrigens schon mal jemand beim Pinkeln beobachtet. Ein Känguru. Das Vieh war aber nicht so begeistert von meinem Hintern wie du. Es hat mir während der Prozedur von hinten einen Tritt in die Weichteile verpasst, dass ich dachte, mir hingen nur noch Fetzen zwischen den Beinen. Noch tagelang bin ich danach herumgelaufen, als hätte man mir einen Stock durch den Popo bis zum Hals hochgeschoben und Kakteen zwischen die Schenkel geklemmt. Seitdem bin ich sehr vorsichtig, wenn ich meinen Hintern mal im Freien zücken muss. Trotzdem habe ich mich fast auf deinen Schrotschießer gespießt. Mein Gott, auf was man alles achten muss, wenn man … "

Sie betrachtete seine Flinte fasziniert: „Himmel noch, was für ein gewaltiges Rohr! Hättest dieses Ding direkt an meinem Hintern abgeschossen, dann … "

Sydneys Grinsen reichte bis zu den Ohren. „Mal gut, dass man uns Rangern beibrachte, mit Waffen besonnen umzugehen und nur dann zu schießen, wenn man sicher ist, das richtige Ziel zu treffen. Um deinen wunderschönen Spiegel wäre es wirklich schade gewesen."

„Um meinen was??"

„Spiegel! So nennt man den hellen Fleck am Hintern von Rot-, Damm- und Rehwild. Sei froh, dass du direkt vor meiner Nase gehockt hast, denn bei diesen Sichtverhältnissen und aus einiger Entfernung hätte ich dein von dem bräunlichen Wollzeug eingerahmtes Heck schnell mit einem Rehhintern verwechseln können."

Sabrina riss bestürzt die Augen auf und knetete ihre Hinterbacken: „Oh man, dann hättest du mir eine volle Ladung Schrot in den Spiegel gejagt und mir wären meine empfindlichsten Teile um die Ohren geflogen."

„Na ja, in den Hintern schießt man einem Tier eigentlich nicht, aber bei einer ungünstigen Bewegung kann es schon mal vorkommen."

„Ist es denn nicht gleichgültig wo man trifft, wenn man das Reh sowieso nur essen will?"

Sydney schüttelte angewidert den Kopf: „Ich brächte es nicht über mich, von einem Tier zu essen, dem es die Eingeweide mit allem Inhalt im Bauch zerfetzt hat."

Sabrina starrte ihn entgeistert an: „Was denn, eine solche Wirkung hat dieses Ding? Mein Hintern ist doch noch kleiner als der eines Rehs! Den würde so ein Schuss in den Spiegel dann ja zu Konfetti verarbeiten."

„Davon darfst du ausgehen. Aus kurzer Distanz bliebe von ihm nur noch ein ausgefranstes Loch mit einer undefinierbaren Umrandung zurück." Sydney blinzelte ungläubig, denn für einen kurzen Moment nahmen ihre Augen einen eindeutig verzückten Ausdruck an.

„Echt? Könntest du dann ganz tief in mich hineingucken?"

Er kratzte sich grübelnd am Kinn: „Sag mal, interessiert es dich tatsächlich, wie dein schnuckeliger Hintern nach einer Ladung Rehposten aussehen würde?"

Sabrina sah verlegen zu Boden: „Natürlich nicht. ... Wenigstens nicht wirklich", setzte sie zaghaft nach.

Sydney stutzte nun endgültig: Was sollte er sich unter ‚nicht wirklich' vorstellen? Schließlich fragte er: „Nicht wirklich heißt für mich ‚im Grunde ja' oder irre ich mich?"

„Ja, ... nein, ... ach, ich ... ich ... "

Er runzelte die Stirn und betrachtete sie nachdenklich. Ihr ungeahntes Pinkelerlebnis musste sie völlig aus der Bahn geworfen haben, denn sie verhielt sich nicht gerade so, wie es sich von einer erwachsenen Frau erwarten ließe. Beim Ringen um Worte beschäftigte sie sich selbstvergessen wie ein Kind mit dem Zwickel ihrer Strumpfhose, bis sie scheu zu ihm aufsah: „Es ... es ist mir peinlich, darüber zu reden, Sydney."

Er zuckte die Schultern: „Niemand zwingt dich dazu."

In ihrem Gesicht stritten sich eindeutig gegensätzliche Gefühle, bevor es aus ihr herausplatzte: „Ich will es aber, ich muss mal mit jemandem darüber sprechen!"

Sydney kniff sich in den Arm. Träumte er oder stand da wirklich eine Frau von erlesener Schönheit, die sich geradezu hemmungslos mit ihrem Geschlecht beschäftigte und ihm ihr Herz ausschütten wollte? Sein Arm tat so weh wie er wehtun musste, also nickte er schließlich: „Nun, wenn du glaubst, ich sei der Richtige dafür, dann werde ich dir gern zuhören."

Nach kurzem Zögern begann Sabrina: „Ich weiß nicht, warum es so ist, aber es kribbelt bei mir da unten wie wahnsinnig, wenn ich mir vorstelle, dass … dass … ach, jeder hat doch mal solche Fantasien."

Sydney hielt es für besser, nicht in sie zu dringen und wartete ab, ob sie fortfahren wollte, was sie dann auch mit schamhaft gesenktem Blick tat.

„Weißt du, es klingt für dich bestimmt merkwürdig, aber manchmal kommt es mir ganz von selbst, wenn … "

Sie kämpfte scheinbar um Worte, die sie nicht allzu sehr kompromittierten, aber er befürchtete, bereits zu wissen, welches Problem sie beschäftigte. Sie musste tatsächlich ziemlich neben sich stehen, denn welche Frau beichtete schon einem wildfremden Mann, dazu noch in einer Umgebung wie dieser, ihre amourösen Vorlieben. Obendrein welche, die höchst abgründige Fantasien durchblicken ließen. In welche Gefahr sie sich damit begab, schien ihr überhaupt nicht bewusst zu sein. Wäre sie nun statt ihm einem abgedrehten Typen begegnet, hätte ihr sinnlicher Hintern wohl jetzt schon sein finales Jucken hinter sich.

Dass eine bildhübsche Frau ihres Kalibers zu ultraperversen Fantasien neigen könnte, wäre ihm nie in den Sinn gekommen. Eigentlich litten selbst weniger schöne Frauen eher an krankhaft übersteigertem Nazismus und Eitelkeit. Wie konnte eine derart makellose Femme sich daran ergötzen, sich als Opfer abartigster Folterfantasien zu sehen?

Sicher, Gedanken wie diejenigen, die ihr dieses Kribbeln bescherten, waren ihm nicht völlig fremd, denn auch er liebte Fantasie beim Sex und empfand Lust an aparten Spielchen, aber irgendwo gab es eine Grenze, die man nicht überschreiten durfte, ohne den Boden zu verlieren. Sabrina schien diese Grenze überschritten zu haben, sollte er ihre bisher nur vagen Andeutungen nicht falsch interpretieren.

Wie es sich auch damit verhalten mochte, in seiner Hose tat sich Fürchterliches.

Heiliger Hubertus, dieses Prachtweib mit seinen Händen und einigen sinnlichen Utensilien beglücken zu dürfen, käme dem Paradies nahe. Unter seinen Fittichen würde sie erleben, dass es weder unwürdiger Folterexzesse noch brachialer Gewaltfantasien bedurfte, ihre Triebe auf höchstem Niveau zu befriedigen. Sein Erfindungsreichtum hinsichtlich ausgefallener Sexpraktiken hielt sich allerdings eher im Rahmen effektvoll inszenierter Zärtlichkeiten. Sadomasochistischen Primitivsex und entwürdigende Orgien lehnte er prinzipiell ab. Es gab jenseits der lieblosen Scheußlichkeiten ein Universum voller erregender Praktiken, welche die Würde einer Frau nicht beschädigten, obwohl sie sich dabei nicht weniger gewagten Situationen aussetzte. Es kam einfach darauf an, neben den rein sexuellen Gelüsten auch die komplette Bandbreite der zarten Gefühle mitspielen zu lassen und sich vor allem auf eine menschenwürdige Wortwahl zu beschränken. Dies gehörte für ihn zu den wichtigsten Grundregeln einer intimen Begegnung. Beleidigende und erniedrigende Worte hoben eine erotische Begegnung auf die Ebene der Widerwärtigkeit, denn mit einer Drecksau, einer Hure oder einer Fotze ließen sich keine Zärtlichkeiten austauschen. Blieb die Würde nicht auf der Strecke, emanzipierten sich selbst außergewöhnlichste Handlungen und Stimulationshilfen zu Werkzeugen höchster Befriedigung. Ferkelei okay, aber immer musste die Achtung vor Körper, Geist und Seele des anderen dabei im Vordergrund stehen. Dabei spielte es keine Rolle, ob sich nun Männer mit Männern, Frauen mit Frauen, mehrere gleich- oder unterschiedlichgeschlechtliche Partner oder die profanen, naturgedachten Paarungen zusammenfanden.

Sydney wandte seine Aufmerksamkeit wieder Sabrina zu, die ihren Satz nach einer langen Pause beendete: … „wenn ich mir vorstelle, was jemand mit mir anstellen würde, wäre ich ihm hilflos ausgeliefert und er könne alles mit mir tun, was ihm beliebt." Einschränkend fügte sie hinzu: „Natürlich möchte ich nicht wirklich bis zur Ohnmacht gequält oder verletzt und schon gar nicht umgebracht werden, aber etwas Schmerz beim Orgasmus … ach, du weißt schon."

Nun war es hinaus! Sydney fuhr es glühendheiß in die Lenden. Wer würde ihm diese verrückte Geschichte abnehmen? Da stand er doch tatsächlich mit einer umwerfenden Schönheit im Frog herum und ließ sich von ihr erzählen, was ihre Hormone auf die Barrikaden brachte. Eigentlich sollte ihn nichts daran hindern, ihr auf der Stelle zu bescheren, wonach es sie gelüstete. Fantasie genug besäße er, um ihr wonnevolle Stunden zu bereiten, aber zum einen gestaltete sich die Witterung von Minute zu Minute ungemütlicher und zum anderen kam ihm bei Sabrinas zeitweilig mädchenhaftem Anblick seine jüngste Schwester in den Sinn, die in ihrer Jugend einem dieser irren Sexkiller zum Opfer gefallen war. Ihr konnte er damals nicht beistehen, aber Sabrina stand vor ihm. Ihre geradezu weltfremde Arglosigkeit machte sie fast zwangsläufig zur Beute eines solchen Verrückten, der dieses feenhafte Wesen ohne Rücksicht auf seine makellose seelische und körperliche Schönheit aufs Scheußlichste massakrieren oder zumindest schmerzhaft verletzen würde. Ein beklemmender Gedanke, der ihm wie ein Dolch in die Nieren fuhr. Nein, sie nicht auch noch, sie nicht!!!

Er war nur ein Förster im State Park von Alabama, nicht ihr Vater, nicht ihr Lehrer und schon gar nicht ihr Psychiater, aber er fühlte sich dazu gedrängt, ja verpflichtet, ihr die Unberechenbarkeit einer solchen Situation vor Augen zu halten. Auch wenn er sie dabei erschrecken musste und damit vielleicht die Chance verspielte, ihr näher zu kommen. Dies gebot ihm nicht nur sein moralisches Pflichtempfinden, sondern auch ein brennendes Gefühl in seiner Brust, dessen Ursache sie war. Ihr durfte niemand wehtun. Nicht diesem Traum aus dem Elysium!

Eine Selbstdiagnose bestätigte seinen Verdacht: Eindeutig, er hatte sich auf den ersten Blick wie ein Schuljunge in sie verknallt. Zwanzig mochte sie sein und damit etwa halb so alt wie er. Dass sie zu ihm ähnliche Gefühle entwickeln könnte wie er zu ihr bezweifelte er, aber zu einem Abenteuer wäre sie im Moment gewiss bereit. So fiel es ihm schwer, die so gut wie bombensichere Gelegenheit zur eigenen Befriedigung ungenutzt zu lassen, aber nach kurzem Ringen mit dem aufgebrachten Kameraden in seiner Hose siegte die Moral und er fragte sie rau: „Sabrina, trotz deines Faibles für prickelnde Situationen kann dir doch nicht völlig entgangen sein, einem dir unbekanntem Mann gegenüberzustehen. Kommt dir denn gar nicht in den Sinn, ich könnte womöglich ein Wolf im Schafspelz sein, der ganz andere Interessen an deinen Weichteilen als du hat?"

Sie sah ihn treuherzig lächelnd wie ein Kind an: „Ja schon, aber du bist doch ein Forest Ranger, so etwas wie ein Waldpolizist."

Sydney blies die Wangen auf. Worte reichten bei einer derart hochgradigen Naivität nicht aus, es bedurfte schon einer handfesten Demonstration, sie wachzurütteln. Sein Verstand sträubte sich vehement gegen eine solche Aktion, denn die Dinge könnten böse aus dem Ruder laufen, womöglich sogar zum Ende seiner Karriere führen. Sein Bauch jedoch bestand darauf und sein für Sabrina mit Macht entflammtes Herz nicht weniger. Blieb ihm da eine andere Wahl? Nein, er musste es tun, er musste!!!

Wie beiläufig nahm er seine Flinte von der Schulter, setze sie auf seinem rechten Stiefel ab und klemmte seinen Daumen hinter den Gürtel, um mit dem Sicherungsmechanismus seines Jagdmessers zu spielen. Dabei fragte er mit düsterem Unterton: „Sehe ich tatsächlich so brav aus, Sabrina? Grüne Klamotten oder Abzeichen von Ordnungshütern scheinen für dich eine Garantie für einen guten Charakter zu sein." Er schüttelte den Kopf: „Reines Wunschdenken. Selbst unter Cops gab es schon Ladykiller, die ihrer vielfältigen Erlebnisse wegen sogar zu ganz besonders abartigen Praktiken neigten. Die Damen, zwischen deren Beinen sie sich austobten, bekamen manchmal sogar noch mit, wie ihre kribbelnden Teile als Souvenirs in Gefrierbeuteln endeten. Etwas in dieser Art scheinst du einem Milchgesicht wie mir nicht zuzutrauen. Was ist, wenn du dich täuschst?" Er zeigte auf seine Embleme: „Übrigens gehöre ich zwar einer Rangereinheit an, bin aber Förster und nur im Bedarfsfall Polizist."

Sabrinas Blick spiegelte zwar kurz Unsicherheit wider und sie presste die Schenkel fest zusammen, gleich darauf vermittelte sie jedoch durch eindeutig lustvolle Unterleibsbewegungen den Eindruck, seine Worte in sexuelle Erregung umgesetzt zu haben, statt sich ihre Situation zu verinnerlichen. Teufel noch, sie schien anzunehmen, er wolle auf ihre Fantasien eingehen und ein erregendes Spielchen mit ihr machen. Was blieb ihm anders übrig, als noch einen Gang zuzulegen?

Nach einem durchdringenden Blick auf ihren Schamhügel hob er sein Messer aus der Scheide, um es dann wieder zurückfallen zu lassen: „Strapaziere deine Schenkel nicht unnötig, denn die öffnen sich sowieso bis zum Spagat, wenn dieser Freudenspender zwischen ihnen hindurch bis in dein Höschen spaziert, um ein Techtelmechtel mit deinen Weichteilen einzugehen."

Ihre Mimik deutete nach wie vor eher auf Lustgefühle als auf wirkliches Erschrecken hin, so entschloss er sich nach einem ratlosen Blick zum Himmel, aufs Ganze zu gehen. Es musste sein! Im Nachhinein auch für Marina.

Bevor sie sich versah, zückte er sein Messer und hob es blitzartig mit der stumpfen Seite in ihren Schritt. Ob es ihm gefiel oder nicht, jetzt gab es kein Zurück mehr. Er musste ihr wenigstens andeutungsweise wehtun, damit sie sich aus ihrer Traumwelt löste und den Ernst ihrer Lage endlich wahrnahm, also zwang er sie mit gnadenlosem Druck auf die Zehenspitzen und fragte in ihr klagendes Wimmern hinein: „Wie schnell glaubst du, dich entkleiden zu können? Kriegst du dein Höschen flotter vom Hintern als dieses Messer?"

Sabrina stand nun starr, mit offenem Mund und bebenden Knien vor ihm und bekam kein Wort heraus. Ihr Gesicht verlor jede Farbe und eindeutig auch jeden Ausdruck von Lust. Ein gutes Zeichen, aber der Nachhaltigkeit wegen bedurfte es wohl noch einer Steigerung. Während er den Lauf der gesicherten Flinte unter ihr Röckchen schob und ihn wie suchend über die zuckende Wölbung ihres Bauches wandern ließ, fragte er mit gefährlichem Grinsen: „Na, tut das gut, tropft es schon fleißig? Läuft es schon in heißen Bächen an den Schenkeln hinab oder müssen wir dem Superorgasmus noch etwas auf die Sprünge helfen? Für halbe Sachen sind wir beide doch nicht zu haben, oder?" Nach seinem letzten Wort bohrte er den Lauf der Flinte fast zu grob in ihren Unterleib.

Sabrina knickte keuchend in der Körpermitte ein, rang röchelnd nach Luft und erstarrte auf Zehenspitzen, mit steif abgespreizten Armen, glanzlosem Blick und offenem Mund.

Sydneys Magen zog sich schmerzhaft zusammen. Sein Schauspiel hatte sie zwar wie beabsichtigt in die Realität gebracht, musste jedoch zu überzeugend gewirkt haben, denn in ihrem kalkweißen Gesicht stand plötzlich nackte Panik. Ihre Knie zitterten nicht nur der ihr aufgezwungenen Körperhaltung wegen. Hätte sie sich nicht schon erleichtert, wäre es jetzt garantiert ins Höschen gegangen. Tränen schossen in ihre Rehaugen und ein unstetes, irres Funkeln bemächtigte sich ihres Blickes. Sie hatte ihre Situation endlich begriffen, aber nur mit ihren Gefühlen, nicht mit dem Verstand. Alarmiert von ihrer allzu drastischen Reaktion zog Sydney Messer und Flinte zurück und brachte Abstand zwischen sich und Sabrina, was sie scheinbar als Aufforderung deutete, sich zu entblößen, denn sie nestelte hastig an ihrer Strumpfhose, riss sie förmlich herunter und flehte: „Bitte, Sydney, tu mir nichts, ich zieh mich auch aus, ganz nackt, ganz schnell. Ich zeige dir alles, du darfst alles anfassen, alles mit mir machen, aber bitte, … tu mir nicht weh! Ich hab solche Angst, … solche Angst!" Ihre Stimme wurde brüchig, ihr Blick verschleierte sich, ging durch ihn hindurch: „Bitte, ich mach es dir auch mit dem Mund oder wie du es willst, nur … " Der Rest ging in lautem Schluchzen unter.

Sydneys Magen schlug Kapriolen. Verdammt, völlig falsch! Er hatte es völlig falsch angefangen! Er wollte diesem zarten Geschöpf doch nur einen kleinen, heilsamen Schock verpassen, sie aber nicht in unkontrollierbare Panik versetzen. Sie drehte ja fast durch, stand an der Schwelle zum Wahnsinn. In seiner Not schrie er sie an: „Hör auf mit diesem Irrsinn, komm wieder zu dir, ich wollte dir doch nur klar machen, wie verrückt und unpassend du dich hier im Wald verhältst!"

Er konnte ziemlich laut brüllen und sie hielt wie vom Blitz getroffen inne. Sydney hätte mit ihr weinen können, so verängstigt und aufgelöst stand sie nun da. Die Hosen auf den Fußfesseln, Rock und Pullover bis über ihre atemberaubenden Brüste hochgezogen …

Oh ja, das waren sie wirklich! Atemberaubend. Ein Bild, von dem Erotik in höchster Vollendung ausging. Unter anderen Umständen hätte er es mit allen Fasern seines Seins genießen können, aber ihre Angst ging ihm zu nahe. Nicht so! Niemals! Würde er jemals einen dieser Typen erwischen, der wäre toter als tot, nicht mehr vorhanden! Ach, Marina, wäre er damals doch nur bei ihr gewesen.

Er legte Flinte und Messer vor Mayas Füßen ins Gras, steckte seine Hände in die Hosentaschen, drehte ihr den Rücken zu und trat einige Schritte zurück, um die Situation zu entschärfen. Seine Stimme klang allerdings forscher als er wollte: „Beruhige dich endlich und bring deine Kleider in Ordnung!"

Sanfter setzte er nach: „Oh man, Sabrina, was machst du nur für einen haarsträubenden Quatsch? Wir sind hier nicht im Autokino. Sieh dich doch mal genau um! Hier könntest du dir die Seele aus dem Leib schreien, keiner würde es hören. Die Begegnung mit einem Mann im Wald ist für eine Frau sowieso schon höchst riskant, da kannst du die Situation doch mit deinem Verhalten nicht noch bis zur Weißglut anheizen! Lebst du denn in einer völlig anderen Welt?"

Als er sich ihr wieder zuwandte, stand sie noch immer in der gleichen Haltung dort. Entschlossen trat er zu ihr, zog die Hosen über ihre Blöße und ordnete ihre Kleidung, bevor er schließlich ihr Kinn anhob und sanft sagte: „Ist schon gut, Kleines, hör auf zu weinen und schau mir mal tief in die Augen."

Ihr Blick heftete sich wie der eines geschockten Kindes an seine Augen. Ungläubig und gewärtig, nur die Ruhe vor dem Sturm zu erleben.

Sydney legte alle Wärme zu der er fähig war in seinen Blick und flüsterte beruhigend, aber mit deutlichen Worten: „Sabrina, hab keine Angst, ich bin kein Wolf. Es war nur eine Demonstration. Sieh mal, wäre ich einer von diesen Irren, dann hättest du deine Hose schon nach dem Pinkeln nicht mehr hochgekriegt. Wahrscheinlich wärst du nicht einmal zum Pinkeln gekommen. Solche Typen fackeln nicht lange. Sie fallen wie Gorillas über dich her und fragen nicht danach, ob du zuerst noch pinkeln möchtest. Wäre ich einer von denen, dann lägen deine Reste vielleicht jetzt schon in der Grube und deine Klamotten befänden sich auf dem Weg in irgendeinen Müllcontainer. Liest du denn keine Zeitung; schaust du dir keine Nachrichten an? So weltfremd kannst du doch nicht sein."

Er streichelte ihre Wange und sagte aufmunternd: „Genug der Vorhaltungen. In meiner Nähe bist du so sicher wie in Abrahams Schoß, ich beschütze dich."

Sabrina beruhigte sich allmählich, sah ihn unentwegt stumm und mit tränenüberströmtem Gesicht an. Sie zitterte am ganzen Körper. Er zog seine für sie viel zu große Jacke aus, legte sie ihr um die Schultern, wischte ihre Tränen ab und hob sie wie ein kleines Kind an seine Brust.

Sie ließ es ohne Gegenwehr geschehen, blickte ihm beschämt in die Augen und hauchte leise: „Da hab ich ja noch mal Glück gehabt. Sydney, ich hab soviel Angst wie noch nie im Leben gehabt. Ich dachte, mein Ende wäre gekommen." Seufzend legte sie ihr Gesicht auf seine Schulter und flüsterte nach einer Weile: „Ich hab es begriffen, Syd. Wirklich! Es ist gut, dass du mir den Kopf gewaschen hast, jetzt weiß ich es für ewig und alle Zeiten."

Er küsste sie auf die Wange: „Was weißt du jetzt?"

„Dass meine Sexfantasien nur Illusionen sind. Man kriegt keinen Superorgasmus dabei. Nicht mal Kribbeln, nur furchtbare Angst, ganz große Angst."

Sydney atmete erleichtert auf. Sein Bühnenstück hatte glücklicherweise doch die richtige Ader getroffen. Er drückte Sabrina fest an sich, streichelte zärtlich über ihre seidigen Haare, den Rücken, den wundervoll knackigen Po, den sie ihm fordernd entgegenstreckte, bis tief in seine Spalte hinein und weiter nach vorn. Sabrina ließ es geschehen, schmiegte sich vertrauensvoll an seine Brust, atmete erregt und wand sich unter seinen Liebkosungen. Ein nie gekanntes Glücksgefühl durchzog ihn, wie ein Stromschlag. Er hielt seinen

Traum in den Armen und dieser Traum klammerte sich an ihn, gierte förmlich nach seinen Berührungen, wies seinen Fingern mit eindeutigen Bewegungen den Weg ins Zentrum seiner innigsten Gefühle.

Wie lange er sie so gestreichelt hatte, bis er sie wieder auf ihre Füße stellte, wusste er nicht. Sie blickte bewundernd zu ihm auf und fragte mit verliebtem Blick: „Syd, wie geht das, wie kann so ein Riese wie du nur so unendlich zärtlich sein? Du hast Pranken wie ein Bär. Wärest du wirklich ein Wolf gewesen, hättest du mich an meinen Pobacken in der Mitte auseinander reißen können. Ein Messer bräuchtest du bestimmt nicht dazu. Aber soll ich dir was sagen, auch in meiner größten Angst wusste ich tief in mir, dass du nicht so einer bist."

Er grinste nachsichtig: „Und das soll ich dir bei deinem verheulten Gesicht abnehmen? Dann wärest du die beste Schauspielerin, die ich je gesehen habe und solltest postwendend nach Hollywood umsiedeln. Na ja, wie dem auch sei, Gefühle können täuschen und es hätte auch anders sein können. Was dann?"

„Dann hättest du mir den Bauch weggeschossen."

„Aber doch erst nach dem Vergnügen! Himmel noch, du hast aber auch verrückte Vorstellungen! Du bist wunderschön, aber ein wenig zu naiv für diese Welt und allein in einem Wald bist du die größte Fehlbesetzung, die sich der Regisseur da oben in den Wolken je geleistet hat. Sabrina, du kannst doch einem wildfremden Kerl im Wald nicht treudoof erzählen, du würdest beim Sex gern ein bisschen gequält! Damit lockst du doch auch den müdesten Teufel aus der Hölle."

Er schob sein Messer in die Scheide, schulterte die Flinte, legte seinen Arm um ihre Schultern und führte sie von der Lichtung. Nach einigen Schritten deutete er zwischen die Büsche: „Am nächsten Weg steht mein Wagen, der ist mit einer Standheizung ausgerüstet. Wenn du dich mit mir noch etwas unterhalten möchtest, tun wir es am besten dort, denn hier draußen wird es ungemütlich. Danach fahre ich dich nach Hause, denn hier lasse ich dich auf keinen Fall zurück."

Sie kuschelte sich an seine Seite und sah zu ihm auf: „Ich möchte mich ganz lange mit dir unterhalten und noch eine Weile bei dir bleiben, denn du bist anders als die Typen, die ich sonst kenne. Mit denen kann man kein vernünftiges Wort reden und schon gar nicht über solche Sachen."

Er wusste zwar, was sie damit meinte, fragte aber: „Welche Sachen?"

„Ach, du weißt es doch schon."

Er atmete tief ein: „Stimmt, ich weiß es. Zumindest kann ich Eins und Eins zusammenzählen. Sabrina, ich muss dich warnen. Du wagst du dich ganz schön weit vor. Ich weiß nicht, was du in mir siehst, aber ich bin ein Mann und kein Beichtvater und wenn du mal auf meine Hose schaust, dann weißt du, dass es nicht nur meinen Blutdruck in die Höhe treibt, wenn eine Fee wie du mir ihre erotischen Vorlieben offenbart. Ich kenne dieses Kribbeln nämlich auch und es juckt mich gerade jetzt wahnsinnig in den Fingern, weil ich mir vorstelle was ich alles mit dir anstellen würde, wenn ich es dürfte. So ein paar kleine Extravaganzen fielen mir auf Anhieb ein, denn mit profanem Hausmütterchensex gebe auch ich mich nicht zufrieden. Damit will ich nicht andeuten, ein Wüstling zu sein, aber so kleine Perversitäten heizen auch mich an." Er lächelte ihr beruhigend zu: „Wohlgemerkt kleine! Ich bin Ranger geworden, weil ich das Leben liebe und nicht, weil ich Freude am Töten habe. Deshalb halten sich meine kleinen Perversitäten in Grenzen. Zu zweit und ganz im Verborgenen ist für mich bald jede Ferkelei erlaubt, solange sie weder Körper, Seele noch Würde verletzt. Die Würde muss jederzeit gewahrt bleiben!"

Er spürte den mächtigen Schauer, der über Sabrinas Rücken lief und erkundigte sich: „Ist dir kalt? Wir sind in zwei Minuten bei meinem Wagen."

Sabrinas Schritt stockte. Schließlich verharrte sie, stellte sich vor ihn und presste sich an ihn. „Nein, das ist es nicht. Es sind deine Worte, Sydney. Was du da eben von den Ferkeleien sagtest, vor allem wie du es sagtest, lässt es bei mir da unten kribbeln. Und zwar so wahnsinnig, dass ich es nicht mehr aushalten kann. Mein Herz und mein Leib öffnen sich dir, ohne dass ich etwas dagegen tun könnte. Sydney, bitte, knie dich ganz schnell hin und stell ein Bein vor. Ich glaube, ich kriege den schönsten Orgasmus meines Lebens."

Sydney kam überrascht ihrem ungewöhnlichen Verlangen nach und blickte zwischen die Baumwipfel. Der Himmel musste es heute gut mit ihm meinen.

Sabrina entledigte sich ungeniert ihrer Hosen. Indem sie ihre Beine weit spreizte, ließ sie sich mit ihrer Scham auf seinen Oberschenkel sinken, stützte sich auf seinen Schultern ab und glitt mit durchgebogenem Kreuz stöhnend vor und zurück, wobei ihre Brüste immer wieder gegen seinen Pullover schlugen. Ihre Brustwarzen spürte er dabei durch alle Kleidungsstücke hindurch. Es mussten enorme, sehr harte Nippel sein.

Schon nach wenigen Sekunden warf sie ihre Mähne zurück, schaute ihn mit einem umwerfenden Schlafzimmerblick an und verdrehte gleich darauf ihre Augen bei einem lang anhaltenden Wimmern. So wie ihre berauschende Pinkelarie hielt auch ihr Stöhnen und Pressen sehr lange an. Nach und nach sank ihr Kopf auf seine rechte Schulter, wo sie dann hemmungslos weinte und immer wieder seinen Namen flüsterte.

Während Sydney sie ergriffen umschlungen hielt, spürte er warme Feuchtigkeit durch sein Hosenbein dringen. Eine Menge Feuchtigkeit! Sie musste einen außergewöhnlichen Orgasmus erlebt haben. Allmählich rutschte sie in sich zusammen, lag schließlich der Länge nach mit ihrem Bauch auf seinem Bein und mit ihrem Kopf an seinem Bauch. Ihre feingliedrigen Hände krallten sich in seinen Pullover, ihre warmen Brüste lagen rechts und links an seinem Oberschenkel und aus ihrer Scham, die nun still auf seinem Knie ruhte, stieg feiner Dunst in den Nebel auf. Ein faszinierendes Bild. Es ging ihm durch und durch, wie sie sich so vertrauensvoll und ohne jegliche Scheu ihren Gefühlen hingab. Ohne Frage fühlte sie sich bei ihm geborgen und geschützt. Wie aber passte dieses infantile, von allen Dogmen befreite Verhalten zum Rest ihrer Hardcore-Sexualität? Er spürte ein unbändiges Jucken in den Fingern, dies zu ergründen.

Es vergingen einige Minuten, bis sie sich wieder bewegte. Als sie sich zaghaft erhob, strahlten ihre bezaubernden Augen wie zwei Sterne und sie hauchte ihm ins Ohr: „Oh Sydney, du großer starker Bär, das war wunderschön. Ich hätte ewig so liegen bleiben können. Tut mir leid, dass ich deine Hose nass gemacht habe, aber wenn ich einen Höhepunkt bekomme, laufe ich aus wie ein kaputtes Planschbecken. Jedes Mal aufs Neue. Wieso es bei mir dermaßen nass abgeht und manchmal sogar wie bei einem Mann spritzt, konnte mir auch der Frauenarzt nicht erklären. Irgendwas ist bei mir anders als bei anderen Frauen. Manchmal kommt dabei ein Schnapsglas an Flüssigkeit zusammen."

Sydney hielt sie fest, denn sie wankte beim Anziehen wie eine Pappel im Wind. „Macht nichts, meine Klamotten müssen sowieso in die Wäsche. Eigentlich fühlt es sich sogar ganz gut an. Deine Körperflüssigkeiten scheinen aus einem Durchlauferhitzer zu kommen. Sie sind wunderbar warm. Ich könnte glatt darin baden."

Sabrinas Augen blitzten in heller Erregung auf: „Dann tu es doch! Oh, tu es bitte! … Sydney, nimm mich, fülle mich auf mit deinem Saft und ich schenke dir meinen dafür!"

„Was denn, jetzt und hier?"

„Warum nicht, der Boden ist doch schön weich?"

„Aber auch verdammt kühl und feucht."

„Das macht mir nichts aus. Wirklich! Im Gegenteil, die Kälte wird mich erst so richtig kirre machen, weil sie ein bisschen wehtut."

„Weil sie wehtut? Du brauchst es also, dass man dir wehtut?"

„Ja, irgendwie schon. Weißt du, bei der Vorstellung, jemand würde mich piesacken und ein paar perverse Sachen mit mir anstellen, kommt mein Orgasmus ganz von selbst. Es darf natürlich nicht übermäßig wehtun. Ich mag es auch, wenn ich Angst bekomme, aber nicht zuviel. Vorhin war es zuviel geworden." Sie lächelte schamhaft: „Weißt du, als ich dich mit dem Gewehr da in der Grube stehen sah, hab ich mir vorgestellt, du hättest mir beim Pipimachen den Lauf in den Po gedrückt und verlangt, ich solle mich splitternackt ausziehen. Dabei ging es mir voll ins Höschen. Nun hast du mir schon den zweiten wundervollen Orgasmus geschenkt, jetzt musst du auch mal an der

Reihe sein. Bitte, tu es, du würdest mich damit sehr glücklich machen. Ich möchte mich dir ganz hingeben, mich dir so weit öffnen wie ich nur kann."

Sydney stöhnte auf: „Nun hast du es doch wirklich und tatsächlich geschafft."
„Was habe ich geschafft?"
„Der Feuer speiende Drache in meiner Hose hat seine Schlacht gegen die Knöpfe gewonnen."
Ungläubig starrte sie auf sein Paradestück, dessen Eichel sich forsch aus seinem Hosenschlitz kämpfte und dabei beängstigende Ausmaße annahm. Tief beeindruckt beugte sie sich über diese gewaltige Stange aus pulsierendem Fleisch, berührte sie allerdings nur kurz, um dann ihre Hände aufgeregt in die Strumpfhose fahren zu lassen. Während sie sich mit grazilen Bewegungen wieder entblößte, starrte sie sein enormes Glied unentwegt an und hauchte mit vibrierender Stimme: „Das wird wehtun, das wird biestig wehtun, dieses Ding ist ja riesig. Es wird mich zerreißen. Wie hast du es nur in deiner Hose untergebracht?" Sie erwartete keine Antwort, sondern ließ sich rücklings auf einem dicken Moospolster nieder, zog ihre Unterschenkel bis auf die Schultern und hauchte: „Komm schnell, durchbohre mich mit deinem Riesending, aber bitte zärtlich, hörst du, ganz zärtlich." Dabei beschleunigte sich ihr Atem und ihr Geschlecht öffnete sich ihm wie eine Lilie im ersten Sonnenschein.

Sabrina brauchte sich nicht zu wiederholen. Sydney fieberte danach, sie zu nehmen. Was sie ihm da wie auf einem grasumsäumten Tablett und einem Teppich aus schimmernden Haaren präsentierte, ließ keinen Aufschub mehr zu. Jetzt, wo sie ihm ihren völlig entblößten und einladend geöffneten Unterleib wie ein Geschenk darbot, konnte er ein weiteres Mal feststellen, wie makellos schön und überaus ästhetisch auch diese Körperregion einer Frau aussehen konnte. Alles an ihrem Schambereich schien wie ihr gesamter Körper von einem begnadeten Künstler geformt worden zu sein, wirkte so betörend rein und einladend wie ein nagelneues Tischtuch aus kunstvoll bestickter Seide. Ihre Gänsehaut gab noch einen besonderen Touch dazu.
Der zarte Pflaum um ihren fest geschlossenen Anus ging in gebogenen Linien um die dezente Wölbung des Schließmuskels herum, um Richtung Steiß spitz zusammenzulaufen. Er umrahmte dieses zartrot getönte Grübchen wie ein gotisches Fenster. Sabrinas ungewöhnlich stark ausgeprägte Klitoris lugte wie eine Speerspitze aus ihrer Hauttasche und die fein gemaserten, prall angefüllten Schamlippen zogen sich vom Venushügel aus rosig glänzend bis hinter die einladend geöffnete Vaginalöffnung, aus der zarte Schleier aufstiegen, die sich mit den Nebelschwaden vereinigten.
Fasziniert sog er den Duft ihrer paradiesischen Genitalien ein. Als Naturmensch besaß er einen besonders empfindlichen Geruchssinn, mit dem er Sabrinas sexuelle Bereitschaft von all den anderen Gerüchen des Waldes sepa-

rieren konnte. Das Aroma ihrer glitzernden Pforte würde durch den ganzen Wald getragen und den Tieren davon erzählen, welch ein himmlisches Geschöpf sich nun mit all seinen zarten Gefühlen der Liebe hingab. Oh ja, sie würden wissen, was hier geschah, denn auch Tiere kannten Zuneigung und Liebe. Nur ließen sich ihre Zeichen dafür von Uneingeweihten nicht deuten.

Der stark ausgeprägte, blassrote und herzförmige Wulst ihres Harnausgangs setze einen ganz besonders erregenden Akzent auf den wie mit Glanzlack versehenen Scheidengrund. Sydney glitt mit klopfendem Herzen über diese Pracht, ließ sein Glied kurz in der Pforte zu ihrem Körper ruhen, bevor er seinem Bedürfnis nachgab und vorsichtig in sie eindrang. Warme, seidige Feuchtigkeit umschmeichelte ihn.

Etwas Schmerz würde er ihr tatsächlich zufügen müssen, denn ihr Genital war sehr eng gebaut und setzte ihm erheblichen Widerstand entgegen, den er nicht brutal brechen wollte. Es dauerte auch nicht lange, bis zwischen ihren Lustschreien eindeutige Schmerzbekundungen vernehmbar wurden.

Auf seine besorgte Frage hin, ob er ihr wehtäte, keuchte Sabrina: „Ich hab zwar das Gefühl, du reißt mich bis zur Kehle auf, aber mach bitte weiter. Du bist so zärtlich und aufmerksam, dass ich weinen möchte. Es ist so schön, so wunderschön. Sprenge mich, fülle mich ganz aus, bis für nichts anderes mehr Platz in mir ist. Sollte ich dabei sterben, dann vor Lust, vor unendlicher Lust, die nur du befriedigen kannst. All meine Eizellen haben ihr Hochzeitskleid angezogen, um dich zu empfangen. Jede einzelne von ihnen möchte sich dir hingeben, um in deiner Liebe zu ertrinken."

Sie wand sich unter ihm wie eine Akrobatin. Immer wieder verdrehte sie wimmernd die Augen und verharrte keuchend. Da genau zu diesen Zeitpunkten das Gleiten in ihr leichter wurde, vermutete Sydney, dass sie einen Orgasmus nach dem anderen erlebte. Eher noch erlitt, denn ihr gesamtes Innenleben schien dabei wie unter Stromschlägen zu zucken und ihre rhythmisch krampfenden Beckenmuskeln schienen seinem Glied eine Taille verpassen zu wollen. Was würde wohl geschehen, wenn er es endlich in voller Länge in sie eingeführt hatte?

Die Antwort darauf ließ nicht lange auf sich warten, denn er konnte sich schon bald nicht mehr zurückhalten. Wie aus einem geplatzten Wasserrohr sprudelte es aus ihm heraus und füllte sie an, als er sich gehen ließ. Ihre Eizellen würden sich freuen.

Erschrocken hielt er nach seinem Erguss inne, als sie ihren Kopf mit erstickten Lauten in den Nacken warf, Mund und Augen weit aufriss und keuchend nach Luft schnappte. Dann jedoch setzte wieder das heftige Zucken ihrer Innereien ein. Ihre Scheide krampfte, als wolle sie sein bestes Stück erwürgen und ein Schwall von Flüssigkeit erkämpfte sich seinen Weg in die Freiheit. Er wurde begierig von dem Moos unter ihr aufgesogen.

Vorsichtig löste Sydney sich von ihr und sah erstaunt an sich herab. Sein bestes Stück tropfte vor Nässe. Sabrinas gesamter Genitalbereich, die Pobacken und Innenseiten der Schenkel glänzten, als hätte er sie soeben aus einem Ölbad gezogen. Unglaublich, einen solchen Multiorgasmus hatte er bisher für reine Männerfantasie gehalten.

Behutsam half er ihr, die Beine auszustrecken, denn Sabrina besaß nicht mehr die Kraft dazu, ihre Lage selbst zu verändern. Ihr Bauch und die Schenkel zitterten wie Espenlaub und ihre um eine Wurzel geschlungenen Finger lösten sich, als wiche jegliches Leben aus ihnen. Noch immer schienen sich ihre Beckenmuskeln in kurzen Abständen zu verkrampfen, denn über ihrem Schambein bildete sich turnusmäßig eine Grube. Sie weinte leise.

Beunruhigt legte er seine Hand auf ihren Bauch und fragte: „Hab ich dir zu sehr wehgetan; was ist das für ein seltsames Krampfen in deinem Unterleib?"

Sie brachte ein zaghaftes Lächeln zustande und flüsterte: „Aber nein, Sydney, du hast mir genau die richtige Dosis Schmerz zugefügt, die ich für diesen Megaorgasmus brauchte. Du bist einfach umwerfend, du bist himmlisch. Ich weine vor Glück, vor lauter Glück darüber, dass du mir diese endlose Kette von Höhepunkten mit Liebe geschenkt hast. Mach dir keine Sorgen, da unten ist alles in Ordnung. Der letzte Orgasmus war nur so unglaublich, dass ich dachte, er presst alles aus meinem Leib, was in mir ist."

Sabrina fasste zwischen ihre Beine und betrachtete danach begeistert ihre Hand: „Meine Güte, war das eine Füllung. Es hat mich wie einen Ballon aufgebläht, als du kamst, und dazu noch mit einem Druck, als hättest du eine Sylvesterrakete in meine Gebärmutter geschossen. Das klatschte richtig da drin."

Sie richtete sich mit Mühe zum Sitzen auf und Sydney reichte ihr Schlüpfer und Strumpfhose. Sabrina legte beides jedoch neben sich ab und schüttelte den Kopf: „Jetzt meine Hosen anzuziehen, wäre sinnlos, denn die wären nach ein paar Minuten total durchnässt und würden mir ständig in der Ritze kleben. Hast du eine Decke oder so was im Auto?"

Er nickte: „Hab ich, aber die muss ich zunächst einmal gründlich ausschlagen, denn da hängen massenweise trockene Tannennadeln drin."

Für einige Sekunden blickte Sabrina träumend an ihm vorbei, dann nahmen ihre Augen einen seltsamen Glanz an: „Nein, Syd, lass sie bitte drin. Es fühlt sich bestimmt toll an, wenn ich sie bei der Fahrt an meinem nackten Popo spüre."

Sydney lachte laut auf: „Heiliger Hubertus, du kommst ja auf schräge Ideen. Glaub mir, das wird hammerhart. Ich an deiner Stelle würde lieber darauf verzichten, aber du musst es wissen. Auf Unterleibsbekleidung wirst du dann allerdings solange verzichten müssen, bis ich dir alle Nadeln aus dem Hintern gezogen habe."

„Du willst mir doch nur Angst machen, oder? Meinst du wirklich, die bleiben in meiner Muschi stecken?"

„Worauf du dein Höschen verwetten kannst! Die haben keine Scheu davor, dich auch an den empfindlichsten Stellen zu malträtieren. Du wirst nach kurzer Zeit meinen, dir hielte jemand eine brennende Fackel unter den Hintern."

Sabrina erschauerte: „Das klingt ja garstig, aber … anderseits wahnsinnig aufregend. Ich will es mal ausprobieren. Sollte es zu schlimm werden, kannst du die Decke ja immer noch ausschütteln."

„Nun denn, ich halte es wirklich für keine gute Idee, aber es ist deine Entscheidung. Beklage dich jedoch nicht, wenn ich danach mit Spreizwerkzeug und Pinzette in deinen Körperöffnungen herumhantiere, denn die Dinger haben irgendwie Leben in sich und arbeiten sich garantiert auch in deine Öffnungen vor."

„Was meinst du mit Spreizwerkzeug?"

„Mein Vater war Tierarzt und hat mir sein Besteck vermacht. Unter anderem ein Spekulum, mit dem man die Vagina weit öffnen kann, um hineinschauen oder kleine Operationen an den inneren Genitalien vornehmen zu können. Für menschliche Ausgänge eigentlich ein bisschen zu handfest, aber notfalls brauchbar. Bei dir würde ich es nicht so gern anwenden, denn der Größe wegen könnte es schon etwas Schmerzen bereiten, vor allem im Hintern."

Sabrina griff zwischen ihre Beine und stöhnte: „Wahnsinn! Hätte ich gewusst, dass es dich hier im Wald gibt, wäre ich jeden Tag zu dir gekommen." Was sie danach sagte, konnte er nicht hören, denn kam tonlos über ihre Lippen: „Du bist der Mann meiner Träume. Du kannst genau das, wonach sich mein Körper schon immer sehnte. Nicht nur mein Körper", fügte sie hinzu. „Ich sehne mich nach dir, seit ich denken kann. Du füllst mein Herz mit Dingen, die ich nicht kenne."

Sie sah ihm lange in die Augen und sagte schließlich laut und mit sehnsuchtsvollem Blick: „Syd, ich habe es nie gewagt, jemandem dies anzubieten, aber dir biete ich es an: Was du auch immer mit mir anstellen willst, tu es. Bei dir habe keine Angst davor, mich gehen zu lassen, mich völlig hinzugeben, dir meinen Körper mit Haut und Haaren auszuliefern. Bitte, liebe mich, nimm mich mit Fantasie, spiele mit meinem Leib, füge ihm süßen Schmerz zu, ja?"

Fast meinte er, zu träumen. Da saß ein Wesen aus dem Elysium vor ihm auf dem Waldboden, ein Wesen voller erhabener Pracht, schier und rein bis in die letzte Pore hinein und bat ihn, den etwas zu groß geratenen Förster mit der verkorksten Namenskonstellation Sydney Denver, ihren tempelartigen Körper in Besitz zu nehmen. Einen solchen Traum hätte er nie zu träumen gewagt, denn er zählte sich zu den Realisten. Er besaß zwar eine beachtliche Gestalt, aber als Schönling würde er sich nicht bezeichnen. Womit hatte er dieses Glück verdient?

Er hob sie vom Boden hoch: „Wie könnte ich dieses Angebot ausschlagen, es kommt ja geradezu vom Himmel. Jawohl, Madam, ich werde mit dir tun, was mir beliebt und du wirst dich unter meinen Händen wie eine Eidechse winden und verbiegen, aber eine Grundbedingung erhebe ich: Sei dabei immer Sabrina und kein unterwürfiges Stück Fleisch, das mag ich nämlich absolut nicht. Du selbst darfst deine Würde ebenso wenig vergessen wie ich, okay?"

Sie nickte, legte ihre Arme um seinen Hals, wobei sie sich auf die Zehenspitzen stellen musste, und presste sich fest an ihn. Das Gefühl, seine grobe Kleidung auf ihrer nackten Haut zu spüren, ließ es schon wieder machtvoll in ihr kribbeln. Ihr Bauch wurde hart wie ein Brett, als sie sich stöhnend durchbog und in die Knie ging.

Sydney fing sie auf und hielt sie in seinen Armen, bis ihre Beine sie wieder trugen. Wie konnte so etwas angehen? Sabrinas Tagesablauf schien aus einer ständigen Abfolge von berstenden Orgasmen zu bestehen. Sie musste aus purer Lust zusammengesetzt sein. Es würde ihn nicht wundern, wenn sie schon mit einem Orgasmus auf die Welt gekommen oder gar ein zu Fleisch gewordener Orgasmus ihrer Mutter wäre. Ihr Gesäß, das er in Händen hielt, triefte förmlich. Er knetete genüsslich ihre glitschigen Backen, umkreiste mit seinem Finger in einer enger werdenden Spirale ihren erhitzten After und ließ vor seinem geistigen Auge ablaufen, was er alles mit ihr anstellen könnte. Am liebsten würde er gleich damit beginnen. Der Gedanke erregte ihn. Warum auch nicht, sie hatte ihn doch darum gebeten.

Als er sie unerwartet anhob und seinen kräftigen Zeigefinger mit einem Ruck in ihren Darm bohrte, bog sie sich mit einem erstickten Laut nach hinten durch, bis ihre Haare den Boden peitschten. Die gespannte Haut ihres Bauches glänzte seidig. Ein heftiges Zittern ließ ihre Brüste beben, dann versteifte sie sich, schnappte röchelnd nach Luft und verlor für einen Moment die Besinnung. Dass dies nicht ohne einen weiteren heftigen Orgasmus abging, spürte Sydney sofort an seiner Hand. Großer Manitu, wo nahm diese Frau nur die ganze Flüssigkeit her?

Ein kalter Windzug ließ Sabrina erschauern. Gleich darauf setzte Nieselregen ein, dessen Sprenkel schnell zu dicken, eiskalten Tropfen anwuchsen. Hastig klaubte sie ihre verstreute Kleidung vom Boden auf, riss ihre Tasche an sich und rief: „Schnell, Sydney, wo ist dein Auto? Jetzt wird es mir doch zu kalt!"

Ihre Gänsehaut und die stark gekräuselten Vorhöfe ihrer Brustwarzen überzeugten Sydney davon, dass es nun höchste Zeit wurde. Zwei Zentimeter Länge mochten ihre Knospen haben, man könnte glatt Kleiderbügel an ihnen aufhängen. Er hob seine Sachen und ihre Stiefelletten auf, die sie vergessen hätte, und führte sie zu seinem Wagen.

Bevor sie sich auf dem Beifahrersitz niederließ, bestand sie darauf, die Decke mit allem peinigenden Inhalt untergelegt zu bekommen. Zunächst sträubte er sich dagegen, denn ihr zarter Hintern würde dabei brutale Attacken hinnehmen müssen, zumal seine Haut durch all die Feuchtigkeit aufgeweicht war, aber sie wollte es so, also sollte sie es auch bekommen. Er beharrte allerdings darauf, die Sitzlehne weit nach hinten zu kippen, um zumindest ihre Scheide vor Einstichen zu schützen.

Sydney konnte es nicht fassen. Ihrem lebhaften Mienenspiel und den kläglichen Quieklauten nach zu urteilen, piesackten die Nadeln sie schon beim Hinsetzen. Kurz darauf bekamen ihre Augen jedoch wieder den herrlichen Schlafzimmerblick und ihr Bauch wölbte sich zuckend heraus. Er schüttelte perplex den Kopf. Sabrinas Energieumsatz musste dem Verbrauch einer Leistungssportlerin entsprechen, von ihrem Flüssigkeitsverlust mal ganz zu schweigen. Wo nahm sie nur den Bedarf für ihre Orgasmen her? Ihr Mineralspiegel sollte schon längst bei Null angekommen sein und sie müsste sich des ständigen Magnesium- und Calciumverlustes wegen in Krämpfen winden. Na ja, irgendwie tat sie es ja auch. Ihr schien es jedoch vergönnt zu sein, dieselben in Form von barocken Orgasmen wettzumachen. Höchst erstaunlich.

Beim Schließen der Beifahrertür richtete er seine Augen auf den verhangenen Himmel und flüsterte: „Du da oben, ich hab ja nie so richtig an dich geglaubt, aber … danke für diesen süßen Engel. Alles was Recht ist, mit ihr ist dir mal wieder ein Meisterstück gelungen. Und deine Fantasie hast du bei ihr auch mal ein bisschen mehr walten lassen als sonst. Bravo, erste Sahne!"

Sabrina stieß während der Fahrt durch die Schlaglöcher immer wieder putzige Schmerzlaute aus, insgesamt jedoch schien sie sich auf ihrem Nadelkissen wohl zu fühlen. Zweimal noch verdrehte sie ihre Augen, atmete heftig und bog ihren Rücken so weit durch, dass ihre erstaunlichen Brustwarzen steil nach oben standen. Ein Bild für die Götter. Es schien, als ziele sie mit ihnen auf Insekten, die sie mit Milchspritzern aus der Luft holen wollte.

„Wo möchtest du hin?", fragte er an einer Weggabelung.

„Zu dir, wohin denn sonst? Ich habe zu Hause nur eine Kosmetikpinzette für die Augenbrauen. Wohnst du hier im Wald?"

„Nur zeitweilig. Ich besitze hier ganz in der Nähe eine private Jagdhütte. Da müsste ich allerdings zunächst einmal den Ofen anheizen."

„Gibt es dort auch Licht?"

„Selbstredend. In der Saison niste ich mich da für ein paar Wochen ein, denn ich muss dann so einige Dinge im Wald und etliches an Papierkram in unserer Station erledigen. Sie liegt nicht allzu weit von meiner Hütte entfernt."

„Nimmst du in deiner Hütte auch die Tiere aus, die du geschossen hast?"

„Nur den Eigenbedarf an Hasen und Vögeln, der Rest wird ins Department gebracht. Wenn ich mal für meinen Bedarf ein Reh oder einen Hirsch mitnehme, werden sie wie alle Großtiere im Wald ausgeweidet. In einem Schuppen hinter der Hütte hängen sie dann nur ihre Zeit ab."

„Was heißt abhängen?"

„Nun, das Wild will gut ausgeblutet sein, sonst schmeckt es nicht besonders und verdirbt schnell."

„Hängst du die Tiere an den Hinterbeinen auf?"

„Woran denn sonst, am Hals wäre es nicht sinnvoll? Wieso interessierst du dich dafür?"

Sabrina lehnte sich zurück und schloss ihre Augen: „Wow, abhängen … ich möchte auf jeden Fall zu deiner Hütte, denn ich habe noch nie einen Orgasmus im Hängen gehabt. Außerdem stelle ich mir eine Jagdhütte sehr interessant vor. Gibt es dort auch Geweihe an den Wänden?"

„Zwei oder drei Böcke, für Größeres ist kein Platz. Allerdings stehe ich auch nicht so darauf, mir bombastische Trophäen in die Bude zu hängen. Für mich bedeutet mein Beruf Wald- und Tierpflege und im Grunde genommen würde ich lieber alle Tiere am Leben lassen. Da dies aber weder dem Wald noch den Tieren gut tut, muss ich die fast ausgerotteten Raubtiere vertreten und hin und wieder mal welche aussortieren. Wo es nun mal so ist, esse ich natürlich auch einen Teil meiner Beute. Wenn man so einen Hasen, Fasan oder einen gespickten Rehrücken richtig zubereitet, kann man schlemmen wie Gott in Frankreich."

Sabrinas Augen wurden zu großen Murmeln: „Was denn, kochen kannst du auch?"

„Sicher, wer sollte es denn sonst tun? Ein Fastfood-Restaurant gibt es weit und breit nicht. Davon abgesehen, mag ich solches Zeug nicht. Wer als Förster nicht kochen kann, der hat den falschen Beruf ergriffen. Roh schmeckt so eine Rehkeule nämlich verdammt scheußlich."

Er lenkte den Wagen auf einen sehr schmalen Buckelpfad und blickte sie skeptisch an: „Liebst du dein Fakirbrett noch, jetzt könnte es ziemlich hart werden?"

Sie nickte, aber so ganz geheuer schien es ihr nicht zu sein, als sie die Piste genauer betrachtete. Ihr Gesicht verzog sich dann auch schmerzgepeinigt, als er über die ersten Buckel fuhr und sie jammerte: „Bitte, Sydney, fahr ganz langsam! Du hattest Recht, ein paar von den Höllendingern scheinen sich gerade vorn in meine empfindlichsten Teile gebohrt zu haben und hinten fühlt es sich an, als hätte ich einen Schwarm Piranhas an meinem Popo hängen, der sich wütend in mich hineinfrisst."

„Noch eine Kurve und du hast es überstanden. Um die Piranhas kann ich mich erst kümmern, wenn ich den Ofen angeheizt habe. Du wolltest ja nicht auf mich hören."

„Hast du denn auch Pinzetten in der Jagdhütte? Mit deinen riesigen Fingern kriegst du die Nadeln bestimmt nicht alle raus."

„In meiner Ausrüstung sind immer welche. Es müsste schon mit dem Teufel zugehen, wenn ich sie diesmal vergessen hätte."

„Und wenn du sie nun doch vergessen hast?"

„Dann ziehe ich dir die Dinger mit den Zähnen raus."

Sabrinas Hand fuhr klatschend zwischen ihre Schenkel. „Oh man, diese Idee erregt mich wahnsinnig. Schon der Gedanke daran lässt mich den Schmerz vergessen. Zieh sie mir bitte mit den Zähnen heraus. Eine nach der anderen, ja?"

Sydney nickte. „Ich werde tun, was ich kann. An den unzugänglichen Stellen könnte allerdings die Pinzette vonnöten sein, denn bliebe auch nur ein Stück Nadel stecken, dann gingest du morgen vor Schmerzen an die Decke."

Er wechselte das Thema: „Mal was ganz Anderes, wie bist du überhaupt so tief in den Wald geraten? In der Richtung, aus der du kamst, gibt es auf dreißig Meilen nichts als Bäume und Tümpel."

„Ich war mit dem Fahrrad einer Freundin von Sweethome aus unterwegs, um mir mal die Gegend anzugucken. Dabei hab ich mich verirrt."

„Und wo ist der Drahtesel jetzt?"

Sabrina zuckte die Schultern: „Ich musste ihn an einem Teich stehen lassen, weil die Kette riss."

Sie atmete erleichtert auf, als er den Wagen vor einer grün gestrichenen, hübsch mit braun und beige abgesetzten Holzhütte mit Spitzdach und Anbau zum Stehen brachte. Es regnete mittlerweile wolkenbruchartig und aus den Rinnen plätscherte das Wasser in Kuhlen, die mit der Zeit dort entstanden waren. Irgendwo rauschte ein größerer Bach hinter dem Anbau, sehen konnte sie ihn allerdings nicht. Sydney musste sich für seine Hütte den schönsten Platz im ganzen State Park ausgesucht haben. In dieser Gegend stand hauptsächlich Nadelgehölz, aber um die Hütte herum gab es nur Laubbäume auf einer märchenhaften Lichtung mit Pilzen, Herbstblumen und bunten Büschen. Leider kannte sie außer den herbstlich gefärbten Kastanien zu beiden Seiten der Hütte keine der anderen Baumsorten. Zwei von den kleineren könnten allerdings Obstbäume sein.

Sie beobachtete Sydney von der Seite her. Er wühlte in seiner Türablage herum. Wie konnte ein solcher Riese nur so feinfühlig sein? Zweimeterzehn brachte er mindestens in seine Stiefel und würde sich unter jeder Türfüllung bücken müssen. Mit ihren knapp Einssiebzig musste sie neben diesem breitschultrigen Klotz wie ein Schulkind wirken und doch konnte er zärtlicher als eine Frau sein. Wie sie an der wunderbar gearbeiteten Hütte erkennen konnte, besaß er auch den Geschmack einer Frau. Dieser Mann gab ihr Rätsel auf. Böse erleben wollte sie ihn nicht, denn dann würde er wahrscheinlich Bäume durch den Wald schmeißen. Ihre Fantasie, er könne sie mit bloßen Händen am Hintern auseinander reißen, kam der Wirklichkeit gewiss nahe. Seine Oberarme besaßen mehr Umfang als ihre Oberschenkel.

Sie wandte sich wieder der Hütte zu. Neben der Tür stand eine einfache, in zwei unterschiedlichen Grüntönen lackierte Holzbank und an beiden Seiten der Tür gab es mit braunen Läden verschlossene Fenster. Über der Tür befand sich ebenfalls eins. Es besaß nicht die Ausmaße der unteren und keine Läden, dafür wurde es von einem Blumenkasten verziert. Die Köpfe der Blumen hingen allerdings verwelkt herunter. Wahrscheinlich bräuchte Sydney nicht mal eine Leiter, um ihn neu zu bepflanzen.

Neugierig deutete sie auf dieses kleine, mit Wolkengardinchen verhängte Fenster. „Was gibt es da oben?"

„Ein Bett. Dort schlafe ich während der Jagdsaison."

„Passen wir beide dort hinein?"

„Mit etwas gutem Willen passen auch drei hinein. Man muss sich halt aneinanderkuscheln. Es war einschließlich allen Bettzeugs eine Spezialanfertigung für meinen Vater, den die Natur ebenfalls mit einer ausgefallenen Schuhgröße versehen hatte und meine Mutter war auch nicht gerade eine Gazelle."

Sabrinas Augen leuchteten begeistert auf: „Wie romantisch, so was hab ich mir schon immer gewünscht. Oh Syd, es muss schön sein, in deinen starken Armen dort einzuschlafen. Weißt du, im Bett habe ich es gern romantisch und zärtlich. Da fühlt sich mein Höhepunkt ganz anders an. Viel sanfter. Dann spritze ich auch nicht so wild um mich. Streichelst du mich in den Schlaf?"

„Nichts lieber als das. Wer würde dich nicht gern streicheln?"

Sabrinas Augen bekamen einen traurigen Schimmer. „Ach, da gibt es genügend von. Die Typen, die ich bisher kennen gelernt habe, wissen gar nicht, was Streicheln ist. Die wischen dir ein paar Mal mit ihren Pratzen über den Rücken und schon stochern sie bis zum Ellenbogen in deinen Eingeweiden herum. Die wollen nur auf dir herumhopsen und deine Löcher füllen. Wenn noch was übrig ist, wichsen sie dir ihren Schnodder auch noch ins Gesicht. Sie begreifen nicht, dass sie einem damit wehtun und auch nicht, dass alles seine Zeit hat. Streicheln, romantischer Sex, wilder Sex, perverse Spielchen, Essen. Noch während die sich ihr Steak oder ihren Hamburger reinhauen, fahren sie dir mit ihren Speckfingern in den Hintern. Am Waschlappen lässt sich dann hinterher noch riechen, was sie gegessen haben. Denen ist es völlig egal, wie du dich fühlst. Rein mit dem Zeug, Kühlschrank auf, Bier raus, Zigarette an und fertig."

Sie kuschelte ihren Kopf an seine Schulter: „Du bist so anders. Ein Gentleman, wie ihn sich jede Frau wünscht. Findest du mich eigentlich tatsächlich so schön wie du sagst?"

Sydney sah sie erstaunt an: „Bisher ist mir noch keine schöne Frau begegnet, die nicht auf Anhieb wusste, welchen Reiz sie auf einen Mann ausübt. Selbst vierzehnjährige Girls wissen schon die Zeichen zu deuten. Na klar finde ich dich schön, wenn schön überhaupt der richtige Ausdruck dafür ist. Du bist die Schönheit schlechthin. Nicht zu vergleichen mit den armseligen Püppchen auf den Laufstegen, deren tapezierte Knochen man nur vor ein Fenster halten muss, um festzustellen, dass sie innerlich nur aus krankem Charakter und Narzissmus bestehen."

Er deutete zwischen ihre Schenkel: „Besonders was die weiblichen Genitalien angeht hat meines Wissens bisher noch niemand von Schönheit gesprochen oder geschrieben, obwohl sie das Hauptziel maskuliner Begierde sind. Selbst die allerschönsten Frauen sehen dort unten oft nach Austern, Gekröse oder gar Kloake aus. Du nicht. Dein Geschlecht und selbst dein After sind Kunstwerke und nicht weniger schön als dein Gesicht. Alles in allem bist du das Abbild weiblicher Vollkommenheit. Dein Körper könnte der Tempel der Aphrodite sein, von Natur aus erhabener als der schönste Sonnenuntergang."

Sabrinas Rehaugen füllten sich mit Tränen und sie schluchze wie ein Kind auf. Sydney saß verwirrt neben ihr und hielt ihre Hand. Nach einer Weile legte sie ihren Kopf an seine Brust: „Syd, was machst du mit mir? Ich hab mich noch nie so geliebt gefühlt, nie so geborgen. Deine Worte haben mich wie Speere mitten ins Herz getroffen. Ich glaube, so schöne Worte hat vor mir noch nie eine Frau zu hören bekommen. Säße ich jetzt nicht, fiele ich ohnmächtig um." Sie küsste seine Hand: „Oh Syd, du bewundernswerter, friedlicher Riese voller Weisheit, Liebe und innerer Schönheit. Wären doch nur alle Männer so fehlerlos und liebevoll wie du. Ich kann mir gut vorstellen, dass du ein Reh ganz zärtlich streichelst, es noch einmal rundherum befriedigst und dich dann bei ihm mit einem Kuss verabschiedest, bevor du es erschießt."

Sydney blickte verlegen aus der Seitenscheibe. „Bring mich jetzt nicht in Verlegenheit. So zahm und bewundernswert bin ich nun auch wieder nicht. Ich habe schon meine Ecken und Klippen, frag mal meine Kollegen. Wenn mich der Frust packt, kann ich richtig stinkig werden. Mit dem Reh hast du allerdings Recht. Ich würde es am liebsten sein Leben lang streicheln und gar nicht totschießen." Er grinste: „Mit dem Befriedigen bekäme ich allerdings Schwierigkeiten. Rehe haben darin einen sehr eigensinnigen Geschmack."

Sabrina ließ ihren Blick über seine stattliche Gestalt wandern. Er sah zwar aus wie ein viel zu groß geratener Mensch, aber er konnte nur ein Engel sein. Ein als Ranger getarnter Engel. Allein sein Anblick ließ es in ihr kribbeln. Überall, nicht nur zwischen den Beinen, dort allerdings besonders intensiv.

Er stellte den Motor ab und musterte fasziniert ihre feenhafte Haarpracht, aus der ihr Venushügel, der Bauch und die Brüste als feucht glitzernde Monumente unschuldigster Sexualität herausragten. Ohne Zweifel, neben ihm saß eine Madonna. Hervorgegangen aus einem schöpferischen Orgasmus des Paradieses. Ein esoterisches Wesen, dessen einziger Daseinszweck es zu sein schien, seine weibliche Ejakulation in diese Welt zu ergießen, um im Gegenzug prall mit Sperma gefüllt zu werden. Welch eine berauschende Vorstellung! Er würde sich der Aufgabe, ihrem makellosen Körper auch den allerletzten Tropfen zu entlocken, mit Herz und Seele annehmen. Ihre Säfte sollten seine Hütte tränken, während sie sich vor Glück bog, krümmte und schrie und aus ihren Leibesöffnungen von sich gab, was sie quälte.

Er legte seine Hand auf Sabrinas Schenkel: „Wir sollten jetzt reingehen, denn es dauert einige Minuten, bis es da drin warm wird. Vielleicht wäre es sogar besser, du bliebest noch etwas im Wagen, damit du dich nicht erkältest."

Sie erstarrte: „Nein, bitte, ich möchte sofort mitgehen. Hier draußen wird es mir zu duster. Geradezu unheimlich. Während du da drin bist, kommt vielleicht so ein Wolf vorbei und schleift mich in den Wald. Wo ich sowieso schon splitternackt bin, braucht er mir noch nicht mal die Sachen vom Leib zu reißen, bevor er mich ausnimmt."

Sydney grinste in sich hinein: ‚Gedankengänge hatte diese Frau … Er nickte: „Bei diesem Wetter ist das wohl kaum zu befürchten, aber du hast Recht. Ich weiß dich auch lieber bei mir. Warte kurz, ich schließe eben die Tür auf, mache Licht und dann trage ich dich rein."

Sabrina nickte begeistert: „Ja bitte, trage mich über die Schwelle, davon träume ich schon so lange. Dann weiß ich wenigstens, wie es sich anfühlt, wenn man geheiratet hat."

Sydney schielte amüsiert auf ihren glibberig glänzenden Schoß und brummte: „Einen kleinen Unterschied gibt es da schon, denn eine Braut wird wohl zu diesem Zweck noch in ihrem Kleid stecken und wohl kaum einen triefenden Hintern haben, der sich zudem wie Rübezahls Stoppelbart anfühlt."

Sabrina stöhnte auf: „Oh Sydney, das hättest du jetzt nicht sagen sollen. Wo du mich daran erinnerst, merke ich, wie tief die Piranhas schon in mir drinstecken. Mein Popolöchlein fühlt sich an, als hätten sie es schon halb aufgefressen."

Sydney schmunzelte: „Na, dann nichts wie rein in die Bude, ehe sie dich völlig ausgeweidet haben. Vielleicht lässt sich ja noch etwas retten. Wenn nicht, muss ich dir bei Gelegenheit den Spiegel einer Ricke einpassen. Er wird nicht so wunderschön und erotisch aussehen wie deiner und schon gar nicht so gut riechen, aber ich bin an den Anblick von Waidlöchern gewöhnt."

„Waidlöcher? Sind das die Popolöcher von Rehen?"

Er nickte: „Auch bei dem anderen Hochwild nennt man es so."

Sabrina jammerte auf und sah ihn flehend an, als er sie vom Sitz heben wollte: „Oh, Sydney, sei vorsichtig, sonst reißt du mir was ab. Meine Muschi fühlt sich an, als wäre sie auf der Decke festgenäht worden. Oh man, hätte ich doch bloß auf dich gehört. Hoffentlich kriegst du sie alle wieder raus."

Er blickte sie mitleidig an: „Tut mir leid, aber du wirst es jetzt ertragen müssen. Da haben sich wahrscheinlich einige der biestigen Dinger gleichzeitig in deiner Haut und in der Decke verhakt. Ob ich dich nun langsam oder schnell heraushebe, wird keinen Unterschied machen."

Sabrina fiel bald in Ohnmacht, als er sie anhob. Da musste sich mehr als vermutet getan haben, denn die Decke blieb wie eine Klette an ihrem Hintern hängen und löste sich erst, als er auf eine ihrer Ecken trat.

Sabrina riss quiekend ihre Augen auf: „Auweia, Sydney, sag mir bitte, dass noch alles dran ist! Es fühlt sich da unten an, als hinge mein halbes Innenleben heraus."

Er trug die Jammernde vorsichtig in die Stube und stellte sie mit ihrem Rücken zum Ofen ausgerichtet vor seinen ungewöhnlich hohen Esstisch. Sie stellte sich auf ihre Zehenspitzen, beugte sich wimmernd nach vorn und sank auf die Platte, um gleich darauf mit klappernden Zähnen zu stottern: „Oh, i ... ist das k ... kalt."

Sydney schloss die Tür, nachdem er ihre Utensilien aus dem Wagen geholt hatte, wischte einige Nadeln von ihren Schenkeln und sagte: „Augenblick, ich lege dir eine Decke unter. Richte dich noch mal kurz auf."

„Ich k ... kann nicht. Beim Hochkommen klammern die Dinger meine Backen noch mehr zusammen."

Er zückte schmunzelnd sein Messer und legte es vor ihrer Nase auf den Tisch: „Keine Bange, damit kriege ich sie auf jeden Fall wieder auseinander."

Ihre Augen starrten die Klinge wie zwei Scheinwerfer an und sie schob ihm auf der Tischplatte abwehrend beide Arme entgegen: „Oh, Sydney, b ... bitte nicht damit, n ... nicht da ... da ... da ... "

Lachend entnahm er einem Schrank drei Wolldecken, schob ihr eine davon unter Brust und Bauch, legte eine über ihren Oberkörper und wickelte die dritte um ihre Beine. Nur ihr Hintern blieb unbedeckt. Den betrachtete er nun im Lichtkegel seiner Taschenlampe genauer.

Welch ein Anblick! Ihr verlängerter Rücken glich einem Kaktus. Die Nadeln steckten kreuz und quer in ihren Backen, die meisten davon allerdings in der feucht glänzenden Gesäßspalte. Dort griffen sie teilweise wie die Zähne eines Reißverschlusses ineinander. Wie befürchtet, hatten es manche geschafft, bis in ihre hintere Scheide vorzudringen. Der Damm ähnelte einer abgenutzten Drahtbürste und ein Kranz von Nadeln malträtierte den Anus. Einigen war es sogar gelungen, sich in den Innenrand des Muskels zu spießen. Sie versperrten den Verdauungsausgang Sabrinas wie das Gitter eines Abwasserkanals.

Er strich ihr beruhigend über den Rücken: „Es ist nicht ganz so schlimm wie es sich anfühlt. Bleib einen Moment so liegen, ich heize eben den Ofen an."

„Nein, bitte bleib bei mir, Syd. Kriegst sie denn wirklich alle raus?"

„Klar, ein paar werde ich wohl mit der Pinzette ziehen müssen, denn mit den Zähnen käme ich nur an sie heran, wenn ich deine Backen weit auseinander zöge. Das könnte sich jedoch anfühlen, als risse ich deine schnuckelige After-rosette raus."

Sie zappelte ängstlich mit den Beinen und die Muskeln ihrer Backen bebten.

Er tätschelte ihre Wange: „Keine Angst, ich werde es so schmerzfrei wie möglich machen, du wirst am Leben bleiben."

Sabrina keuchte: „Oh Syd, ich hab Angst, hätte ich doch nur auf dich gehört. Sind es denn wirklich so viele?"

Er nickte ernst: „Da kommt schon einiges zusammen. Dein Hintern ist nass. Es war damit zu rechnen, dass eine Menge daran kleben bleiben und wo du auch noch wie ein Cowboy auf ihnen herumgeritten bist … "

„Hast du einen Spiegel? Ich möchte mir das auch mal angucken."

„Leider nicht. Den einzigen gibt es oben in der Toilette, der lässt sich aber nicht abnehmen." Er überlegte kurz und wühlte in einer Schublade: „Ich kann ja ein Foto davon machen."

„Au ja, mach bitte ein Foto. Es ist schon komisch. Die Dinger piesacken mich, als säße ich mit meiner Ritze auf Stacheldraht, aber wenn ich mir vor-stelle, wie du das Zeug mit den Zähnen aus meinen Löchern ziehst, könnte ich meine Säfte schon wieder wie ein Rasensprinkler verspritzen."

Sydney pflückte nachdenklich einige Nadeln von ihren Backen und fragte: „Sag mal, bekommst du jeden Tag so viele Orgasmen?"

„Nein, leider nicht. Von so vielen und so intensiven wie heute habe ich bisher nur geträumt. In den letzten Jahren mache ich sie mir auch nur noch selbst. Wenn ich merke, dass ich Entspannung brauche, stecke ich mir eine heiße Wärmflasche oder eine raue Kokosmatte zwischen die Schenkel, presse sie zusammen und bewege meinen Po vor und zurück. Dann kommt es mir mal mehr und mal weniger. Manchmal nehme ich zusätzlich für den Hintern Koch-löffel, Kerzen, Gemüse oder was ich gerade zur Hand habe. Auch schon mal die Griffe von Stieltöpfen oder einen Handfegerstiel. Am besten fühlen sich heiße Würste an. Flaschenbürsten funktionieren erst im letzten Augenblick und nachher brennt mir der After, als hätte ich einen Tauchsieder hineingesteckt."

Ihre Augen blitzten auf: „Das ist alles nichts gegen die Höhepunkte, die ich heute von dir geschenkt bekommen habe. Oh Syd, du brauchst mich nur anzusehen, schon knallt es zwischen meinen Beinen, als hätte jemand einen Chinaböller in meiner Vagina gezündet. Wenn ich mir vorstelle, du würdest mich mit deinen Bärentatzen wie eine Kinderpuppe packen und meinen Hintern mit deinem mörderischen Spieß pfählen, dann ... Ach Sydney, mein Popo kocht, seit ich dich gesehen habe und es wird immer heftiger. Ich ahne, dass du Dinge mit mir tun wirst, die mir nie eingefallen wären. Die Vorstellung, wie ein Reh in deinem Schuppen zu hängen und von dir erbarmungslos fertiggemacht zu werden, lässt mich schon jetzt fast in Ohnmacht fallen. Ich sehne mich danach, dass du mich durchwalkst, bis ich nicht mehr weiß, welches Loch vorn und welches hinten ist. Am liebsten hätte ich es, wenn du in meinen Hintern kriechen und mich den ganzen Tag lang von innen verwöhnen würdest. Wirst du das tun?"

Sydney stemmte nachdenklich seine Hände in die Hüften. Was sie da von sich gab, klang schon fast krankhaft, aber er nickte und antwortete: „Ich werde dich mit größter Inbrunst fertigmachen, bis deine Öffnungen glühen, verlass dich darauf. Mit dem Popokriechen bekäme ich allerdings Schwierigkeiten, denn in deiner jetzigen Form passe ich wohl kaum da hinein und ein Inkapriester bin ich nicht."

„Was denn, haben die so etwas gemacht?"

„Nur im übertragenen Sinn. Ihre Jungfrauen besaßen auch nicht gerade die Ausmaße eines Brontosaurus. Eher waren sie kleiner als heutige Frauen."

„Wie haben sie es denn gemacht?"

„Ich glaube, das wirst du nicht wirklich wissen wollen, denn zumindest für die Jungfrauen ging diese Prozedur nicht so erregend ab wie du es dir vielleicht vorstellst."

„Ich will es aber trotzdem wissen!"

„Nun, sie haben zu irgendwelchen Festlichkeiten den schönsten Jungfrauen bei lebendigem Leib die Haut abgezogen und sind in sie hineingeschlüpft. Ich denke, die Damen werden dabei keinen Orgasmus bekommen haben. Wo sie zu Lebzeiten noch nicht einmal ihre Genitalien selbst berühren durften, steht zu vermuten, dass sie nie herausgefunden haben, zu welchen Gefühlen ihre Organe fähig waren."

Sabrina kroch in sich zusammen: „Das ist ja furchtbar! Wie kann man einem süßen Mädchen nur Derartiges antun? Oh Syd, was bin ich froh, hier bei dir zu sein. Wenn ich so schön bin wie du sagst, dann hätte man mir die Haut bestimmt auch abgezogen und meinen Hintern über einem Lagerfeuer gegrillt."

Sydney zuckte die Schultern: „Ob man ihre Überreste zu einem Festmahl verarbeitet oder ihre besten Stücke irgendwelchen Göttern geopfert hat, weiß ich nicht. Wahrscheinlich wird man sie eher den herumstreunenden Hunden überlassen haben. Denen war es gleich, was sie zu Fressen bekamen. Eine gehäutete Jungfrau schmeckte ihnen nicht schlechter als ein Lama oder sonst ein Tier."

Sabrina antwortete darauf nicht. Sie starrte auf die Tischplatte und bibberte am ganzen Leib.

Sydney zupfte noch einige Nadeln aus ihrem Po und verkündete schließlich: „Jetzt werde ich erst mal für Wärme sorgen und sobald ich dich von deinen Peinigern befreit habe, geht es ab in die heiße Wanne."

„Was denn, deine Hütte ist mit einer Badewanne ausgestattet?"

„Andere würden es wohl eher Viehtränke nennen, ich benutze das Ding als Wanne. In eine handelsübliche passe ich ja nicht rein."

„Wo steht sie?"

„Hinten im Schuppen."

„Dort, wo du die Tiere abhängst?"

„Genau da, allerdings in einer abgetrennten Nische."

„Ist es da jetzt nicht ein bisschen zu kalt zum Baden?"

„Ohne Heizung schon, aber mein Bad ist mit einer Gastherme ausgerüstet, die ich mit einer Flasche betreibe. Die heizt auch gleichzeitig und am Bach steht ein Generator für den Lichtstrom. Die Therme werde ich nebenbei anschmeißen, denn der Brennholzstapel für den Ofen liegt neben der Gasflasche unter dem Schuppenvordach. Wenn wir nachher in die Wanne steigen, wird es dort mollig warm sein."

Sabrina legte ihren Kopf auf die Tischplatte: „Oh ja, darauf freue ich mich, denn mein Hintern friert langsam ein. Nicht mehr lange und du kannst mir Raureif aus der Ritze kratzen."

„So weit wird es nicht kommen. Ich schiebe ich dich samt Tisch näher an den Ofen heran, sobald er angefeuert ist. Der Kasten heizt wie die Hölle. Nach zehn Minuten würde der Pflaum an deinem Hintern abfackeln." Er grinste sie an: „Vielleicht sollte ich dir die Nadeln ja gar nicht herauszuziehen; lassen wir sie doch einfach abbrennen, dann riecht die Bude nicht mehr so muffig."

Sabrina stöhnte auf: „Würden mich die Nadeln nicht so piesacken, dann liefe mir die Suppe bei dieser Vorstellung schon wieder an den Beinen runter. Du hast ja echt tolle Ideen. Vielleicht sollten wir wirklich ein paar abbrennen lassen, sobald die Schlimmsten draußen sind."

„Du bist naiv, Sabrina. Die Nadeln sind harzhaltig und würden bis tief in deine Haut hinein abbrennen. Deine jetzigen Schmerzen sind dagegen ein reines Vergnügen. Selbst wenn ich dir danach Eiswürfelpakete zwischen die Backen klemmen würde, brächte das keine Linderung."

Sabrina murrte: „Du nimmst aber auch alles ernst. Es war doch nur so eine erotische Fantasie. Auf mittelalterliche Hexenfolterung steh ich nun auch wieder nicht. Da könntest du mich ja gleich mit dem nackten Hintern auf dem Ofen festbinden."

„Sag mal, kannst du Gedanken lesen? Ich suche gerade die Stricke dafür."

Sabrina zuckte zusammen und wollte sich aufrichten, fiel jedoch sofort wieder jammernd auf die Platte zurück. Unsicher schob sie sich auf Zehenspitzen halb um den Tisch herum, um ihn ins Blickfeld zu bekommen. Aber wo war er nur abgeblieben?

Sie wimmerte erschrocken auf, als sich seine Finger grob von hinten zwischen ihre Schenkel drängten und schmerzhaft wie zuschnappende Rautierzähne in ihren Venushügel bohrten. Seine andere Hand drückte ihr Kreuz nach unten durch. Dann wurde ihr Becken angehoben, bis die Öffnungen bald Richtung Decke zeigten, und sie spürte seinen heißen Atem zwischen ihren Backen.

„Lass dein Kreuz durchsacken und deinen Bauch locker hängen", empfahl Sydney. „Diese Haltung öffnet dich am weitesten."

Sie spürte, wie Sydney eine Nadel nach der anderen mit seinen Zähnen herauszog und auf den Boden spuckte. Zuerst die aus ihrem Damm, dann die aus ihren Genitalien und schließlich die um das wild erregte Popolöchlein herum, das sich manchmal ohne ersichtlichen Anlass öffnete. Dabei drang erregende Kälte in ihren Darm ein und erzeugte dort Gefühle, als wäre ihr After das Ausflugloch einer Hummelkolonie. Beim Herausziehen ziepten die Nadeln an den besonders empfindlichen Stellen natürlich auch besonders erbärmlich, was jedoch gemeinsam mit Sydneys qualvollem Griff ihren Folterfantasien sehr entgegenkam. So wimmerte sie eher vor lauter Erregung als der Schmerzen wegen. Zerrisse er ihr Lustfleisch jetzt wie ein Wolf mit seinen Zähnen, würde sie ihm ihren finalen Todesorgasmus geradezu ins Gesicht schleudern.

Lustwelle auf Lustwelle jagte durch ihren Körper und Fantasie auf Fantasie durch ihren Kopf. Sydneys ungewöhnliche Tortur verunsicherte und erregte sie zugleich. Er trieb ihren Körper damit in einen sich steigernden Sinnestaumel. Was als Kribbeln in ihrem Nacken begann, zog sich wie ein vom Wind angefachter Steppenbrand über ihre Schultern nach vorn, über die Brüste, den Bauch und die Scham bis hin zum Steißbein, nahm ständig an Intensität zu und braute sich zu einem berstenden Orgasmus zusammen. Ihr Körper begann unkontrolliert zu zucken als seine harte Zungenspitze ihre Harnöffnung wie ein Reibeisen bearbeitete, um schließlich die bereits völlig überreizte Klitoris zu peinigen. Mit einer glühenden Stricknadel hätte er sie an dieser Stelle nicht schlimmer martern können, sie röchelte und bekam kaum noch Luft. Ein brennendes Bächlein rann über seine Hand auf ihren Bauch und bis zu den Brüsten hinunter, wo die Decke es aufsog. Als sie glaubte, den Zenit der Gefühle überschritten zu haben und ohnmächtig zu werden, krampfte sich ihr Bauch plötzlich wie von einer derben Faust getroffen zusammen und ihr Geschlecht detonierte förmlich. Sie tobte und schrie ihre Gefühle hemmungslos hinaus, bis ihre Stimme versagte.

In seinem nun sanft werdenden Griff hängend, weinte sie vor Glück, wie sie noch nie zuvor geweint hatte, gab sich seinen Liebkosungen hin, überließ ihm ihren sich wohlig windenden Körper und überließ ihm ihre Seele, die er mit einem Stoff anfüllte, nach dem sie sich mehr als nach allem anderen gesehnt hatte: Zärtlichkeit, Geborgenheit und Liebe. Nach einem letzten sanften Kuss auf ihre Vagina legte er sie behutsam auf der Decke ab, streichelte ihren zitternden Po und sagte: „So, jetzt werde ich aber endlich den Ofen anheizen. Leg dich am besten solange auf die Couch und deck dich schön warm zu. Ich bin gleich wieder da." Damit verschwand er durch eine Tür im hinteren Teil des Raumes.

Sie hätte sich liebend gern auf die Couch gelegt, denn nun fror sie ganz erbärmlich. Aber wie? Sydney hatte ihr die allerletzten Kräfte geraubt. Da ging nichts mehr. Noch nicht einmal einen Arm konnte sie heben, um die zur Seite gerutschte Wolldecke über sich zu ziehen. Ihr blieb nichts anderes übrig, als so liegen zu bleiben, wie er sie abgelegt hatte. Mit dem Bauch auf dem Tisch, die Arme eng am Körper liegend, die Zehenspitzen knapp über dem Boden und das nackte Hinterteil zum Ofen gerichtet. Welch eine demütigende und doch lustvolle Lage! Käme jetzt jemand in die Hütte, dann könnte er sich ihrer wehrlosen Genitalien nach Lust und Laune bedienen. Sie müsste alles hinnehmen, wäre nicht einmal dazu in der Lage, um Hilfe zu rufen. Müde war sie …, un … end … lich mü … de.

Ihre Augen schlossen sich und sie träumte den schönsten Traum ihres Lebens. Er bestand hauptsächlich aus einem endlosen Orgasmus ihrer Seele, die sich zum ersten Mal in ihrem Leben der reinen Liebe hingab. Jede Zelle ihres Körpers, jedes Haar durfte ihn miterleben und ihre Geschlechtsorgane erblassten vor Neid. Ein derart berauschender Höhepunkt blieb ihnen verwehrt, degradierte sie zu Organen, die für ihr Wohlbefinden nur eine untergeordnete Rolle spielten.

Plötzlich änderte sich der Traum. Hinter ihr stand ein Riese, aus dessen Rachen eine chamäleonartige Zunge hervorschnellte, die wie ein Speer in ihre Vagina einschlug, ihre Innereien durchbohrte und aus dem Mund wieder herauskam, um ihre Brüste wie zwei Portionen Softeis vom Körper herunterzulecken.

Als sie irritiert wieder in die Realität zurückfand, lag sie eingehüllt in Decken auf der Couch. Sydney hielt sie im Arm. Wohlige Wärme umfing sie und er führte ihr ein Glas an den Mund: „Trink, du musst ja völlig ausgetrocknet sein. Solche Flüssigkeitsmengen, wie sie bei dir abgehen, kriegt nicht einmal eine Elchkuh beim Platzen ihrer Fruchtblase zusammen."

„Was ist es denn?"

„Himbeersaft mit Mineraltabletten. Wenn du genug davon getrunken hast, gibt's zum Muntermachen noch einen doppelstöckigen Kräuterschnaps. Übrigens, wie fühlt sich dein schnuckeliger Hintern an?"

„Eigentlich ganz gut, aber die Ritze ist so heiß, als hättest du mir ein Bügeleisen durchgezogen."

Sydney grinste bei dieser Vorstellung. „Klingt echt interessant, aber es war nur Kräuterschnaps."

„Was denn, hast du meine Löcher etwa mit Schnaps abgefüllt?"

„Unsinn, ich hab damit nur deinen Schützengraben desinfiziert, damit sich nichts entzündet. An den Öffnungen bin ich nur bis zum Rand gegangen, denn sonst würdest du jetzt meinen, eine Rakete der NASA zu sein, bei der soeben die Haupttriebwerke ausbrennen."

Sabrina kicherte: „Meinen Schützengraben? So hat noch niemand meine Spalte genannt. Ist das Jägerlatein?"

„Um Himmels willen, würde ich meinen Kollegen mit einem solchen Spruch kommen, dann wäre ich für alle Zeiten unten durch. Die stammen zum größten Teil aus Old Germany, sind sexuell schon jenseits von Gut und Böse und haben ihrem geliebten Kaiser Wilhelm nach der Jagd noch persönlich die Stiefel geleckt."

Sie schaute ihn verliebt an: „Syd, ich kenne dich jetzt erst wenige Stunden, aber mein Herz schlägt nur noch für dich, meine Seele gehört dir. Was hast du mit mir gemacht? Ich weiß, dass du mich schön findest, aber magst du mich auch darüber hinaus ein bisschen?"

Er lehnte sich zurück und betrachtete sie zärtlich: „Siehst du es nicht in meinen Augen? Ich halte den Traum meines Lebens in den Armen, mein Herz pocht wie ein Hammerwerk und das hat nur wenig damit zu tun, dass wir beide ein Bedürfnis verspüren, über den gebräuchlichen Sex hinaus auch etwas herumzuferkeln. Diese gemeinsame Vorliebe bringt nur noch das besondere Gewürz in die Suppe. Auch dein für mich engelhaftes Aussehen ist nur ein Teil davon. Das was du sagst und wie du es sagst, deine ehrlichen Rehaugen, deine Naivität und die Wärme, die du trotz deiner umwerfenden Schönheit ausstrahlst, sind es, die mich wie im Traum durch diese Hütte schweben lassen. Was Sex angeht, bin ich kein unbeschriebenes Blatt, was die Liebe angeht schon, denn zumindest hier draußen tut sich in dieser Richtung wenig und Hirschkühe verlieben sich aus Prinzip nicht in einen Förster."

Sabrina schien nah am Wasser gebaut zu haben, denn es liefen schon wieder dicke Tropfen an ihren Wangen herunter: „Oh Syd, das hätte nicht einmal der liebe Gott schöner sagen können. Du bist nicht nur der stärkste Mann, dem ich jemals begegnet bin, und nicht nur ein wirklich toller Liebhaber, von dem sich jede Frau gern vernaschen lassen würde, sondern auch ein richtiger Poet. Warum bin ich dir nicht schon früher begegnet? Jeden Tag wäre ich hier hinausgekommen, hätte mich splitternackt vor dein Loch gelegt und dich winselnd darum angebettelt, mich nach Strich und Faden zu vergewaltigen."

Sydney sagte nichts dazu, zog sie nur fest an sich. Ihre Fantasie vom Vergewaltigen gefiel ihm zwar nicht so besonders, aber man musste ja nicht jedes Wort auf die Goldwaage legen.

Es kribbelte wieder in Sabrina, diesmal jedoch etwas höher. Genau in der Grube zwischen ihren Brüsten, die er auf geradezu himmlische Art verwöhnte. Ihre Knospen schienen ihn zu hypnotisieren. Sie hob ihren Mund zu seinem Gesicht hinauf und küsste ihn so innig, wie sie es noch niemals bei einem anderen Mann getan hatte. Nun kribbelte es auch unten wieder, aber sie ignorierte es, denn jetzt brauchte sie etwas anderes: Zärtlichkeit, romantische Liebe. NO TIME FOR SEX!

Sydney löste sich nach einer Weile von ihr, kniete sich vor sie hin, knabberte erotisch an ihrer Kehle, küsste den Hals von vorn, von hinten, er küsste ihre Stirn, ihre geschlossenen Augen, knabberte zärtlich an ihren Ohrläppchen, saugte an ihren Brustnippeln, die noch nie eine derartige Härte erreicht hatten, er verwöhnte den Bauch und überhaupt ihren gesamten Körper, einschließlich ihrer Zehen mit seinem Mund. Irgendwann war dann doch wieder TIME FOR SEX!

Sie versank glückselig in seinen Augen, öffnete auffordernd ihre Schenkel, drängte ihm ihren Unterleib entgegen und gab sich ihm aus tiefstem Herzen hin. Diesmal jedoch zum sanftesten Sex seit dem ersten Orgasmus ihres Lebens. Ihr Geschlecht fieberte danach, seinen Samen zu empfangen. Einen guten, einen starken Samen. Noch würde er keine Früchte in ihr tragen können, denn sie nahm Verhütungsmittel, aber sie wollte ihn spüren, wie sie als heißer Schwall anfüllte, sie innerlich umschmeichelte und ihren zarten Organen fernab aller Folterfantasien von der Liebe erzählte, die er mit sich brachte. Von einer Liebe, die sie vordem nicht kannte. Von der großen Liebe, die ihre nach Erfüllung gierende Gebärmutter zum Zentrum eines gemeinsamen Zuhauses machen würde. Zu einem Tempel, der ungezügelte Wollust und zarteste Gefühle auf seinem Altar vereinigte. Sie genoss seine Liebeskunst und horchte berückt diesen Gedanken hinterher, die so ganz anders klangen als pfählen, zerfetzen und foltern.

Ohne Pause nahm er sie von vorn und hinten, füllte sie regelrecht mit seinem heißen Samen ab, der dann in Schüben wieder aus ihren Öffnungen floss, um die Innenseiten ihrer Oberschenkel mit einem herrlich glibberigen Film zu versehen. Zum Schluss brauchte sie es wieder etwas härter, was sie ihm nicht sagen musste. Woran er es merkte, wusste sie nicht, aber er griff genau im richtigen Moment von hinten barbarisch in die Haut ihres Bauches, packte mit seiner anderen Hand ihre Kehle, presste ihren Hintern brutal auf seine Stange wie ein Hot-Dog-Brötchen auf den Locher und pfählte ihren Darm mit Stößen, die ihren Bauch ausbeulten. Wie ein Wasserrohrbruch platzte der Orgasmus aus ihr heraus, den er mit seinen Händen förmlich aus ihren Eingeweiden wrang.

Was dann geschah, hätte sie nie für möglich gehalten. Er stand auf, hob sie wie ein Spielzeug mit dem Rücken vor seine Brust und massierte ihr auf wundersame Weise den rasenden Schmerz aus der malträtierten Unterleibsmuskulatur. Nach wenigen Minuten gab es nur noch das leise Pochen ihres Herzens und ein beglückendes Summen in ihrem Bauch. Sydney musste Gedanken lesen können, denn wie sollte er sonst wissen, wo und in welchem Augenblick er zupacken und sie piesacken musste, um den größtmöglichen Erfolg zu erzielen? Von einem solchen Mann träumte wohl jede Frau.

„Was duftet denn hier plötzlich so wunderbar?", fragte sie schnüffelnd, als sie danach behaglich dösend in seinen Armen lag.

„Entenragout a la Sydney. Ich hatte es noch im Eisfach und nach dem Anheizen auf den Ofen gestellt. Es braucht aber noch eine Weile. Ich würde sagen, wir baden jetzt erst einmal. Die Wanne ist schon gefüllt, ich brauche nur noch etwas warmes Wasser nachlaufen zu lassen."

„Habe ich denn so lange geschlafen?"

„Zwei geschlagene Stunden. Dabei habe ich dein Gesicht bewundert. Sabrina, auch im Bauch eines Mannes können Schmetterlinge fliegen. In meinem Bauch fliegen sie, seit du die Lichtung betratst. Du bist so unendlich schön, dass ich dich am liebsten bis zum Lebensende in meinen Armen halten würde, mich allerdings von Stunde zu Stunde mehr frage, wie du zu deinen Fantasien gekommen bist."

Bevor Sabrina darauf antworten konnte, griff er zu einer Flasche, die über ihr in einem Regal stand und schenkte zwei Stamper davon ein: „So, jetzt zu den anderen Freuden des Lebens. Dieses Zeug wird deine schlaffen Lebensgeister wieder wecken. Runter damit!

Nach dem ersten Schluck rang Sabrina nach Luft und meinte, sie würde von innen heraus verbrennen, dann aber erhitzte sich ihr ganzer Körper angenehm, wurde durchflossen von der Leichtigkeit des Weltraums. Ein wunderbares Gefühl. Sydney führte sie an der Hand zur Schuppentür.

„Jetzt wird es noch mal kühl", warnte er sie vor. „Wir müssen einige Meter durch den kalten Schuppen laufen, bevor wir in die Badenische kommen." Damit öffnete er die Tür.

Sabrina kroch fröstelnd in sich zusammen, als sie den Raum betraten. „Kühl ist gut, das ist ja der Nordpol!"

Eine von der Decke hängende Glühbirne beleuchtete den Raum spärlich. Ihr Blick fiel auf eine Reihe von Dingen, die fein säuberlich in Halterungen an den Wänden hingen. Beile, Äxte, allerhand andere Werkzeuge und vieles mehr.

Dann fiel ihr Blick auf die Haken, die an Seilen von der Decke hingen. Ihre Pobacken zogen sich bei deren Anblick mit Macht zusammen. Die Haken sahen sehr spitz aus und es grauste sie bei der Vorstellung, sie ins Fleisch gerammt zu bekommen. Gleichzeitig jedoch wirkten sie unglaublich faszinierend. Das an ihrem inneren Auge vorbeiziehende Bild ließ eine Gänsehaut über ihren Bauch ziehen. Wenn sie jetzt dort mit weit gespreizten Beinen hinge und Sydney ihr etwas Eiskaltes so richtig tief in den Hintern rammen würde, … oh man, der Inhalt ihrer Blase würde wohl bis zu den Dachbalken hinaufspritzen.

„Hängst du an diesen Haken die Tiere auf?"

Er nickte. „Sie werden an den Hinterläufen zwischen Knochen und Sehnen durchgeführt und dann ziehe ich die Tiere mit den Kurbeln nach oben, bis sie frei hängen."

„Oh Gott, wie brutal! Kann man das nicht ohne Haken machen, damit es nicht so furchtbar wehtut?"

„Sicher, mit gepolsterten Schlaufen ginge es natürlich auch, aber einem toten Reh oder einer Hirschkuh ist es eigentlich egal, wie sie aufgehängt werden."

Sie flüsterte erregt: „Sydney, das macht mich ganz verrückt. Wenn du mich ohne die Haken an den Seilen befestigen könntest, dann möchte ich morgen mit gespreizten Beinen da hängen und du machst mich mit irgendwelchen Sachen fix und fertig, bis ich alles unter mich gehen lasse. Was ist das für ein kreuzförmiges Ding da hinten?"

Er folgte ihrem Fingerzeig „Ein Radmutterschlüssel. Der dürfte verdammt kalt sein."

„Oh man, … wenn du mir den ins Becken schiebst, dann sprüht es nur so aus mir heraus. Und was ist das spitze Ding da auf der Werkbank?"

„Ein Bockhorn. Daraus will ich einen Flaschenöffner machen."

„Oh man, das wäre etwas für meinen Popo. Es muss aufregend sein, so was im Hintern zu spüren. In Wirklichkeit wird es wohl sehr schmerzhaft sein, von einem Hirsch aufgespießt zu werden, aber in der Fantasie macht es mich klitschnass … "

Sydney runzelte die Stirn. Er würde wohl einige Zeit brauchen, sie von diesen Brachialfantasien zu befreien. Lächelnd antwortete er: „Wenn es dich anmacht … ich werde die Spitze allerdings noch etwas abrunden müssen, damit dein Darm keinen Schaden nimmt. Mit solchen Dingen muss man sehr vorsichtig sein."

Ihre Gefühle beim Anblick all der erregenden Scheußlichkeiten schwankten zwischen Gruseln und Vorfreude. Sie breitete ergriffen ihre Arme aus: „Oh Syd, ist das hier Wirklichkeit oder träume ich es alles nur?"

Sydney antwortete anders als erwartet. Sein linker Arm fuhr von hinten unter ihrer Achselhöhle hindurch, umschlang ihren Körper oberhalb der Brüste und hob sie vom Boden ab, während die Finger seiner Rechten sich von der anderen

Seite her derb in ihre Scheide zwängten, damit er seine Hand um ihren Venushügel krallen konnte. Sein Handballen drückte ihr Schambein kräftig nach unten, womit er Sabrinas Bauchhaut spannte und ihren Po weit nach hinten zwang. Sie wand und verbog sich erschrocken, aber die Kraft, sich seinem peinvollen Griff zu entziehen, besaß sie nicht. In dieser Art wehrlos gemacht, trug er sie zu einem Stahlschrank und presste sie mit Bauch und Brüsten gegen dessen eiskalte Tür.

Während sie sich von der Kälte geschockt aufbäumte und nach Luft schnappte, drang er abermals in ihre hintere Öffnung ein, um darin waagerecht nach vorn zu stoßen. Der heftige Druck seines Gliedes auf ihre vorderen Organe überforderte den Schließmuskel ihrer Blase, womit sich deren Inhalt wild sprudelnd in seine Hand entleerte. Sydney presste sie gnadenlos bis auf den letzten Tropfen aus.

Sie ließ den heißen Bach schreiend an ihren Beinen hinunterlaufen und bebte vor Lust. Ein unbeschreibliches Gefühl! Was vorn herauslief, schien sie von hinten wieder zugeführt zu bekommen. Seine Potenz musste unerschöpflich sein, denn immerhin verpasste er ihr nun schon die siebte spürbare Füllung an diesem Tag. Es war, als bekäme sie ein brühendheißes Klistier eingeführt. Die schneidende Kälte der Stahltür erzeugte dabei ein Gefühl, als bohrten sich die Spieße einer eisernen Jungfrau in ihren Bauch. Ja, genau das war es, was sie sich immer erträumt hatte. Ihre malträtierten Eingeweide verkrampften sich in wohligem Schmerz. Niemals hätte sie gedacht, dass so einfache Tricks genau die Gefühle auslösen könnten, die sie sich in ihren Folterfantasien immer ersehnt hatte. Sie spürte, wie sein Glied die Bauchwand über ihrem Schambein bis zur Schmerzgrenze ausbeulte. Nur noch einen Deut fester und seine glühendheiße Stange würde wohl ihre Gebärmutter durchstoßen und ihr Becken an die Stahltür nageln.

Welch ein Wahnsinnsgedanke! Während des nicht enden wollenden Höhepunktes walkten Sydneys Finger ihre Scham schonungslos durch und immer wieder drückte er sie mit Macht an den Schrank, als wolle er ihren Bauchinhalt auspressen. Der dabei heraussprühende Strom ihrer Säfte perlte an den Innenseiten ihrer Schenkel und an der Tür zu Boden. Die letzten Reste tropften heiß von den Labien ab, die wie prall gefüllte Wassersäcke an ihr hingen. Sabrina schnappte gierig nach Luft und ihre Glieder erschlafften zuckend.

Auf seinen kolossalen Phallus gespießt, trug er sie als willenlose Marionette zu seiner riesigen, bis zum Rand gefüllten Holzwanne, in die er mit ihr so leichtfüßig hineinstieg, als wäre sie nur eine aufgeblasene Sexpuppe oder das extravagante Penisetui eines Buschmannes. Dabei unterbrach er ihre Pfählung nicht für eine einzige Sekunde. Selbst als er ihren Oberkörper auf dem Wannenrand ablegte, um wie ein Schraubstock nach den Beckenkämmen zu greifen, stieß er weiterhin im gleichmäßigen Takt, wie der Kolben einer Maschine zu und raubte ihr damit die letzten Sinne. In welcher Stellung sich ihr Unterleib nun befand, konnte sie nicht mehr nachempfinden, denn abwärts der Taille schien alles nur noch aus Sinnesexplosionen zu bestehen. Kopf und Arme hingen aus der Wanne heraus und ihre Brüste wurden vom heißen Wasser hin und her geschaukelt. Fast hatte sie das Gefühl, sie würden gemolken und ihnen entströme in Schüben kochendheiße Milch.

Unermüdlich rührte Sydney mit seinem Hosenriesen in ihrem Becken herum, als wolle er sämtliche Innereien miteinander verquirlen und wiegelte ihre primären Geschlechtsorgane mit wohlgesetzten Griffen in den Unterleib auf. Er wusste genau, an welchen Stellen ein gut dosierter Schmerz ihre Gefühlsdetonationen bis in den Wahnsinn hinein steigerte. Sein gezielter Griff in die Gegend der Eierstöcke ließ diese zarten Fortpflanzungsorgane wie Magnesiumfackeln aufflackern. Bei der Wiederholung fühlte es sich an, als würden sie ihren wertvollen Inhalt explosionsartig in die umliegenden Därme schleudern. Er ging dabei bis hart an die Grenze des Erträglichen, jedoch nie darüber hinaus. Die Hitze ihrer Generationsorgane musste die des Badewassers bei weitem übertreffen, denn sie schienen in einer Friteuse gegart zu werden.

Wie machte er das nur? Wüsste sie nicht genau, dass weibliche Tiere keine derartigen Gefühle beim Begatten entwickeln konnten, würde sie annehmen, Sydney hätte es tausendmal an Rehen und Hirschkühen geübt, Frauen fix und fertig zu machen, bis sie beim letzten Atemzug zuckend in den Pfützen ihrer Lust verendeten. Wenn er sie allein schon mit seinen natürlichen Werkzeugen derart fertig machen konnte, was erwartete sie wohl, wenn er sie erst einmal zwischen seine Seile gespannt hatte? Bis zum Auseinanderreißen gespreizt und mit trichterartig geöffneten Leibesöffnungen. Er würde sie durchwalken, bis nur noch ihr austropfender Kadaver an den Seilen hing.

Diese Vorstellung ließ endgültig alle Dämme brechen, schlug wie ein alles verzehrender Flächenblitz in ihr Becken ein und ließ es in wabernder Glut vergehen. Sie warf sich mit einem gellenden Schrei hin und her, wie ein Fisch an der Angel und sackte schließlich in seinen Händen zusammen. Wie ein schlaffes Seil tauchte ihr Bauch in das heiße Wasser ein, als Sydney keuchend auf die Knie ging. Bis zur Ohnmacht entkräftet, nahm sie seine Ejakulation in sich auf, ließ ihr eigenes Elixier hinausfließen und genoss die an ihr vorbeiziehende Vision, gemeinsam mit ihm in der reißenden Flut ihrer Liebe zu ertrinken. Der orgiastische Strom würde ihre Leiber in das Land der unerfüllten Träume tragen, sie an einem wunderschönen Strand des Paradieses ans Ufer spülen, zu neuem Leben erwecken und ihnen einen ewigen Orgasmus bescheren, der das ganze Universum zu einem Meer aus ihren Liebessäften, ihren Eiern und Sydneys Sperma werden ließ. Ein betörendes Gefühl, Eierstöcke voller Eier in sich zu haben, von denen jedes einzelne mit allen Fasern seines Seins danach gierte, durch ein Spermium befruchtet zu werden. Sydneys Spermien würden sie gnadenlos jagen, brutal an ihren empfindlichsten Stellen durchbohren und die Eier würden sich in den Krämpfen unaufhörlicher Orgasmen durch das zähflüssige Meer winden.

Sydney wusch sie. Unfassbar, mit welchem Feingefühl er dies tat. Einfach himmlisch. Ihr Körper räkelte sich wohlig unter seinen Händen, von denen eine einzige dazu ausreichte, ihre gesamte Leibeskerbe zu bedecken. Sie reckte ihm fordernd die Stellen entgegen, die er als nächstes mit Zärtlichkeit bedenken sollte. Natürlich wollten ihre klebrigen Intimbereiche ganz besonders gründlich gereinigt werden. Sydney erfüllte ihr Verlangen auf unvergleichliche Weise, vergaß keine Pore. Selbst die feinen Fältchen ihres Afters reinigte er mit seinem enormen Zeigefinger so hingebungsvoll wie die empfindlichen Häutchen ihrer Vulva. Sie hing einfach nur kraftlos vor seinem Bauch und ließ es wie eine Katze schnurrend über sich ergehen. Keine fernöstliche Massage könnte eine ähnlich belebende Wirkung haben wie Sydneys Waschaktion. Später hob er sie aus der Wanne, frottierte sie ab, rieb ihren Körper mit wunderbar erfrischendem Kräuteröl ein und trug sie durch den Schuppen in die Stube.

Oh, dieser Mann, wie liebevoll und maßvoll brutal er doch sein konnte! Unter seinen Händen zu sterben, musste dem ultimativen Höhepunkt der völligen Erlösung gleichkommen, der einen Frauenkörper in einer berstenden Eruption vergehen ließ. Sie fieberte danach, seiner Folter ausgesetzt zu sein. Im richtigen Moment und an der rechten Stelle zugefügt, konnten Schmerzen den Orgasmus zu einem sprühenden Feuerwerk der Sinne werden lassen. Sydney beherrschte das Timing, wusste auf die Sekunde genau, wann die Zärtlichkeit den Schmerz ablösen musste. Ebenso wusste er den zugefügten Schmerz wieder zu stillen. Unter seiner mildernden Massage sehnte sie sich geradezu danach, gleich noch einmal bis auf die Knochen ausgewrungen zu werden.

Sie spürte bereits die erregenden Werkzeuge in sich, mit denen er sie penetrieren würde, um ihren vor Lust brodelnden Leib zum Sammelplatz intensivster Gefühle zu machen, fühlte das Horn, wie es rücksichtslos ihren Anus aufstemmte, um in ihrem Enddarm einen knisternden Feuersturm der Sinnesempfindungen zu erzeugen, fühlte den Radmutterschlüssel, der mit seinem dicksten, eiskalten Ende in ihr Inneres vordrang und sich über ihren erschreckt zurückweichenden Muttermund stülpte, um ihn mit seinem eisigen Kuss zu verschließen. Sie spürte, wie sich ihr Geschlecht dann mit einem brodelnden Orgasmus dagegen wehrte, der ihren Körper in wilden Spasmen verenden ließ. Sie sah sich an den Seilen hängen und in höchster Lust zappeln, wenn Sydney ihre sowieso schon stark gespreizten Beine mit den Kurbeln noch weiter auseinander zog, um ihre Öffnungen mit seinem Spekulum bis an die Grenzen des Erträglichen zu weiten, damit er tief in sie hineinsehen konnte, um ihre nach Berührungen gierenden Eingeweide mit irgendwelchen erregenden Dingen spielen zu lassen. Es musste ein Wahnsinnsgefühl sein, sich schreiend unter seinen Händen zu winden, nichts gegen seine Kraft ausrichten zu können, gleichzeitig jedoch zu wissen, dass er alles was er tat mit großer Hingabe und Respekt vor ihrem Körper und ihren Gefühlen tat.

Oh ja, sie durfte sich ohne Angst vor Lust kringeln und ihm all ihre Leibessäfte vertrauensvoll in die Hände fließen lassen, ihm die schönsten und zärtlichsten Dinge schenken, die ein weiblicher Leib dem Liebsten zu geben vermochte. Gewiss würde er jeden einzelnen ihrer Höhepunkte nicht weniger als sie selbst genießen, vielleicht sogar ihre Ergüsse gierig trinken, jeden einzelnen Tropfen aus ihrer Vagina heraussaugen und nicht einen verschwenden. Wieder und wieder würde er sie mit süßer Qual für ihre Geschenke belohnen.

In der Stube setzte Sydney sie behutsam auf einen Stuhl am Tisch und fragte: „Ist es dir warm genug, mein Engel, würdest du gern zum Essen angezogen werden?"

Fast hätte sie laut losgeheult, denn wieder sagte er Worte, die ihr durch und durch gingen. Niemanden ihrer bisherigen Bekannten hätte es interessiert, ob sein missbrauchtes Sexobjekt wenigstens zum Essen gern angezogen wäre. Schon gar nicht, nachdem man es wie ein Stück Vieh zum Abfüllen, Bespritzen und Anpinkeln benutzt hatte. Sydney interessierte es! Diesen eindrucksvollen Riesen, der sie aus Versehen mit seinen Händen zerquetschen könnte, interessierte es! Er wollte sie anziehen, wie es ein Lakai bei einer Prinzessin täte, wollte ihr dienen, ihr gefallen, ihr schmeicheln.

Ja, es konnte nicht anders sein. Er hatte tatsächlich Achtung vor ihr, obwohl er von ihren beschämenden Fantasien wusste, nun sogar ihre intimsten Teile von innen und auch die nicht gerade berauschenden Gerüche ihres Darmes kannte. Ja, ihm konnte sie es abnehmen, dass er ihren After nicht weniger schön fand als ihr Gesicht. Wenn dieser Mann etwas liebte, dann liebte er es ganz. Mit allen, was dazu gehörte. Auch die damit verbundenen Gerüche. Sie sah ihm dankbar in die Augen und antwortete: „Du sollst mich so sehen, wie ich bin. Ich genieße es, wenn du mich betrachtest, mir auf die Brüste oder zwischen die Beine schaust, genieße das Funkeln deiner Augen, wenn dir etwas einfällt, womit du mich so richtig zum Schreien bringen kannst."

Sie räkelte sich in wohliger Wärme, während sie Sydney beobachtete. Er deckte liebevoll auf. Als er damit fertig war, glich der Tisch einer Festtafel. Kunstvoll gefaltete Servietten fehlten ebenso wenig wie Kerzen und einige Dinge, die als Schmuck dienten. Dann trug er das Essen auf. Das Entenragout, created by Sydney, schmeckte ihr fürstlich. Dazu gab es Klöße aus Kartoffeln, Rotkohl und lieblichen Roséwein. Wie er sagte, aß man es in Old Germany auf diese Weise. Er umsorgte sie rührend, füllte ihr auf, schenkte den Wein ein, nachdem er ihren Stuhl zurechtgerückt hatte und verwöhnte sie wie eine Lady aus bestem Hause. Sie fühlte sich wie in einem wunderschönen Kleid. Er schien ihre Nacktheit überhaupt nicht mehr wahrzunehmen, überhäufte sie mit

Komplimenten, die sie, den Menschen Sabrina und weniger ihren Körper betrafen und brachte ihre Seele endgültig zum Schmelzen. Ihr Herz glühte schon seit der ersten Minute für ihn, nun aber verzehrte es sich geradezu nach ihm. Dieser Mann hätte wohl jede Frau der Welt glücklich machen können, aber er machte sie glücklich. Sie, dieses seelisch und moralisch kranke Wesen, das andere nur für ihre niederen Triebe benutzen, zum Vergnügen an ihrer Qual ausschlachten und danach auf den Müll werfen würden. Ihr Leib kribbelte vor lauter Liebe, vielleicht auch vom Wein, der sie fast schweben ließ.

Unfassbar, wie konnte es einen Menschen geben, der ihren ekelhaften Gedankenmüll von allem Schmutz befreite, ihr perverses Verlangen, indem er es auf seine unvergleichliche Weise befriedigte, in zarte Gefühle umwandelte und damit zu einem Geschenk des Himmels werden ließ? Zum ersten Mal in ihrem Leben fühlte sie, dass sie einen Wert besaß.

Sogar Nachtisch gab es. Gemischte Waldbeeren. Nicht eine Sorte davon kannte sie, aber alle schmeckten vorzüglich. Einige davon sahen wie winzige gelbe Äpfel mit roten Bäckchen aus und sie schmeckten auch so ähnlich. Moosbeeren nannte Sydney sie. Unentwegt sah sie ihn an, hing förmlich an seinen Lippen, wenn er sprach. Er wusste so ungeheuer viele Dinge, kam ihr wie ein Wissenschaftler vor. Er konnte ihr die Sternbilder erklären, wusste wie ein Flugzeug fliegt, erkannte es an den Augen einer Hirschkuh, wann sie sich auf das Kalben vorbereitete und vieles andere. Er kannte sich sogar im menschlichen Körper wie ein Arzt aus, konnte ihr erklären, wie ein Orgasmus ausgelöst wurde, warum der Muttermund sich dabei im schnellen Takt öffnete und schloss, wusste warum ihr After sich manchmal ohne ersichtlichen Grund weit öffnete. Ja, einem solchen Mann durfte man ohne Sorgen sagen: Tu mit mir was du willst! Wer etwas liebte, der zerstörte es nicht.

Sabrina wüsste nicht, wie sie sich noch mehr in ihn verlieben könnte, denn nach dem Essen trug er sie zur Couch, schmuste eine Weile ganz sanft mit ihr und ging dann die schmale Treppe zum Obergeschoss hinauf. Kurz darauf kam er mit einer Gitarre zurück. Sie sah fassungslos zu, wie er dieses für seine Hände eigentlich viel zu zarte Instrument geradezu liebkoste. Er sang und spielte romantische Lieder. Sie bevorzugte eigentlich andere Musik, aber was er vortrug, schien direkt aus dem Himmel zu kommen. Pläsier d'Amour, Moon River, Blueberry Hill und andere wunderschöne Lieder. Nun wusste sie, was andere Menschen an diesen Melodien so faszinierte. Bei True Love ahmte er sogar die weibliche Stimme so überzeugend nach, dass Sabrina wieder in Tränen ausbrach. Sie starrte ihn nur verliebt an und wusste, dass die nächsten Tage die Erfüllung ihrer geheimsten Träume bringen würden. Er würde auf ihrem Körper wie auf seiner Gitarre spielen und sie würde ihm dafür ihr schönstes Lied singen. Ein Lied aus den Lauten, die die Natur ihr für die innigsten Momente ihres Lebens mit auf den Weg gegeben hatte. Laute, die nur in der richtigen Atmosphäre ihren besonderen Reiz offenbarten, so wie seine Lieder. Für Sydney würden sie zur schönsten Melodie seines Lebens werden, dessen war sie sich gewiss.

In einem anderen Punkt war sie sich ihrer Gefühle nicht weniger sicher: Jeder andere, der um ihre Schwäche wüsste, würde sie lediglich als Müllabladeplatz für seine perversen Gelüste benutzen. Dieser Bär nicht. Im Gegenteil, er bedeckte die schambehaftete Blöße ihrer Seele mit wohltuender Achtung vor ihrer Person, gab ihr das Gefühl, in allem begehrenswert zu sein. Das würde sich bei ihm nie ändern, denn er war so geartet. Es war sein unabänderliches Wesen, dem seine Handlungen folgen mussten. Könnte sie an einen Schöpfer glauben, würde sie ihm auf Knien dafür danken, in Sydneys Hände gefallen zu sein.

Irgendwann trug er sie die Treppe hinauf in sein winziges Schlafgemach. Ein märchenhaftes, rustikales Dachzimmer, in dem alles Nötige vorhanden war. Ein herrlich bemalter Kleiderschrank, ein ebensolches Bett, mit hohen Kopf- und Fußteilen, sogar ziemlich breit, ein kleiner Tisch unter dem mit Wolkengardinchen verhängten Fenster, davor ein Stuhl und über dem Bett ein Regal mit Büchern und Tierfiguren. Am Kopfteil des Bettes und unter dem Dachfirst gab es zwei laternenartige Lampen. Eine Tür führte zu seiner Toilette mit Dusche.

Sabrina fühlte sich wie im Himmel. Sydney war der geschmackvollste Mann der Welt, aber was war er denn noch alles? Sie brannte darauf, es zu erfahren. Endlich gab es mal einen Mann in ihrem Leben, den man mit Fug und Recht als einen solchen bezeichnen konnte. Einen Kavalier, der es verstand, das Herz einer Frau im Sturm zu nehmen und ihren Körper glaubhaft zum Altar zu erheben. Sein Alter einzuschätzen, war unmöglich. In manchen Momenten könnte er ihr Vater sein, in anderen ein Twen. Könnte sie doch nur für immer bei ihm bleiben, er würde ihre Seele von allem Schmerz und Schmutz der Vergangenheit befreien.

Er setzte sie zunächst auf den Stuhl, machte das Bett zurecht und legte sie wie ein Kind hinein. Kissen und Plumeau stellten sich als wahre Gedichte aus Daunen heraus, zwischen denen sie wie zwischen Wolken schwebte.

Als er zu ihr unter die riesige Decke kroch, schmiegte Sabrina sich an seine Brust und er begann damit, sie auf romantische Weise zu streicheln. Sie ringelte sich wie eine Blindschleiche unter seinen Berührungen, drehte sich gurrend in seine Hände hinein, räkelte sich, bog sich durch und versank dabei im Spiegel seiner Augen, die ihr einen Blick in den ihr unbekannten Garten der Glückseligkeit offenbarten. Ihren Bauch massierte Sydney so sanft mit raffinierten Bewegungsabläufen, dass er von Wellen esoterischer Gefühle durchzogen wurde, die ihn völlig entspannten. Und dann geschah ein Wunder. Die noch nie zuvor gefühlten Schmetterlinge begannen in ihr zu flattern. Da gab es keine Höhle voller Eingeweide mehr, sondern nur noch weiten, blauen Himmel, angefüllt mit bunten Faltern. Noch nie waren ihr die wunderschönen Formen ihrer Brüste so bewusst geworden wie unter seinen Händen. Ihre Vorhöfe zogen sich unter wohligen Schauern zusammen und die weit hervorstehenden Knospen schienen einen eigenen Orgasmus zu erleben, der nur in ihnen stattfand. Könnte sie doch bei einem Orgasmus alles gemeinsam verspritzen. Aus der Vagina ihr Liebeselixier, aus der Blase ihren Urin, aus den Brüsten ihre Milch, aus dem Herzen ihr Blut und aus den Augen ihre Tränen. Sie würde sich bei einem endlosen Seufzer unter seinen Händen versprühen.

Eigentlich sollte sie für heute mehr als genügend Orgasmen erlebt haben, aber ihre Schenkel öffneten sich wie von selbst, als zöge sie jemand an Stricken auseinander. Als Sydneys warme Hand sich wie ein Hauch auf ihr Geschlecht legte, um zunächst still auf ihm liegen zu bleiben, verspürte sie das sanfteste Erwachen ihrer Triebe, seit sie denken konnte. Es war so ganz anders als sonst.

Sie schloss die Augen und fühlte nach, was sich in ihr ereignete: Sie spürte, wie ihr Rückgrat die Leibesmitte anhob, um die empfindsamsten Bereiche ihres Schoßes für seine Hand in die günstigste Position zu bringen. Fast unmerklich schwollen ihre Schamlippen an, die in der Schamspalte verborgenen Stimulationspunkte sensibilisierten sich und die Klitoris schälte sich aus ihrer Hauttasche. Durch die Wärme seiner Hand entfaltete sich ihre Scheide wie eine Blume in der Morgensonne. Die Vagina kleidete sich mit Sekret aus und entspannte ihre Muskeln, um das Eindringen in sie so leicht wie möglich zu machen. Im vorderen Bereich weitete sie sich zu einer weichen, feuchtwarmen Höhle, deren Haut aphrodisierend wirkende Pheromone aussandten. Auch der Mund ihrer Gebärmutter, deren Hals sich fühlbar streckte, machte sich unter einem Andrang von Hormonen empfangsbereit. Ihr Bauch wölbte sich heraus, wurde durch die Spannung der Haut hypersensibel. Dies alles spürte sie deutlicher als je zuvor. Die Lippen ihres Mundes flüsterten stumm Sydneys Namen, bevor sie sich seinem zärtlichen Kuss ergaben, der alle Gedanken auslöschte und nur noch Gefühle zurückließ.

Sydney nahm ihre Einladung an. Sie spürte es wie einen sanften Stromschlag, als seine Eichel ihre Scheide berührte, sah sie förmlich wie durch die Linsen einer Kamera in ihre Unterleibshöhlung eindringen, tiefer und tiefer in sich vorstoßen. Sie sah, wie ihr Muttermund sich erwartungsvoll dem Eindringling zuwandte, von ihm geküsst und spielerisch samt Gebärmutter und Eierstöcken in die Höhe gedrückt wurde. Sydneys grandioses Glied schob ihre flexiblen Generationsorgane bis hoch in den Bauch hinauf, wich wieder zurück, ließ ihnen Freiraum, ihm zu folgen und begann aufs Neue damit, sie zu verdrängen. Ein neckischer Tanz der Organe. Immer und immer wieder, bis der Orgasmus

wie die Aureole der aufgehenden Sonne am tropischen Morgenhimmel auf-
flammte, ihren Körper erstarren ließ, ihren Verstand fortspülte und ihre Seele
in eine Wolke aus paradiesischen Gefühlen hüllte.

Für Sabrina gab es von jeher verschiedene Varianten des Orgasmus. Diese
jedoch übertrumpfte alle bisher erlebten, denn sie schloss jede Körperzelle,
jeden Gedanken und alle Gefühle mit ein. Nach dem Abklingen des Höhepunktes versiegte jegliches Verlangen, ihr Unterleib schwieg zu ersten Mal
nach vielen Jahren. Die in ihren Kopf als very important eingehämmerten
Formen ihrer äußeren und inneren Geschlechtsorgane verschwammen, fügten
sich in den Reigen der konturlosen, unfühlbaren Organe ein. Es gab sie nicht
mehr, diese keulenförmige Gebärmutter mit ihren Anhängseln, die geriffelte
Vagina, den rosettenartig gefalteten After und all die Dinge, die ihr sonst
immer bildlich und formidealisiert vor Augen standen. Ein ihr unbekanntes,
faszinierendes Gefühl, zu spüren, wie sich ihr sonst selbst nach intensivsten
Orgasmen ruhelos nach weiteren sexuellen Reizen gierendes Becken den
Formen der Unterlage ergab, sich erlöst sinken ließ und nach einem letzten
Prickeln, hervorgerufen durch austretendes Scheidensekret, völlig aus der
Gefühlswelt verschwand.

In ihrem Kopf gab es nur noch intakte Gefühle und entspannende Wärme.
Sie bog sich mit letzter Kraft Sydneys Konturen entgegen, kuschelte ihren
Kopf an seine Brust, atmete glücklich seinen männlichen Duft ein und
schlummerte, von seinen Armen schützend eingeschlossen, dem nächsten Tag
entgegen.

Nach dem Erwachen blickte sie sich schlaftrunken um. Erst allmählich
kehrte die Erinnerung zurück und ihr Herz tat einen Sprung. Sie hatte es nicht
geträumt! Es gab Sydney, es gab diese einsame Hütte im Wald und sie …
wow, … sie lag splitternackt, mit herrlich klebrigen Schenkeln in seinem Bett.
In seinem riesenhaften Bett mit blauweiß karierten Bezügen. Sabrina räkelte
sich unter den flauschigen Daunen, die sie wie eine warme Wolke einhüllten
und nach jeder Bewegung aufs Neue ihre Konturen nachzeichneten. Jetzt gerade
passten sie sich den Bauch- und Beckenrundungen an, sanken leise raschelnd
zwischen die Schenkel und legten sich dabei wie eine fordernde Hand auf
ihren Venushügel. Schlagartig war sie hellwach.

Aus dem Treppenabgang drangen klappernde Geräusche und der anregende
Duft frischen Kaffees herauf. Sydney schien das Frühstück vorzubereiten. Sie
sah sich nach ihrer Kleidung um und entdeckte alles fein säuberlich auf Bügeln
hängend am Schrank. Ihre Stiefeletten standen darunter. Geputzt!

Beeindruckt betrachtete sie die ordentlich aufgehängten Sachen und ihr
Bauch füllte sich wieder mit tausend bunten Schmetterlingen. Nicht zu fassen,
an diesem Mann gab es nichts, was nicht perfekt wäre. Sie überlegte nicht
lange, wie sie sich ihm zeigen wollte. So, wie die Natur sie geschaffen hatte!

Schon der bloße Gedanke daran, seine Blicke beim Herabkommen auf ihren Brüsten zu spüren, bevor sie über den Bauch zwischen die Schenkel hinunterwanderten, um dort nach den sich keck aus ihrer Schamspalte hervordrängelnden Hautläppchen zu forschen, ließ das Innenleben ihres Abdomens vibrieren. Sie spürte, wie diese faszinierende Fantasie ihren Körper in Besitz nahm. Wenn sie konzentriert in sich hineinhorchte, konnte sie nachempfinden, was sich dort unten abspielte.

Feine, flirrende Ströme zogen wie Ameisenheere von ihrer Nierengegend aus in die Lenden, um sich unterhalb der Beckenkämme aufzufächern und als wabernde Schwingungen in den Unterleib fortzupflanzen. Beim Eindringen in das Zentrum ihrer Weiblichkeit ergoss sich ein Schwall aufreizender Empfindungen in die Bereiche hinter ihrem Schambein, um dann gezielt in die äußeren Geschlechtsorgane zu fluten, zum Teil auch durch die Bauchdecke in ihre Brüste. Kaum wahrnehmbare Kontraktionen der Haltebänder strafften ihre Fortpflanzungsorgane und streckten damit auch den Hals der Gebärmutter, deren Eierstöcke sich durch ein erregendes Ziehen bemerkbar machten. Ihre spürbare Erhitzung bezeugte die eifrig angefachte Produktion von Geschlechtshormonen. Der Muttermund wölbte sich zum Schmollmund auf und die sich ebenfalls straffende Vagina überzog sich mit einem Film aus seidiger Feuchtigkeit. Auch die äußeren Genitalien befeuchteten und entfalteten sich unter einem Andrang von Blut, während der After sich zusammenzog und erwärmte.

Wie ein Lauffeuer sensibilisierten sich ihre erogenen Zonen, um auf den kleinsten Reiz mit Lust zu reagieren. Es kribbelte! Sabrina kniff die Beine zusammen. Allmächtiger ... und wie es kribbelte!!!

Ein angenehm warmer Luftzug aus dem Treppenaufgang streifte ihren Bauch, als sie die kleine Hygienekabine aufsuchte. Ein zweckmäßiges und irgendwie sogar anheimelndes Räumchen, aber scheinbar noch nicht fertig gestellt, denn Klo und Spülkasten standen ein Stück weit von der Wand entfernt. Den dahinter aufgestapelten Holzbrettern nach wollte Sydney die Latrine wohl noch mit Staufächern hinterbauen.

Auf dem Bord über einem Emaillewaschbecken standen seine Utensilien. Sie schnupperte an dem männlich herben Parfüm. Es passte zu ihm wie die Faust aufs Auge. Er rasierte sich nass. Ja, Sydney war ein richtiger Mann, wie sie ihn eigentlich nur aus alten Filmen kannte. Nicht so ein ungehobeltes Weichei wie alle anderen Kerle, die sie bisher kennen und hassen gelernt hatte.

Fasziniert nahm sie seinen Rasierpinsel in die Hand. Hmmm, duftete der erregend nach Mann! Sie fuhr damit über ihr Gesicht, den Hals und hinunter zu ihren Brüsten. Deren Vorhöfe zogen sich wie erwartet heftig zusammen, als die groben Borsten sie reizten und ihre Nippel schwollen vehement an. Ein überwältigender Anblick, sie wachsen zu sehen, wie sie sich verlangend einer

Berührung entgegenstreckten, sich einer Hand oder einem Mund hingeben wollten. Allmählich wanderte der Pinsel zu ihrem Bauchnabel, umkreiste ihn mehrmals sanft und fuhr dann, wie von einem Magneten angezogen, in die Spalte ihres Venushügels. Sabrina zuckte heftig zusammen, denn mit einer derart ungestümen Reaktion ihrer Klitoris hätte sie nicht gerechnet.

„Nein, jetzt nicht!" Schnell zog sie den Pinsel zurück. Fast hätte er einen Funken gezündet, von dem sie lichterloh in Brand geraten wäre. Eine Gänsehaut überzog ihr Geschlecht und der After drückte sich weit nach außen. Es fühlte sich an, als würde er sich öffnen. Sie führte ihren Finger an die vorwitzige Analöffnung heran. Tatsächlich, sie stand offen. Der Finger ließ sich fast widerstandslos hineinstecken und sie konnte damit ihren herrlich weichen Enddarm abtasten. Wenn sie ihn ganz tief in sich hineinpresste, ließ sich hinten das Steißbein ertasten. Nach vorn hin spürte sie bei kräftigerem Drücken die Rillen der feinen Vaginalringmuskeln. Mit etwas Fantasie ließ sich durch den Hintern so allerhand ertasten.

Nach einem ganz festen Druck nach vorn hätte sie fast losgepinkelt und ganz oben … oh, da steckte etwas Weiches, Formbares drin, dem keine Gefühle innewohnten. Sie roch an ihrem Finger, kräuselte die Nase und wusch ihn ab. Klar, seit gestern Morgen war sie nur zum Pipimachen auf dem Klo gewesen. Ihr Po würde erst mal eine seiner beiden Hauptaufgaben erfüllen müssen, bevor sie zu Sydney in die Stube gehen konnte. Zunächst jedoch wischte sie ihre Gesäßspalte mit feuchtem Klopapier aus, denn die Backen klebten von Sydneys Sperma derart aneinander, dass sich beim Auseinanderziehen Fäden zwischen ihnen spannten. Er musste sie bis zum Hals damit aufgefüllt haben. Nähme sie keine Antibabypille wäre sie jetzt bestimmt mit Zehnlingen schwanger.

Sabrina nahm den Pinsel wieder in die Hand und ein spitzbübisches Lächeln stahl sich in ihr Gesicht. Oh ja, das würde sie tun! Sie würde sich mit seinem Rasierzeug die Scham rasieren. Dabei musste sie allerdings äußerst behutsam vorgehen, denn sie war es nicht gewohnt, sich nass zu rasieren. Schon gar nicht mit einem Barbiermesser und ein Spiegel stand ihr auch nicht zur Verfügung. Nachdem sie den Pinsel gründlich eingeseift hatte, setzte sie sich auf den Toilettenrand, rückte mit weit gespreizten Beinen so weit wie möglich nach vorn, zog auf dem Brillenrand ihre Backen auseinander und seifte sich bis an den Damm heran ein. Die feinen Pflaumhärchen um das Popolöchlein herum wollte sie zu dessen Zierde erhalten, denn die rahmten diese Körperöffnung wie ein Fensterchen ein. Sabrina musste sich sehr beherrschen, um bei ihrem aufregenden Tun keinen Orgasmus zu bekommen, denn der würde in dieser heiklen Situation gewiss zu einem Fiasko ausarten. Sie rasierte sich konzentriert, mit fest zusammengepressten Lippen und brauchte eine Viertelstunde, bis sie das Messer mit bebenden Händen beiseite legte. Geschafft! Alles um ihre

Schamspalte herum fühlte sich so glatt wie ein Babypopo an. Hätte sie sich mit diesem superscharfen Ding geschnitten, läge sie jetzt bestimmt in einer riesigen Blutlache und würde ihr Leben aushauchen, denn ihre kleinen Schamlippen waren vor lauter Aufregung so prall gefüllt wie selten. Wie ein herausgestülpter Mund ragten sie aus der Scheide und wackelten bei jeder Bewegung. Es fühlte sich wahnsinnig gut an, mit ihnen zu spielen. Alles war glatt, schier und feucht, bis hin zum Popolöchlein. Zufrieden betrachtete sie ihr Werk im Wasserspiegel der Toilette. Sydney hatte Recht, bei näherer Betrachtung fand auch sie ihre Muschi und das Popolöchlein wunderschön. Ja, die beiden verdienten es, von seinen Händen verwöhnt zu werden!

Ihren Anus hatte sie schon sehr früh als Lustobjekt entdeckt, aber nie gewagt, etwas tiefer in ihn hineinzustecken. Sydneys riesiger Phallus hatte ihr erst gezeigt, wie tief man durch ihn in das sensible Innere ihres Körpers vordringen konnte und welch gewaltige Lusteruption ein Fremdkörper im Zentrum ihres Unterleibes auslösen konnte.

Nach einem letzten Blick auf ihre ergötzlichen Geschlechtsorgane sah sie auf ihre Uhr. Himmel noch, eine halbe Stunde hatte sie bereits vertrödelt! Sydney würde bestimmt schon ungeduldig auf sie warten und sie hatte sich noch gar nicht entleert.

Sabrina rutschte auf der Brille zurück und beugte sich mit geschlossenen Augen nach vorn, bis ihr Gesicht auf den Händen lag. Die noch immer klebrige Körperspalte öffnete sich dabei spürbar, woraufhin ein lustvolles Bild in ihrem Kopf entstand. Es zeigte sie mit entblößtem Unterleib vor Sydneys Grube. Er beobachtete sie bei der Verrichtung ihres Bedürfnisses und sie blickte durch seine Augen:

Beim Hinhocken zog sich ihr Gesäß auseinander und gab den Blick auf die in ihm verborgenen Dinge preis. Zunächst schälten sich die Anusfältchen aus dem Schatten, dann lösten sich die aneinanderhaftenden Schamlippen voneinander, entfalteten sich und hingen schließlich als fleischige Hautläppchen aus der sich öffnenden Scheide heraus. Darin wölbte sich der anschwellende, in der kalten Luft leicht dampfende Harnausgang hervor, um nach den ersten Tropfen einen glitzernden Strahl auszuscheiden. Der Anus reagierte ebenfalls auf die Kälte. Er zuckte, stülpte sich wie ein Schmollmund hervor ... und ... Sydney stieß den Lauf seiner Flinte durch ihn bis tief in ihren Bauch hinein! Ihr Urin spritzte wild in alle Richtungen, ... sie fiel nach vorn und ihre Öffnungen wurden von Sydneys Gewehrlauf gen Himmel gezwungen. Mit weit gespreizten Beinen, sich auf Zehenspitzen und Unterarmen in der Balance haltend, musste sie in einer absolut unwürdigen, beschämenden Stellung verharren. Der dampfende Urin benetzte ihre Schenkel und lief über den Bauch in ihre Kleidung ...

Erschrocken fuhr sie zusammen. Gütiger Himmel, was geschah da zwischen ihren Beinen? Der Orgasmus traf sie wie ein Hammerschlag, riss sie förmlich von der Klobrille, ließ sie in die Höhe schnellen. Aufstöhnend griff sie zwischen ihre Schenkel, verlor das Gleichgewicht, fiel nach hinten und landete mit ihrem Rücken auf dem Spülkasten. Bis zum Exzess nach hinten durchgebogen, mit hart hervorstehenden Beckenkämmen, die Beine auf beiden Seiten der Latrine in der Luft und den Kopf im Nacken hängend, ergab sie sich ihm. Ihr Leib brüllte ihn geradezu aus sich heraus, als verginge ihr Bauchinhalt in einer glühenden Vulkaneruption. Nachdem sie sich eine Zeit lang stöhnend wie auf einem Opferstein gewälzt hatte, rutschte sie bebend wieder auf die Brille zurück und blickte verstört unter sich. Es pladderte nur so aus ihren Öffnungen heraus.

Dass die Entleerung von Darm und Blase mit einem exorbitanten Orgasmus einhergehen konnte, hätte sie nie vermutet. Ihr gesamter Unterleibsspalt, ihre Backen und Schenkel trieften vor Nässe. Bevor sie sich erheben konnte, um sich unter der Dusche zu reinigen, knickten ihre Beine mehrmals ein, als bestünden sie aus Weichgummi. Was ging da nur in ihrem Bauch vor? Seit der Begegnung mit Sydney spielte er verrückt. Orgasmen, die spontan und ohne Berührung ihrer Genitalien abgingen kannte sie zwar, nun jedoch platzten sie nur so aus ihr heraus. Nachdem sie sich gründlich gewaschen hatte, reinigte sie auch die Toilette und den Boden, denn bei der Detonation ihrer Gefühle war einiges danebengegangen. Sie musste ihren Urin wie mit einem Rasensprinkler versprüht haben.

Mit zitternden Knien und schamhaft gesenktem Blick schlich sie die Treppe hinunter. Ja, sie schämte sich sehr, denn Sydney konnte ihr hemmungsloses Toben und Schreien keinesfalls überhört haben.

Er empfing sie lächelnd am Treppenansatz, verlor nicht ein Wort, hob sie von den Füßen wie eine Hauskatze und küsste sie, wie man eine Geliebte nun mal küsst, die einem kaum bis zur Brust reicht. Ein Wahnsinnsgefühl, wie ein Püppchen zur Brust genommen zu werden. Könnte ihnen aus der Ferne jemand zuschauen, müsste er annehmen, Sydney triebe es mit einer Minderjährigen.

Seine Zunge vollbrachte geradezu ein Zauberwerk in ihrem Mund und sorgte mit ihrer Beweglichkeit für die nächste übermächtige Erhitzung ihres Körpers. Zunächst tanzte sie mit der ihren einen verführerischen Tanz, streichelnde jeden Zahn, ihren Gaumen, die inneren Wangen, fuhr über die Geschmacksknospen bis in ihren Hals und ließ sie seinen männlichen Speichel trinken. Den Speichel eines jeden anderen empfände sie als ekelhaft, seinen schluckte sie begierig wie Paradiesnektar.

Als sich sein Mund von ihren Lippen löste, fuhr seine Zunge über Kinn und Kehle zu ihren Brüsten hinab, mit denen sie neckisch spielte. Sie umkreiste deren Vorhöfe in enger werdenden Spiralen, brachte die Knospen mit raffinierten

Berührungen in helle Aufregung und kickte die zitternden Halbkugeln schließlich wie Bälle hin und her, dass sie ihr nur so um die Rippen flogen.

Sabrina schloss die Augen und ließ ihren Körper locker in seinen Bärentatzen hängen, wobei sich ihre Wirbelsäule streckte und die Bauchhaut straff gespannt wurde. Sofort reagierte sie auf Berührungen wesentlich sensibler. Es ließ sich nicht nachvollziehen, mit welchen akrobatischen Künsten seine Zunge ihren Bauch in Rage brachte, sie genoss es nur schnurrend. Einfach herrlich, als Pendant zu Jane in den Pranken eines menschlichen King Kong zu baumeln, um wie ein Kälbchen von der Kuh abgeleckt zu werden. Er ließ nichts aus. Ihr Körper bog und dehnte sich begierig seinen Zärtlichkeiten entgegen. Zwischen ihren Oberschenkeln tobte mittlerweile ein verzehrendes Feuer, während sich etwas weiter unten Sydneys massive Stange aus dem Hosenschlitz herauskämpfte, um ihre Knie wie ein Keil auseinander zu treiben. Dieses Prachtexemplar sensationeller Männlichkeit dürfte an die zwölf Inches hinter seine Eichelspitze bringen und bald die Dicke einer Salami aus Old Germany erreichen.

Ihre Vagina musste wesentlich dehnbarer sein als sie es bislang angenommen hatte, denn wie es hieß, sollte der menschliche Geburtskanal im Ruhezustand nur etwa zehn bis dreizehn Zentimeter Tiefe aufweisen und trotzdem konnte Sydney, wenn auch nicht schmerzfrei, völlig in ihn einfahren. Überhaupt schienen die Bauchorgane enorm flexibel zu sein, denn sein erschreckend großes Befruchtungsanhängsel musste dabei ihren Uterus bald bis in die Brust drücken.

Ihr Becken zog sich wie unter einem derben Faustschlag zusammen, bis ihre Kämme hart herausstanden. Oh man, er wusste genau, an welchen Stellen Zärtlichkeit vonnöten war und wo es richtig biestig wehtun musste, um ihre Leibesglut zum Steppenbrand ausarten zu lassen. Der Biss in ihre vordere Scham, bei dem er Kitzler und Schamlippen grob zwischen seinen mahlenden Frontzähnen malträtierte, schlug wie eine Bombe in ihr Geschlecht ein. Als sie röchelnd aufschrie und sich versteifte, stülpte sich sein Mund über ihre Vagina und sog ihren Orgasmus in sich hinein, bis nichts mehr von ihm übrig war. Ihre Scheide brannte dabei, als söge er die komplette Vulva samt Labien in sich hinein.

Wie konnte dieser Mann nur wissen, dass sie sich genau jetzt nach dieser rüden Behandlung ihrer Geschlechtsorgane gesehnt hatte? Längst nicht jederzeit, aber genau jetzt. Manchmal brauchte sie es, sich wie das Opfer eines Löwen zu fühlen, der an den empfindlichen Weichteilen ihres Unterleibes damit begann, ihren Körper zu zerreißen, um dann all ihre Lust genussvoll aus der Beckenöffnung herauszulecken.

Sydney hob sie weiter an und drückte ihren Rücken fest an die Stubendecke. Ihre Haare fielen zeltartig über seine Schultern. Großer Gott, was tat er da unten? Wie konnte er seine Zungenspitze nur so hart werden lassen? Sie fühlte sich fast wie ein Grillspieß an, dessen Spitze sich zwischen Steißbein und After in die Weichteile wühlte, als wolle sie eine weitere Öffnung in ihre Gesäßspalte bohren, um dann so rau wie eine Drahtbürste über ihre erhitzten Öffnungen und den Venushügel zu schaben. Über dem Schambein angekommen, wurde sie wieder zu einer Spitze. Sabrina spürte einige Tropfen aus ihre Harnröhre quellen, als sein fleischliches Marterinstrument sich dort in den Leib bohrte. Vor Lust konnte sie nur noch hecheln. Durch alle Schichten der Bauchwand hindurch spürte sie die Spitze über ihre Eingeweide nach oben ziehen. Zwischen den Brüsten entlang, über Hals und Kehle, gelangte sie wieder weicher werdend zum Kinn und tauchte dann erneut in ihren Mund ein, um den unterbrochenen Kuss fortzusetzen. Er ließ sie ihren eigenen Saft von seiner Zunge lecken.

Ein berauschender Geschmack, sogar ein bisschen salzig wie … wie … Blut? Irritiert versteifte sie sich, denn sie spürte den Weg, den seine Zunge über ihren Leib genommen hatte, immer noch als stechendes Brennen! Lief da etwas heiß aus ihr heraus? An sich hinunterschauen konnte sie nicht, weil er sie mit seinem Kuss gefangen hielt.

Um Himmels willen, dieses Brennen schien immer mehr zuzunehmen! War es überhaupt seine Zunge gewesen …? Nein, bitte nicht! In ihr zog sich alles zusammen. Sollte er sie etwa vom Steiß bis zum Hals …? Aber womit hätte er es denn getan haben sollen? Er drückte sie doch mit beiden Händen an die Decke!

Endlich zog sich sein Kopf zurück und sie konnte einen flüchtigen Blick auf ihren Bauch erhaschen. Nein, da gab es kein Blut und aus ihr quoll auch nichts heraus! Sie beruhigte sich allmählich wieder und schalt sich als verrückte Psychopatin, aber ihre verkorkste Fantasie nagte weiter, ließ sich einfach nicht mehr aus dem Kopf verdrängen. Warum nur schlug ihr Herz so hart und schnell und wieso lief ihr nach diesem himmlischen Orgasmus ein kalter Schauer nach dem anderen über den Rücken? Die Holzdecke konnte doch nicht so kalt sein.

Nachdem er sie wieder auf dem Boden abgestellt hatte, führte er sie zum Tisch. Der war zwar komplett mit Geschirr und Besteck eingedeckt worden, aber es stand nur Kaffe darauf. Auf ihren fragenden Blick hin erklärte er:

„Ich werde später Donuts und einige Leckereien zum Frühstück besorgen. Jetzt solltest du nichts essen, denn es käme dir alles wieder heraus, sobald du mit dem Kopf nach unten hängst."

Ihr Puls beschleunigte sich noch mehr: „Willst du denn gleich anfangen?"

Er nickte. „In einer Viertelstunde. Ich habe schon so einiges vorbereitet. Einen Kaffee kannst du aber ruhig noch trinken."

„Was hast du denn vorbereitet?"

„Lass dich überraschen. Ich denke, der Ausbruch des Mount Saint Helen wird gegen deine Eruptionen ein Frühlingslüftchen gewesen sein. Solltest du noch irgendetwas auf dem Herzen haben, dann sage es mir jetzt, denn ich schätze, du wirst nach der Tortur keinen Ton mehr herauskriegen."

Seine Worte hallten in ihrem Kopf nach: … nach der Tortur keinen Ton mehr herauskriegen, … keinen Ton mehr herauskriegen … keinen Ton … Wollte er damit etwa andeuten …? Stumm starrte sie in ihre Kaffeetasse. So stark war der Kaffee doch gar nicht, wieso hämmerte ihr Herz immer wilder?

Ihr Blick schweifte zur Schuppentür hinüber. In Gedanken trat sie hindurch und das Bild eines Rehs tauchte aus dem Halbdunkel auf. Ein kleines, niedliches Reh, aber es hing mit durchbohrten Hinterläufen an zwei Haken. Sie trat näher heran und ihr Herz machte einen wilden Satz. Von seinem kleinen Schwänzchen bis hin zum Hals klaffte eine riesige Wunde und dahinter gab es nur Leere. Keine Eingeweide, kein Popolöchlein, keine Genitalien, nichts! Nur Leere, beängstigende Leere. Es musste ein wunderschönes Reh gewesen sein, denn von seinem Kopf hingen lange, rotbraune Haare herunter. Sie bedeckten den Boden unter ihm wie ein seidig glänzendes Vlies.

Ein stechender Schmerz holte sie in die Wirklichkeit zurück. Ihr Bauch wurde von reißenden Krämpfen durchzogen, als hätte ihr jemand Säure in den Darm gepumpt. Immer schneller, immer schneller klopfte ihr Herz. Sie konnte kaum noch atmen, versuchte sich zu entspannen, doch es half nichts. Vor ihren Augen begann die Stube zu verschwimmen.

Sabrina kam zu Bewusstsein, was sie peinigte. Es war eindeutig Angst, die sich immer mehr zur Panik steigerte. Aber wovor sollte sie Angst haben? Doch nicht etwa vor Sydney, … oder? Wie oft hatte sie davon geträumt, jemandem auf Gedeih und Verderb ausgeliefert zu sein. Jetzt, wo dieses erregende Ereignis endlich bevorstand, sollte ihr Herz vor Panik statt vor unendlicher Geilheit rasen? Bei jedem anderen wäre es vielleicht angebracht, aber doch nicht bei Sydney, dem zärtlichen Riesen. … Oder gerade bei ihm?

Vielleicht, … möglicherweise war er ja doch ein Wolf im Schafspelz und hatte mit ihr nur Katz und Maus gespielt, sie so richtig eingelullt, um sie in Sicherheit zu wiegen? Vielleicht gehörte es ja zu seiner abgefeimten Masche, Mädchen vor dem bösen Wolf zu warnen und seine vertrauensseligen Opfer mit in seine Hütte zu nehmen, um ihnen dort berstende Orgasmen zu entlocken und sich damit ihr Vertrauen zu erschleichen. Möglicherweise ergötzte er sich sogar an ihren naiven weiblichen Träumen von Liebe und Geborgenheit. Vielleicht genoss er es ganz besonders, wenn seine ahnungslosen zukünftigen Schlachtopfer mit tausend Schmetterlingen im Bauch und voller Inbrunst ihre erhitzten Ärsche vor ihm entblößten und sich schreiend verspritzten, während er sich nur mit dem Gedanken an seine Art von Lust durch ihre Löcher rammelte, bis er sie satt hatte und plötzlich zuschlug, sie grausam quälte und verstümmelte, indem er ihnen bei lebendigem Leibe die empfindlichsten Teile zermatschte. Wollte er vorhin mit seiner Zunge andeuten, was er mit ihr zu tun gedachte, sie vom Steiß bis zum Kinn aufschlitzen? Waren Sydneys jetzige Zärtlichkeiten nur ihre Henkersmalzeit und ihr ausgeweideter Kadaver würde schon bald in seinem Schuppen hängen, zu einem gespickten Mädchenrücken verarbeitet oder zu scharfen Grillwürstchen im eigenen Darm gemacht? Niemand könnte es verhindern, niemand würde es je erfahren und er würde sich genüsslich ihre geräucherten Schinken einverleiben, während er grinsend auf ihre eingeweckten Geschlechtsorgane starrte.

Sabrina fühlte, wie sich ihr Innerstes verkrampfte. In ihr knurrte und gurgelte es. Sie sprang auf, kniff entsetzt den Po zusammen und rannte die Treppe hinauf. Wie konnte das angehen, sie hatte doch schon so viel … Die Toilette ließ sich nicht abschließen, so starrte sie angsterfüllt auf die Tür, während sich ihr Darm in endlosen Krämpfen nach außen stülpte. … Wie anständig von ihr, ihn noch zu entleeren, bevor er sich auf seine perverse Art mit ihr vergnügte.

Bestimmt eine halbe Stunde hatte sie dort verharrt, mit fest auf den Leib gepressten Händen und sah ihn im Geiste immer wieder mit seinem riesigen Messer zur Tür hereinkommen, sah ihr Gedärm unter sich in die Schüssel platschen und spürte, wie er ihre Lippen höhnisch küsste, während er ihre Brüste mit qualvollen Griffen zermatschte, bevor er ihre Innereien diabolisch grinsend wegspülte. Lag die Rolle Plastikfolie extra für sie hinter dem WC?

So sehr wie heute hatte sie sich noch nie entleert und sich auch noch nie so sehr gefürchtet. In ihren Beinen schien es keine Muskeln mehr zu geben. Sie konnte sich nicht erheben, hockte nur da und lauschte angespannt auf Geräusche, die ihr verraten könnten, was er gerade tat. Jedes Knacken der Holzhütte ließ ihre Beckenmuskeln krampfen, als jage ihr jemand einen glühenden Schürhaken in den Hintern. Irgendwann gab es nichts mehr, was sie aus sich herauspressen konnte und vor der Tür ereignete sich nichts. Absolut nichts! Keine Stufe knarrte, keine leisen Schritte wurden vernehmbar, kein sadistisches Lachen ertönte, die Klinke bewegte sich nicht. Grabesstille!

Nein, nicht ganz, … sie hörte etwas. Da war Musik! Leise klassische Musik und er pfiff dazu. Sydney musste sein Kofferradio auf dem Regal eingeschaltet haben. In seinen Händen sah dieses kolossale Gerät wie Spielzeug aus. Langsam wich die Angst, ihre Kraft kehrte zurück und das furchtbare Zittern hörte auf.

Voller Scham weinte sie. Was hatte sie diesem liebenswerten Mann in der letzten halben Stunde alles zugetraut. Nicht eine ihrer hirnrissigen Sex-Schlachtfantasien hatte sie ausgelassen, von ihm jede Niederträchtigkeit erwartet, ihn ihre Eingeweide im Geiste auf tausend verschiedene Arten aus dem Körper reißen, ihn jedes empfindliche Teil ihres Leibes bis aufs Blut peinigen lassen.

Und was tat er wirklich? Er wartete geduldig pfeifend in seiner Stube und hörte sich klassische Musik an.

Getragen von den fernen Tönen formierte sich ein Gedanke in ihrem Kopf, nahm Gestalt an und wurde zur Gewissheit: Nein, nicht Sydney stellte eine Gefahr für sie dar, sondern sie selbst nahm sich mit ihren Fantasieexzessen das, was man Leben nannte, weidete ihr Hirn aus, warf sich auf den Müll! Was war sie doch bloß für eine psychopatische Idiotin. Gab es denn außer Brutalsex, Folterorgien, Fantasieorgasmen und Hypergeilheit nichts mehr in ihrem Kopf? Sie sehnte sich doch nach Zärtlichkeit, Geborgenheit und Liebe und er wollte ihr diese lange vermissten Dinge schenken. Warum nur kreiste ein derart menschenunwürdiger Wahnsinn wie ein aufgescheuchter Roadrunner durch ihren Schädel, drosch gnadenlos auf ihr Lustzentrum ein, fesselte all ihre Kräfte, knebelte ihre Gefühle, degradierte sie zur animalischen Kreatur, minimierte ihr Ich zum bloßen Geschlechtsteil mit Hirnanhang und ließ damit ihr Leben zur Qual werden? Warum nur besaß ihr dreimal verfluchter schmerzsüchtiger Arsch die uneingeschränkte Macht über ihre Gedanken? Welch einen Genuss könnte sie jetzt haben, seine Hände auf ihrer Haut spüren, sich wie ein Lurch unter ihnen verbiegen. Sie würde sich ihm weit öffnen, seiner Nase den hormongeschwängerten Duft ihrer Genitalien schenken und seinen neugierigen Blicken den heiß austretenden Strom ihrer Flüssigkeiten offenbaren. Oh ja, sie sehnte sich danach, sich ihm mit Haut und Haaren zu überlassen. Seine Augen würden forschend in ihre Öffnungen starren, um das ekstatische Wallen ihrer glitzernden Schleimhäute zu beobachten, das An- und Abschwellen ihrer äußeren Geschlechtsmerkmale genießen. Vielleicht würde er seinen Mund auf ihren erhitzten Po pressen, sie prall aufblasen, um erregt zu verfolgen, wie sich ihr Bauch aufblähte. Was verpasste sie nun durch ihre Verrücktheit?
Eigentlich war der Gedanke mit dem Aufblasen ja auch verrückt, aber höllisch erregend. Die Luft würde bestimmt arg in ihren Därmen kneifen und ihr einen Wahnsinnsorgasmus bescheren. Sie würde ihren Körper in alle Richtungen verrenken müssen, um seinen peinigenden Inhalt wieder loszuwerden.

Nachdem sie sich gründlich gereinigt und einige Minuten lang niedergeschlagen an der obersten Stufe verharrt hatte, stieg sie langsam wieder in die Stube hinunter und blickte Sydney schuldbewusst an.
Er stand am Ofen, lächelte und ging abermals mit keinem Wort auf das Geschehene ein. Stattdessen verkündete er jovial: „Weißt du was, ich habe es mir anders überlegt. Warum soll ich erst losfahren und Donuts holen? Wir machen es folgendermaßen: Ich kenne da ein wirklich gemütliches Café, gar nicht so weit weg von hier. Da bekommt man auch handfestere Sachen. Vielleicht kennst du es sogar. Die Stag Luncheonette."
Sabrina schüttelte den Kopf: „Noch nie etwas davon gehört."

„Sie befindet sich am Rande des State Parks, östlich von Sweethome und hat sich in den letzten Jahren von einer Highway-Imbissbude zum Caférestaurant gemausert. Da werden wir mal ausgiebig frühstücken. Danach fahren wir nach Anniston, bummeln etwas, essen später in einem guten Restaurant und heute Abend gehen wir in einer Country-Bar tanzen. Das habe ich schon lange nicht mehr gemacht und stelle es mir mit dir wunderschön vor. Was meinst du dazu?"

Sie lehnte sich bei dem amüsanten Gedanken, beim Tanzen wie ein Püppchen über die Tanzfläche getragen zu werden, an seinen Bauch, zog seinen Kopf zu sich herunter und küsste ihn lange und zärtlich. „Ach, Sydney, was bist du nur für ein Prachtexemplar von Mann? Andere wären jetzt wohl ziemlich sauer, wenn sie sich so viel Mühe … "

Er verschloss nun seinerseits ihren Mund mit einem Kuss, bei dem es ihr wieder durch und durch ging, um ihr dann in die Augen zu schauen. „Sag mir einen Grund, warum ich sauer sein sollte. Ich halte die schönste Frau der Welt im Arm und werde von ihr geküsst. Ist das etwa nichts?"

„Aber du hättest doch so gern … "

Er hob sie hoch und hielt sie vor sein Gesicht: „Ja, ich hätte so gern, … na und? Fällt einer von zwei Spielern aus, fällt das Spiel aus und man muss sich was anderes überlegen."

„Hast du dich denn nicht darauf gefreut, mich so richtig durchzunehmen?"

„Gefreut? Pah, mir ist vor Aufregung fast das Stäbchen abgebrochen, aber wie du selbst gestern mal so schön sagtest: Alles zu seiner Zeit. Heute ist eben der falsche Zeitpunkt. Tun wir es morgen oder übermorgen oder dann, wann es dich überkommt. Ich kann mir meine Freizeit nach deinen Wünschen einteilen. Im Moment hab ich davon eine ganze Menge, denn die Saison hat noch nicht begonnen."

Sabrinas Augen blitzten auf. Es tat so gut, wie ein Kind in seinen starken Armen zu hängen. Sie genoss es und lechzte danach, immer so liebevoll behandelt zu werden. „Oh Syd, ich habe mich so sehr in dich verknallt, dass ich es kaum aushalten kann. Fühl mal, mein Herz blubbert wie verrückt und mein Popo zuckt vor Verlangen nach deinen Händen. Keine Ahnung, was mit einem Mal in mich gefahren war. Plötzlich hatte ich nur noch Angst."

„War nicht zu übersehen."

„Aber wie konntest du wissen, was mit mir los war? Eigentlich bin ich doch nur zu Klo gerannt."

Er winkte ab: „Schon vergessen? Ich bin Forest Ranger und nicht erst seit gestern. Ich merke es genau, ob ein Tier Angst oder Schmerzen empfindet, obwohl es keine Mimik zeigt. Du dagegen besitzt eine sehr ausgeprägte Mimik und die spiegelte eindeutig Panik wider. Panik geht häufig mit plötzlichen Darmproblemen einher, sogar bei Tieren."

Sabrina kämpfte um ihre Fassung: „Sag mal, studiert man als Förster auch Psychologie?"

„Nein, aber die Verhaltensweisen unterschiedlichster Lebewesen, zu denen auch der Mensch gehört. Ganz ohne Gefühl für die Körpersprache eines Wesens sollte man diesen Beruf nicht wählen und ein wenig Kombinationsfähigkeit ist auch vonnöten."

„Und was hast du aus meiner Körpersprache gesehen?"

„Ist es dir wirklich wichtig, die Meinung eines Försters darüber zu hören?"

„Ja bitte, Syd. Es ist mir wichtig, denn alles was du sagst hat Hand und Fuß und geht tief in mich hinein. Deine Worte lassen irgendwo in mir Glocken schwingen, die ich schon lange nicht mehr vernommen habe."

Er setzte sich und nahm sie auf seinen Schoß, wobei sich seine Hand wie schützend unter ihr Geschlecht legte. Ja, sie fühlte es, diesmal lag sie tatsächlich zum Schutz dort und wirkte ungemein beruhigend auf ihr Gemüt. Sie würde nicht unerwartet hart zupacken, ihre Klitoris nicht reizen. Ihre Muschi legte sich voller Vertrauen auf seine Finger und entspannte sich wie selten.

Nach einem Räuspern begann er: „Im Grunde befindest du dich in der klassischen Situation einer Frau, die einen tief sitzenden Schock zu verarbeiten hat. Gestern, von der höchst brisanten und gleichzeitig zutiefst demütigenden Situation überfordert, befandest du dich in einem Ausnahmezustand. Um nicht vor Angst und Scham den Verstand zu verlieren, hast du ihn ausgeschaltet und dich in deine sexuelle Fantasiewelt geflüchtet, aus der du Panik, Schmerz und Beschämung kennst, bisher aber immer wieder unbeschadet in die Realität zurückfinden konntest. Eine Welt, die von der Begegnung zwischen Mann und Frau nicht viel mehr übrig lässt als beherrscht, durchgevögelt, brutal gefoltert, zerfleischt und mitsamt allem Verlangen nach Zärtlichkeit auf den Müll geworfen zu werden. Soweit richtig?"

Sabrina nickte nur betreten und er fuhr fort:

„In deiner Not, diesmal nicht einer Fantasie, sondern einer realen Bedrohung gegenüberzustehen, hat sich dein Unterbewusstsein für den einzig ihm bekannten Weg zur Bewältigung von Angst entschieden. Den Weg in einen Rausch sexueller Rage. Deine Fantasie, im Moment des Höhepunktes immun gegen Schmerzen und Angst zu sein, hat die Panik kurzerhand in Lust umgewandelt und ein wenig hast du auch zu einer List gegriffen, die den Frauen von Natur aus als Notbremse für eine unabwägbare Mann-Frau-Konfrontation mitgegeben wurde. Frauen haben nämlich eine reale Chance, sich mit überzeugend vorgetragener Bewunderung für den Aggressor, übersteigert dargestellter Sexualität, weiblichen Lockstoffen und demütiger Unterwürfigkeit von einem potenziellen Mörder freizukaufen. Er wird sich dann wahrscheinlich nur mehr oder weniger brutal durch ihre Löcher vögeln, ihre Hilflosigkeit und Angst genießen und nach seiner Befriedigung mit demütigenden Tritten in die missbrauchten Weichteile davonjagen."

Sydney legte seine Hand unter ihr Kinn, um ihr in die Augen blicken zu können: „Nichts anderes hast du unbewusst durchgezogen und warst erleichtert, die Gefahr überstanden zu haben. Wo du jedoch deine Sexualität nun schon mal für die Angstbewältigung bis zum Siedepunkt angeheizt hattest, brauchtest du nach dem Wegfallen derselben dringend Entspannung und hast deinen Trieben freien Lauf gelassen. Den gestrigen Tag über hast du dich von einem Orgasmus in den nächsten gerettet, deinen Bauch und dein Genital die entscheidenden Instanzen sein lassen. Heute jedoch meldet sich dein Verstand wieder zurück und der schimpft die beiden mit etwa diesen Worten aus: - Seid ihr beiden denn völlig durchgeknallt? Ihr kennt diesen Kerl mal gerade einen Tag lang, wisst außer seinem Namen so gut wie gar nichts von ihm und wacht bis zum Erbrechen durchgevögelt in seinem Bett auf. Völlig nackt, irgendwo im Wald, diesem Kraftmeier auf Gedeih und Verderb ausgeliefert. Statt euch wenigstens nach dem letzten Vögeln bei Nacht und Nebel aus dem Staub zu machen, rennt ihr auch weiterhin splitternackt vor seinen Augen herum, bietet ihm unseren wunderschönen Hintern auf einem silbernen Tablett an und schürt damit fleißig die Gefahr, doch noch als handliche Portionen in Gefriertüten zu enden. Da hört der Spaß für mich auf. Ihr mögt ja in eurer Euphorie entschieden haben, der Kerl sei okay, aber ich habe es verdammt schwer, euch zu glauben, denn ich kenne nur die höllisch gefährliche Eingangssituation und die letzte Stunde. Den Rest der Zeit habt ihr mich ja mit einer Augenbinde und Ohrenstopfen in irgendeine staubige Kammer unserer Denkmaschine eingesperrt. Nun stehe ich mit Nullahnung da und soll entscheiden, ob alles im Lot ist oder ob eure kranken Fantasien nun leibhaftig an unserem Bauch klopfen, um ihn um einige dringend benötigte Dinge zu erleichtern. Ein bisschen viel verlangt, wie?" -

Sydney kehrte wieder zur Realitätsform seiner Ansprache zurück: „In dem Versuch, doch noch irgendwie aus der Schusslinie zu kommen, produziert dein Verstand jetzt fleißig Stresshormone und nimmt zur Steigerung deiner Angst deine völlig überspannten Fantasien zu Hilfe."

Sabrina sank in sich zusammen und saß eine Weile zutiefst bestürzt auf seinem Schoß, bevor sie weinend antwortete: „Oh man, Sydney, von dir können selbst Professoren noch eine Menge lernen. Alles was du sagst, stimmt auf den Punkt genau. Ich hab da oben auf dem Klo gehockt und Panik bekommen, dass du mich dort in meinem wehrlosen Zustand vom Hintern bis zum Hals aufschlitzt, um mich und meine Naivität zu verhöhnen, bevor du meine Eingeweide ins Klo spülst. Als meine Panik abklang, war ich über all das entsetzt, was ich dir in meiner Verrücktheit zugetraut habe." Sie schloss mit bebenden Lippen ihre Augen: „Syd, du hättest jetzt allen Grund, mich und meinen psychopatischen Arsch wütend zur Tür hinauszutreten. Mit meinem gestrigen Zustand und den Fantasien hast du dem Nagel ebenfalls auf den Kopf getroffen. Ich stand wirklich total neben mir. Mein Höschen wurde tatsächlich bei der Vorstellung nass, du würdest mir den Lauf deiner Flinte in den Hintern rammen, mein Geschlecht mit deinen Händen brutal auswringen und dann grinsend abdrücken. Ich hab meine Fetzen richtig aus dem Bauch fliegen sehen … und dabei einen Orgasmus gekriegt."

Sydney nickte erschüttert: „Dein desolater Gefühlszustand und dein Orgasmus sind mir nicht entgangen, aber welch abgrundtiefe Fantasien dahinter steckten, konnte ich natürlich nicht ahnen. Großer Gott, was hat man dir nur angetan, wer hat dich so fertig gemacht? Du musst eine starke Persönlichkeit haben, denn weder deine Körperhaltung noch dein Gesicht zeigen die abgrundtiefe Depression deiner Seele. Andere sehen schon von viel weniger wie kaputt-getretene Kekse aus."

Sabrina schlug ihre Hände vor die Augen, ihre Schultern zuckten: „Ja, ja, ja, ich verstecke mich Syd. Ich kann das gut, aber langsam fehlt mir die Kraft dazu. Ohne jemanden, der mich festhält, komme ich nicht mehr weiter. Meine Fassade bröckelt, ich ekle mich von Tag zu Tag immer mehr vor mir selbst und würde meine Geschlechtsteile am liebsten eigenhändig rausreißen, um endlich Ruhe vor ihnen zu haben."

Er hielt sie einfach nur fest, umhüllte weiterhin schützend ihr Geschlecht und ließ sie reden, denn ein wirkliches Bild von ihr konnte er sich erst machen, wenn sie ihm ihre Seele ganz geöffnet hatte. Dass ihm sein Schicksal einen in einem Traum verborgenen Albtraum geschenkt hatte, nahm er ihm nicht übel, denn auf dieser Welt forderte nun mal alles seinen Preis. Es musste allerdings einen seltsamen Humor besitzen, wenn es von einem Förster erwartete, der Psychiater seines Traumes zu sein. Aber gut, das Wort kneifen existierte in seiner Welt nicht. Er fühlte sich dem gewachsen. Die Natur war von jeher der beste Lehrmeister gewesen und gerade von Pflanzen und Tieren ließ sich mehr lernen, als die meisten sich vorstellten. Zudem besaß er indianische Freunde, deren Schamane sich bestens mit der Heilung kranker Seelen auskannte.

Nachdem Sabrina sich beruhigt hatte, legte sie ihre Wange an seine und kuschelte sich in seine Arme: „Sydney, … bitte, hilf mir. Ich weiß nicht, warum mich diese Fantasien nass machen. Du hast Recht, irgendwas muss mal passiert sein, aber ich kann mich nicht erinnern. Vor fünf Jahren bin ich in einer Klinik aufgewacht, es gab keine Eltern mehr und mir fehlten zwei ganze Jahre. Sie sind einfach weg und ich bin mit diesen Fantasien aufgewacht. Erst hab ich sie sogar genossen. Wo ich ging und stand habe ich meine Säfte mit allem aus mir herausgeholt, was mir in die Finger kam. Ich hab sehr viel Ekel-haftes mit meinem Popo angestellt und es ist ein Wunder, dass es da unten noch nicht wie nach einem Gemetzel aussieht. Meine damaligen Fantasien waren gegen meine heutigen noch harmlos. Erst als ich bemerkte, wie sehr sich meine Gelüste von denen meiner Freundinnen unterschieden, kam ich ins Grübeln. Ich wollte auch so gern wie sie Schmetterlinge im Bauch haben, aber ich wusste nicht, wie ich sie selbst da rein bekommen könnte, also hab ich es mit Männern versucht."

Sie stockte und schniefte mehrmals, bevor sie weitersprach: „Sie alle haben mich nur halbtot gerammelt, mir den Hintern aufgerissen, bis Blut aus meinen Löchern spritzte. Manche haben mir mit Absicht furchtbar wehgetan, egal wie sehr ich sie um Gnade angewinselt habe, bevor ich ohnmächtig wurde. Zweimal fand ich mich danach völlig nackt und blutbesudelt, mit Sperma im Mund und im Gesicht am Straßenrand wieder."

Ein abgrundtiefes Schluchzen entrang sich ihrer Kehle: „Syd, sie haben mich wie Müll weggeworfen, obwohl sie mir am Anfang genau wie du gesagt haben, wie schön ich wäre." Sie fing sich wieder. „Ab da wollte ich mit Männern nichts mehr zu tun haben und hab mich stattdessen selbst gequält. Wie und wo ich es getan habe, mag ich dir nicht erzählen, denn dann würdest du mich vielleicht auch nicht mehr mögen. Es war einfach zu ekelhaft. Irgendwann wurde es zum Zwang, mir Schmerzen zu machen, um einen Höhepunkt zu kriegen und die Fantasien nahmen selbst für mich erschreckende Formen an. Seitdem habe ich nach jedem Orgasmus geweint, weil ich mich vor mir selbst so furchtbar schämte. Ich will diese Fantasien gar nicht mehr, aber sie sind da und würgen mich. Ohne Folterfantasien kriege ich schon kaum noch einen Orgasmus. Glaub mir, ich würde lieber Zärtlichkeit bekommen, Liebe und Geborgenheit spüren, vielleicht ein bisschen spielen, ein kleines bisschen mehr erleben als nur dazuliegen, lieblos gevögelt und angespritzt zu werden, um danach weinend mein Höschen wieder hochzuziehen. Keiner von denen, die ich nach der Klinik kennen gelernt habe, war je so lieb zu mir wie du. Alle interessierten sich nur für meinen verdammten Arsch, meine ewig auslaufende Möse und für meine Titten. Sie haben mich sogar mal auf einem Tisch festgebunden, mir Gläser untergehalten und mich mit tiefgefrorenen Fischen gevögelt, dass ich dachte, ich sterbe. Dabei haben sie Wetten abgeschlossen, wer den meisten Saft aus mir herausholt. Immer wieder, immer wieder, bis ich keinen Orgasmus mehr kriegen konnte und vor Angst und Schmerzen schrie. Sie haben nicht aufgehört, bis ich ohnmächtig wurde. Danach war ich ganz krank."

Ein Schauer lief über ihren Rücken und sie zuckte mehrmals zusammen, bevor sie fortfuhr: „Syd, als ich gestern durch den Wald irrte, war ich sehr verzweifelt und hab mir nur noch gewünscht, zu sterben. … Und dann hab ich dir auf die Nase gepinkelt. Ich kann es gar nicht richtig glauben, jetzt wirklich in deinem Arm zu liegen, deine Hand unter mir zu spüren, die mich beschützt, statt meine Schwäche auszunutzen. Du siehst aus, als könntest du Bäume aus dem Boden reißen, hältst aber mein Herz so sanft in deinen riesigen Händen, als wären sie aus Plüsch. Du streichelst meine Seele und plötzlich spüre ich Gefühle in mir, die schöner sind als alle, die ich kenne. Seit gestern Abend weiß ich endlich, wie sich die Schmetterlinge im Bauch anfühlen. Aber was soll ich nun machen? Jetzt sehnt sich mein Herz auf ewig nach deiner Zärtlichkeit, mein Bauch nach Schmetterlingen und mein Kätzchen braucht zumindest hin und wieder mal Schmerzen. Du kannst alles auf himmlische Weise miteinander verknüpfen und tust es sogar mit einer solchen Liebe, dass ich fast wahnsinnig vor Glück werde. Du achtest mich und meine Gefühle auch in den Augenblicken, in denen du mir wehtust. Das tut mir so gut, so unendlich gut, verstehst du? "

Sydney nickte wissend. Seine Augen nahmen für einen Moment einen mörderischen Blick an und sein Gebiss mahlte aufeinander, aber er sagte sanft: „Ja, Sabrina, ich verstehe dich besser als du denkst. Es ist schlimmer als ich vermutete. Du leidest schon seit Jahren unter einem schweren Trauma. In den zwei Jahren, von denen du nichts mehr weißt, musst du die Hölle auf Erden erlebt haben. Es wird nichts ungeschehen machen, aber wehe demjenigen, der dir diese Hölle angetan hat. Seine Hölle wird schlimmer werden als deine, verlass dich drauf. Ich werde herausfinden, wer diese Sau ist, so wahr ich hier sitze. Und die Burschen, die dich danach vergewaltigt haben, finde ich auch. Die werden den Tag verfluchen, an dem sie dir begegnet sind."

„Ich weiß doch gar nicht, wer die waren und es ist doch schon so lange her. Auch der Sheriff konnte … "

Sydney winkte ab: „Sheriff Benson ist ein netter Kerl, aber ein blindes Huhn. Für so was braucht man andere Leute. Egal wie lange es her ist, du ahnst gar nicht, wie gut selbst heutige Indianer noch alte Spuren verfolgen können, zumal ihnen die modernsten Kommunikationsmittel zur Verfügung stehen. Ich habe Freunde unter ihnen, die werden jeden einzelnen von ihnen finden. Kein einziger kommt ungeschoren davon, das schwöre ich dir. Aber das lass mal meine Sorge sein. Zunächst werden wir dich ins Lot bringen. Es wird nicht von heute auf morgen geschehen und manchmal für uns beide schwierig sein, aber ich verspreche dir, wir kriegen das hin. Du wirst dich dann auf eine Art wie frisch geboren fühlen, aber nie wie andere sein können, was ich auch für wenig erstrebenswert halte. Wenn man sich in seiner Andersartigkeit wohl fühlt und sicher zwischen den anderen bewegen kann, dann reicht es doch, oder?"

Sie schmiegte sich noch enger an ihn, wobei sie sich durchbog, um die Wärme seiner schützenden Hand unter ihrem Geschlecht so richtig genießen zu können. Es tat so unendlich gut, von ihm geschützt zu werden: „Oh ja, das würde mir reichen."

Sydney nickte zufrieden. „Okay, dann gehen wir gleich mal die erste Regel an, denn alles beruht auf Regeln."

Sabrina hing erwartungsvoll an seinen Lippen.

„Regel eins besagt: Niemals die Macht der Worte unterschätzen. Es mag primitive weibliche Wesen geben, die Ärsche und Fotzen, Mösen oder andere schäbige Dinge in ihren Höschen verstecken müssen, du jedoch bist mit erotischen Kunstwerken ausgestattet worden, die derartig abfällige Bezeichnungen nicht verdienen. Nenne diese Dinge von mir aus bei ihren medizinischen Bezeichnungen, bleibe aber besser bei den Kosenamen wie Muschi, Popoloch, Pfläumchen und Ähnliches. Streiche Worte wie Arsch, Fotze oder Titten aus deinem Vokabular, denn herablassende Worte zerstören den Flair des Schönen, des Geheimnisvollen, des Kribbelnden und verbannen die Schmetterlinge aus dem Bauch. Du wirst sehr schnell merken, wie wenig man bei dem Gedanken an eine süße Muschikatze an Gewalt, Fäkalien und Zerfleischen denkt. Einen Arsch kann man aufreißen, in eine Möse lässt sich hineinschießen, Titten oder Quarktaschen kann man zermatschen, aber mit einem Pfläumchen verbindet man eigentlich nur einen Genuss. Die Regel heißt also: Halte deine Worte im Zaum und du hältst deine Fantasien im Zaum. So einfach ist das."

„Du hast Recht, Syd, darüber brauche ich gar nicht erst lange nachzudenken. Das geht mir sofort ein."

„Prima. Ich selbst bin genau wie du anders als die heuchlerischen Leute, die vorgeben, normal zu sein, sich aber im Geheimen halbtot onanieren würden, wüssten sie von dem, was wir unter Sex verstehen. Fantasie und ein bisschen zärtliche Quälerei liegen mir genauso wie dir und du wirst auf nichts verzichten müssen. Deine derzeitigen Fantasien gehen jedoch noch über alles hinaus, was man auch nur im Entferntesten als extravagante Erotik bezeichnen könnte. Eine Fantasie gegen eine andere austauschen zu wollen, halte ich jedoch für wenig effektiv, also ersetzen wir die Fantasien einfach durch reale Handlungen. Du wirst sehen, ein maßvoller Schmerz, der nichts zerstört, oder ein zärtliches Wort bei obszönen Stellungen bringen im Gegensatz zu Brutalfantasien wirklich was zum Kochen."

Sabrina nickte begeistert: „Au ja, dein Biss in mein Pfläumchen hat meinen Hintern fast verglühen lassen. Ich dachte, mein gesamtes Innenleben fliegt raus. Dagegen war jeder bisherige Fantasieorgasmus eine Flaute."

Sydney nickte nachdenklich: „Na ja, dann brauchen wir nicht lange über den himmelweiten Unterschied zwischen Fantasie und Wirklichkeit zu diskutieren. Tun wir es einfach und überlassen das Reden denjenigen, die sich dazu berufen fühlen. Ich werde dich auswringen, bis du kreischst und du schenkst mir dafür die brisantesten Orgasmen deines Lebens. Mit der Zeit wirst du feststellen, dass es dir am intensivsten kommt, wenn du nur nachspürst, was dein Körper gerade empfindet und gar nichts dabei denkst. Wenn es dir irgendwann mal ausreicht, ein bisschen durch die Mangel genommen zu werden, ohne an Unterleibsschüsse, Kettensägen oder Messer zu denken, dann haben wir gewonnen und du bist wieder frei für die guten Gefühle. Ein bisschen Ferkelei im Verborgenen darf sich jeder gestatten, ohne sich im Spiegel anzuwidern. So was bringen selbst Affen fertig, und zwar mit großem Eifer und dazu in aller Öffentlichkeit."

Sie drängte sich fest an ihn: „Oh Syd, du bringst mich völlig durcheinander. Für meine Löcher haben sich viele interessiert, aber du bist der Erste, der nicht nur geil zwischen meine Schenkel starrt, sondern gleichzeitig tief in mein Herz. Du blätterst meine Gefühle wie die Seiten eines Buches um und ich selbst staune immer wieder aufs Neue, was es in mir alles gibt, von dem ich nichts wusste. Ich bin dir so dankbar, dass du anders zu mir bist als die anderen. Auch du greifst mir zwischen die Beine, aber du schaust mir dabei in die Augen und sagst: Sabrina, du bist mein Traum. Immer, wenn du mir so schöne Dinge sagst, möchte ich laut weinen, denn in mir bekommt die Welt dabei wieder Farbe. Sie war so kalt und leer. Syd, ich will auf ewig dein Traum sein und du bist meiner. Mach mich mit Liebe fertig und du machst mich glücklich. Mehr will ich nicht. Seitdem du mich gestern im Wald so zurechtgestaucht und danach zärtlich geliebt hast, weiß ich, dass diese Fantasien in mir verblassen werden, wenn du zu mir stehst. In deinen starken Armen werde ich es schaffen, denn ich weiß, du wirst mich vor den Wölfen da draußen beschützen und vor mir selbst auch. Meine Angst ist jetzt ganz verschwunden und ich kann es kaum erwarten, in deinem Schuppen so richtig gar gekocht zu werden. Wenn nicht heute, dann aber morgen."
Nach ihren Worten bog sich durch, versteifte sich, verdrehte ihre Augen und schenkte ihm ihren Orgasmus des grenzenlosen Vertrauens in seine Schutzhand. Sydney nahm ihn freudig an und küsste sie dafür, dass ihr die Luft wegblieb.

Sabrina rutschte erregt von seinem Schoß und wandte sich zur Schuppentür. Nach einem fahrigen Griff in ihren Schritt sagte sie mit belegter Stimme: „Ich freue mich darauf, mit dir zu tanzen, aber neugierig gemacht hast du mich doch. Bitte, zeige mir, was du vorbereitet hast. Vielleicht täte es mir ja gut, vorher noch mal so richtig biestig ausgequetscht zu werden. Ich möchte schreien, Sydney, ganz laut schreien und mich in deinen Händen völlig verspritzen. Ich möchte, dass du mich mit meinen eigenen Säften von oben bis unten einreibst."
Er hob den Zeigefinger: „Aber nur, wenn du bei unseren Spielchen nie an Aufschlitzen und Erniedrigungen denkst. So was verdirbt mir den Spaß am Sex, denn Sex bedeutet leben, Leben erzeugen, Leben fühlen, Gefühle weiterzuentwickeln und neue zu entdecken. Ich werde dich fantasievoll, ein bisschen handfest und auf eine aparte Art lieben, nicht mehr und nicht weniger, okay?"
„Ja, mein großer Grizzlybär, genauso wünsche ich es mir! Oh man, ich glaube, du machst mich zur glücklichsten Frau der Welt." ‚Und zur nassesten', fügte sie in Gedanken hinzu. Sie fröstelte etwas und eine Gänsehaut überzog

ihre Schenkel. Wohl eher der Nerven und der unterschwellig bei ihr stets vorhandenen sexuellen Erregung als der Temperatur wegen. Sie lächelte innerlich. In Sydneys Nähe ein Höschen überzuziehen, käme reiner Materialverschwendung gleich, denn es wäre ständig triefnass. Sie würde sich zukünftig mit genügend Slipeinlagen eindecken müssen, um ihr Feuchtgebiet trocken halten zu können.

Mit diesen Gedanken öffnete sie die Tür und trat neugierig in den Schuppen. Die gepolsterten Schlaufen stachen ihr sofort ins Auge. Sydney hatte sich sehr viel Mühe gegeben. Im Grunde waren es eher Halbröhren, in die sie ihre Füße und einen Teil ihrer Schienbeine hineinlegen musste. Über der Hacke und den Waden gab es Riemen, die ihre Füße dazu zwingen würden, völlig ausgestreckt darin zu liegen. Die würde sie um keinen Millimeter bewegen können. Sydney wusste also um die effektivste Orgasmushaltung der Frauen genauso bescheid wie er alles andere über das weibliche Geschlecht zu wissen schien. Wie er die Seile an den Halbröhren befestigt hatte, würden ihre Beine beim Spreizen nach außen gedreht, damit versteiften sich automatisch auch die Kniegelenke. Zusätzlich wurde das Becken in den Hüftgelenken nach vorn gedreht, um die Genitalien maximal zugänglich zu machen. Dadurch blieb ihrem Rücken nichts anders übrig, als sich durchzudrücken, also wölbte sich der Bauch weit heraus und wurde durch die Spannung der Haut hochsensibel. Sie schüttelte sich vor Erregung. Wie einfach es doch war, eine Frau gefügig zu machen. In dieser Haltung gäbe es nicht die geringste Chance, sich seinen Händen zu entwinden. Durch die Streckung der Organe konnte er die Dinge tief in sie hineinschieben. Absolut wehrlos würde sie hier hängen und alles hinnehmen müssen, womit er sie malträtieren wollte. Fast wäre sie in die Knie gegangen, denn in ihrem Unterleib braute sich ein übermächtiges Verlangen zusammen.

Ihr Blick fiel auf einen Balken, der etwa einen Meter weit aus der Wand ragte. An seinem Kopfende befand sich ein vielleicht zwanzig Zentimeter langes, oben mit einer fast tennisballgroßen Kugel versehenes Rohr. Die Kugel glänzte wie eingefettet. Zögernd trat sie an den Balken heran, der genau in ihrer Schritthöhe angebracht war. Gäbe es dieses Rohr nicht, könnte sie sich so gerade auf Zehenspitzen über den Balken schieben und sich darauf absetzen. Fasziniert betrachtete sie die Kugel, die bei näherer Betrachtung viele kleine Löcher aufwies. Das Ganze wurde von einer massiven, sorgsam entgrateten Schelle am Kopf des Balkens gehalten und steckte mit dem unteren Ende in einem Schlauch, der in der Badenische verschwand. Unter allem stand eine flache Wanne, wie sie in Autowerkstädten zum Ölablassen benutzt wurden.
Sie wandte sich zu Sydney um und sah ihn erstaunt an: „Was ist das?"

Statt einer Antwort umschlang er sie, presste ihre Arme fest an den Körper, griff derb in das Fleisch ihrer Gesäßbacken, zog sie heftig auseinander und tastete mit seinen Zeigefingern nach ihrem After. Dann hob er sie von den Füßen. Sabrina jammerte erschrocken auf und ihr Blick richtete sich flehend auf seine Augen. Er verschloss ihren Mund mit einem innigen Kuss, der ihre aufflackernde Angst verfliegen ließ. So beruhigt, streckte sie ihren Po willig nach hinten, drückte ihren Bauch heraus und versteifte sich stöhnend, als die erregend kalte Kugel ihren Anus weitete und nach dessen Durchdringung zügig in ihrem Darm aufwärts glitt.

Der heftige Schmerz der Analdehnung verwandelte sich jäh in pure Lust, die ihren Körper wie eine Heerschar Termiten kribbelnd eroberte. Sie spürte, wie sich ihr Geschlecht erwartungsvoll auf das Kommende vorbereitete. Die Schamlippen füllten sich im Takt ihres Pulses prall mit Blut und ihr Kitzler reckte sich fordernd heraus. Er hatte Glück und konnte sich in einem erregend kühlen Luftstrom aalen, der ihn fast wie ein zärtlicher Finger streichelte und bedankte sich dafür mit einer Verstärkung des Kribbelns, das ihren gesamten Körper in einer Woge durchflutete. Die Natur hatte sie mit einer ungewöhnlich groß ausgeprägten Klitoris beschenkt, die wie ein winziger, etwa einen Zentimeter langer Penis aus der Hauttasche erigierte.

Ihr Enddarm schien die Kugel zu liebkosen, die sich in ihm wie ein riesiger Ballon anfühlte und ihre vorderen Organe verdrängte. Die stark gefüllte Harnblase zeichnete sich als deutliche Wölbung über dem Schambein ab. Als Sydney ihren Oberkörper mit leichtem Druck nach hinten zwang, steigerte ihr Darm spürbar seine Peristaltik und versuchte, die Kugel wieder aus sich herauszupressen, was ihm natürlich nicht gelingen konnte.

Sabrinas Zehenspitzen berührten so gerade eben den Boden der Wanne, als Sydney seine Hände von ihr löste. Ihre Hände musste sie zur Wahrung des Gleichgewichtes hinter sich auf dem Balken abstützen und das Kreuz weit durchbiegen. So zur völligen Bewegungslosigkeit verdammt, standen ihm ihr Schambereich, der Bauch und die Brüste bedingungslos zur Verfügung. Beängstigend und erregend zugleich, das Gefängnis in sich zu haben und ihm ohne eine einzige Fessel völlig ausgeliefert zu sein.

Sie erwartete mit geschlossenen Augen seine Hände, die ihren Körper in Besitz nehmen würden, hoffte jedoch vergeblich darauf. Stattdessen trat er zurück, stützte seine Hände auf die Hüften und grinste amüsiert.

Sabrina hob unter großer Anstrengung ihren Kopf, der zwangsläufig weit im Nacken hing: „Was jetzt?"

Sydney zuckte die Schultern: „Wo du jetzt mit dem Ding in deinem Hintern beschäftigt bist, werde ich allein ins Café fahren müssen, mir ein schönes Frühstück gönnen und irgendwann zurückkommen, um dich da wieder runterzuholen. Schön warm ist es hier ja, also wirst du dich nicht erkälten. Bevor ich verschwinde, muss ich mir allerdings noch die Finger waschen, denn die riechen nach deinem Popo, was sich zu Omelett und Kaffee nicht so gut macht."

Sabrina schielte ihm empört hinterher, als er in die Badenische ging. Das konnte er doch nicht tun, er konnte sie doch nicht aufgespießt hier stehen lassen! Sie versuchte, sich zu befreien, gab diesen Versuch aber sofort wieder auf, denn ihre Haltung verdammte sie zur absoluten Bewegungslosigkeit. Sich mit den Armen und Beinen von ihrem inneren Gefängnis herunterzuheben, war unmöglich, denn die Arme waren schon ausgestreckt und ihre Zehenspitzen berührten kaum den Boden. Sie würde sich keinen Millimeter anheben können. Ergeben entspannte sie sich.

Das Gefühl, dieses Ding in sich zu spüren, brachte ihre Organe zwar in heftige Wallungen, aber ohne die erogenen Zonen auch nur im Geringsten reizen zu können, bliebe es dabei. Nicht einmal ihre Schenkel ließen sich aneinanderpressen, um wenigstens die Klitoris zu stimulieren. Die Hände vom Balken zu nehmen, würde sie aus dem Gleichgewicht bringen.

Die Angst, Sydney ließe sie tatsächlich allein und wehrlos hier stehen, nahm zu, erregte sie aber auch gleichzeitig immer heftiger. Käme jemand während seiner Abwesenheit in den Schuppen, dann könnte er mit ihr alles anstellen was er wollte. Noch nicht einmal ihren von der Kugel herausgedrückten Bauch könnte sie einziehen. Mit wachsendem Unbehagen betrachtete sie die Furcht erregenden Werkzeuge an den Wänden. Oh Gott, die Kettensäge! Damit könnte ein Verrückter sie genüsslich von unten bis oben …

Nein, nein, nein! Sie hatte Sydney doch versprochen, nicht an solche Exzesse zu denken und daran wollte sie sich auch halten. Was machte er nur dort in der Badekabine? So lange brauchte doch niemand zum Händewaschen! Die Geräusche ließen sich nicht deuten. Gerade, als sie ängstlich nach ihm rufen wollte, spürte sie seltsame Vibrationen in sich und von ihrem kleinen Becken ausgehend stieg erregende Wärme in ihr auf. Schnell wurden die Vibrationen zum heftigen Pulsieren, von dem ihr Unterleib zum Schwingen gebracht wurde. In ihrem Hintern schienen sich Wunderkerzen zu versprühen. Um das Rohr herum presste sich angenehm warme Flüssigkeit aus ihrem Po und lief in Bächen an den Beinen hinunter. Während sie auf den Zehenspitzen balancierte und sich eine dampfende Pfütze unter ihren Füßen ausbreitete, nahm die Hitze in ihr zu und ihr Bauch blähte sich auf. In ihr gluckerte es wie in einem Abfluss.

Sabrina ging ein Licht auf, denn sie erinnerte sich an den Schlauch unter ihr. Ein merkwürdig ziehender Schauer lief ihren Rücken herauf und ließ die feinen Härchen in ihrem Nacken aufstehen. Ihr Geschlecht überzog sich spürbar mit einer Gänsehaut. Oh nein, Sydney verpasste ihr einen Einlauf! Einen überwältigenden, vibrierenden Einlauf, der ihren Bauch wie Wackelpeter beben ließ. Er schwoll von unten nach oben an und die Pulse übertrugen sich schon bald auf ihre Brüste. Der wandernde Schmerz in den aufgeblähten Därmen fachte ihre Glut bis zu Exzess an. Ihr Keuchen wurde zum Winseln, ihr Winseln zum Röcheln und ging letztendlich in hemmungsloses Kreischen über.

Die bereits völlig überreizten Nerven ihrer Vulva verursachten in ihrem Drang, der übermächtigen Reizquelle zu entkommen, ein Feuerwerk von Muskelbewegungen in ihrem Becken. Erfolglos, denn es gab keine Möglichkeit, einen erlösenden Orgasmus auszulösen und nicht die kleinste Ausweichmöglichkeit. So implizierte ihr Darm den einzig möglichen Weg zur Entspannung. Er krampfte sich ungestüm zusammen und stoppte damit den Zustrom von Wasser, was jedoch gemeinerweise einen gezielten Strahl auf ihre Klitoris nach sich zog. Die wurde sofort bis ins Unerträgliche überreizt, brannte schon nach wenigen Sekunden, als würde ein Zigarettenstummel auf ihr ausgedrückt. Sabrina wimmerte hilflos auf, wand sich stöhnend, wollte ihren Bauch einziehen, was weder die Kugel noch die pralle Darmfüllung zuließen, warf ihren Kopf verzweifelt vor und zurück und ihre Vagina öffnete und schloss sich als sinnlose Reaktion auf die schier unerträgliche Attacke. Was sie auch versuchte, es gab kein Entkommen und ihre Klitoris begann heftig zu schmerzen.

Sie schwebte zwischen Panik, lustvoller Hyperrage und Ohnmacht, als Sydney den Strahl endlich mit seinem Finger ablenkte und sie spürte, wie er etwas in ihre kraftlos erschlaffende Vagina einführte, deren Öffnung für ihn frei zugängig war. Seine Finger drückten eine seltsam weiche Masse in sie hinein, bevor seine Hand mit einem dünnen Schlauch vor ihrem Gesicht erschien. Er blickte ihr wie hypnotisierend in die Augen, während er das Schlauchende zum Mund führte und kräftig hineinblies.

Sabrina schnappte japsend nach Luft, denn sekundenschnell wurde es hinter ihrem Schambein noch enger, wo es doch sowieso vor lauter Wasser kaum noch Platz in ihr gab. Sydney schien etwas in ihr aufzublasen. Es wuchs blitzartig an und dehnte ihr schmerzend nachgebendes Schambein wie zu einer Geburt. Sie krümmte sich kreischend, als ihr Harnausgang der Überlastung nachgab. Die brutal zusammengepresste Blase entließ einen zischenden Strahl, der zwischen seinen gespreizten Beinen hindurch in hohem Bogen auf den Boden des Schuppens spritzte. Sie riss röchelnd ihre Augen auf, denn ihre gepeinigten Organe holten nun zu einem Rundumschlag aus. Der heranrollende Megaorgasmus hätte ihr die Beine weggerissen, hielte dieses Rohr in ihrem Hintern sie nicht aufrecht.

Bei den ersten Anzeichen ihres pompösen Höhepunktes zog Sydney den Ballon mit einem Ruck aus ihrer Vagina, hob die sich aalartig Windende von ihrem Fesselsitz, brachte ihren Schoß auf Augenhöhe und starrte zufrieden zwischen ihre Schenkel. Sabrina gebar ihren Orgasmus geradezu, schrie, wimmerte, presste ihn unter quälenden Bauchkrämpfen aus sich hinaus, schleuderte ihre Haarpracht um sich und entleerte sich dabei in sprühenden Ergüssen. Unfassbar! Im ersten Moment schossen gleichzeitig drei gut von einander zu unterscheidende Strahlen aus ihren Öffnungen. Welche unorthodoxe Körperfunktion es ihr ermöglichte, bombastische Vaginalabsonderungen in Form einer Ejakulation von sich zu geben, würde ihn wirklich brennend interessieren. Sie weinte, lachte und jammerte im Wechsel, bis ihre Kräfte erlahmten. Schwer atmend tropfte sie aus. Nach einem letzten Schwall aus ihrem zitternden Po trug er sie in die Badewanne, duschte und seifte sie gründlich ab und frottierte sie sorgfältig trocken. Während dieser Zeit stand sie vor Schwäche bibbernd, mit entrücktem Blick da und ließ alles wie im Traum über sich ergehen.

Erst als er sie in die Stube getragen, sie auf einen Stuhl gesetzt und ihr eine Tasse Kaffee eingeschenkt hatte, kam ihr Blick wieder in die Wirklichkeit zurück und sie sagte mit kraftloser Stimme: „War das ein Ding. Gütiger Himmel, ich dachte, es verteilt all meine Eingeweide in deinem Schuppen." Ihr Blick suchte seine Augen: „Syd, dich muss der Himmel geschickt haben. Ich liebe dich so sehr, ich liebe dich über alles. Mach mit mir was du willst, du bist mein Herr."

Ihr Lob hörte er natürlich gern, aber bei ihren letzten Worten blitzten Sydneys Augen missvergnügt auf: „Sabrina, was redest du da für einen Unsinn? Solche Worte hasse ich!"

Sabrina fuhr bestürzt zusammen: „Aber Syd, was hab ich denn so Schlimmes gesagt, darf ich es dir nicht sagen, wie sehr ich dich liebe?"

Sydney nahm ihre Hände: „Natürlich darfst du mir sagen, wie sehr du mich liebst. Das macht mich glücklich, aber du darfst dich mir niemals unterordnen. Ich bin nicht dein Herr! Ich will mich nicht fühlen müssen wie ein Sklavenhalter, der sich an seiner rechtlosen Sklavin vergeht, sondern möchte den Stolz eines Mannes empfinden, der das Herz einer anspruchsvollen Frau erobern konnte, die er rundum zufrieden stellen kann. Dafür bedarf es bei ihr des Wissens um ihr naturgegebenes Recht, von dem Mann, den sie mit ihrem Körper beehrt, geachtet und nach ihren Wünschen verwöhnt zu werden. Eine Sklavin muss sich auf jede Weise benutzen lassen, ob es ihr gefällt oder nicht. Solange es bei unseren Spielchen deiner Luststeigerung dient, spiele von mir aus devot, sei es aber nie wirklich! Dulde niemals einen Herren über dir!"

Er tippte auf ihre Nase: „Sieh es als zweite Regel an, ein Recht darauf zu haben, dass neben deinen sonstigen Wünschen auch deine körperlichen Bedürfnisse nach deinen Wünschen gestillt werden. Sei niemals mehr devot, denn nur den unterwürfigen Menschen kann man solche Dinge antun, die man dir angetan hat. Nimm deine dir zustehenden Rechte immer und überall in Anspruch, sonst kommst du zu kurz!"

Sabrina presste ihr Gesicht auf seine Hände: „Syd, du hältst mir eine Stand-
pauke nach der anderen und beschämst mich. Wie kann ein Mensch nur so
weise sein? Ja, ich will deine Geliebte und nicht deine Sklavin sein. Trotzdem
möchte ich, dass du bei unseren Spielchen mit mir machst, was dir beliebt,
denn ich vertraue dir und es gefällt mir so. Würdest du mich jedes Mal vorher
fragen, ob du dies oder jenes mit mir machen darfst, wäre ja die ganze Über-
raschung futsch. Ich liebe Überraschungen. Vor allem, wenn sie von dir kommen
und mir beim Orgasmus den Beckenboden wegreißen."

„Akzeptiert, ... aber noch eines: Dieses ‚auf die Nase tippen' ist lehrmeister-
haft und überheblich. Ich habe genauso wenig Recht dazu wie jeder andere,
also hau mir auf die Pfoten, wenn ich es noch mal mache."

Sabrina lächelte ungläubig: „Soll ich das wirklich tun?"

„Klar doch, so sagte ich es und so meine ich es! Es steht außer Eltern oder
Großeltern keinem Menschen dieser Welt zu. Auch nicht dem Geliebten."

Sie taxierte schmunzelnd seine Finger: „Den Knüppel, den ich bräuchte, um
fest genug da drauf hauen zu können, würde ich mit meinen Spaghettiärmchen
gar nicht hochkriegen." Ihr Blick wurde nachdenklich: „Ich hoffe, dass ich die
Fantasien wirklich in den Griff bekomme, denn eigentlich, so wurde mir
gesagt, muss man die Ursache dafür wissen. Es gibt aber niemanden, der sie
mir nennen könnte."

Er legte seinen Finger auf ihre Lippen und sah tief in ihre Augen: „Diese
Psycho-Muppets mit ihren Schulweisheiten mögen ja vor solchen Problemen
kapitulieren, wir beide werden dies nicht tun. Ich sage dir: Du kriegst sie nicht
nur in den Griff, sondern du wirst sie nach deinem Willen beherrschen. Wir
werden deine Zwänge gemeinsam entsorgen, ohne nach der Ursache dafür zu
suchen, denn das nützt genauso wenig wie auf dem Highway nach der Ursache
für einen geplatzten Reifen zu forschen. Es muss auf jeden Fall ein neuer auf
die Felge, sonst geht nichts mehr. Ich bin nur ein Ranger, kenne aber von
vielen eigenen Beobachtungen und von meinen indianischen Freunden einige
Naturprinzipien. Wer so wie du sein Leben lang alles ungeordnet in die
Schränke seiner Seele gestopft hat, bis er die Türen kaum noch schließen
konnte, der zerbricht daran, wenn er sie wieder öffnet. Es fallen ihm dann
nämlich alle unverarbeiteten Dinge der Vergangenheit auf einmal entgegen
und er wird von ihnen erschlagen. Rühre also deine Türen nicht mehr an, wir
werden die Schränke samt Inhalt entsorgen und neue einbauen. Bei dir funktio-
niert das, denn du besitzt noch gute Gefühle und Lebenswillen."

Sabrina schmiegte sich lautlos weinend an ihn und fühlte sich so geborgen
wie niemals zuvor. Sydney hatte Recht, sie spürte ihn wieder, den fast verlorenen
Willen zum Leben.

Nach einiger Zeit klopfte er auf ihren Rücken und sie schreckte auf: „Hey,
... nicht einschlafen! Ich habe einen Bärenhunger. Wenn ich nicht bald was

zwischen die Kiemen bekomme, muss ich mir draußen einen Baum pflücken und ihn mit Bachwasser runterwürgen. Wie steht es mit deinen Kräften?"

Sabrina lächelte verliebt: „Wenn du nicht gerade einen Marathonlauf mit mir machen willst, dann reichen sie aus. Ich ziehe mich jetzt an und in zehn Minuten kann es losgehen." Ihre Gesicht erstarrte: „Sagen wir besser in einer halben Stunde, denn ich habe scheinbar noch Reste deines Monsterklistiers in meinem Bauch." Sie sagte es, sprang auf und stürmte mit zusammengepressten Pobacken die Treppe hinauf.

Sydney starrte ihr lustvoll hinterher. Himmel noch, ihr Hintern war ja so was von knackig!

So bezaubernd, wie er sie am Vortage zum ersten Mal gesehen hatte, kam sie die Treppe herabstolziert. Hocherhobenen Hauptes. Ein anmutiges Wesen von nahezu überirdischer Schönheit und sexy bis zum Gehtnichtmehr.

Jeder Mann von jung bis steinalt würde ihr mit offenem Mund nachstarren und davon träumen, auch nur von ihr gegrüßt zu werden. Und er, der Förster, der allenfalls seiner stattlichen Körpergröße wegen Beachtung fand, würde mit diesem Geschöpf die Stag Luncheonette betreten. Er wie üblich in seinem Jagddress und sie wie eine Diva gekleidet. Die Leute würden sich garantiert ihre Mäuler zerreißen und so mancher Greis dürfte sich bei ihrem Anblick seiner alten Kinderbücher über Elfen und Waldgeister erinnern.

Er ergriff ihre Hand und fragte: „Wagst du dich denn mit mir und meinem Lotteroutfit unter die Leute?"

Sie lächelte bezaubernd: „Syd, ich weiß, wie schön ich bin. Zumindest hab ich es zu oft vernommen, um es für Einbildung zu halten, aber auf mich selbst macht mein Aussehen keinen Eindruck. Schon gar nicht, nachdem ich mit diesem Körper wie eine Wildsau umgegangen bin. Ich bin dankbar dafür, dass ihn mir Gott oder wer auch immer zur Verfügung gestellt hat, aber nicht stolz auf ihn. Stolz darauf darf nur derjenige sein, der ihn erschaffen hat."

Eigentlich wollte Sydney tief beeindruckt darauf antworten, aber sie fuhr fort: „Syd, dir hat die Natur Dinge mitgegeben, gegen die körperliche Schönheit ein Dreck ist. Dinge, die ich bewundere und die mich beschämen. Deine Fähigkeiten gehen weit über meinen Horizont hinaus und bin glücklich, von dir beachtet zu werden. Glücklich, dass du mich ganz willst und dich nicht nur an meiner hübschen Larve befriedigst. Sag mir, wie könnte ich mich schämen, mit einem solchen Prachtexemplar von Mann auszugehen? Niemals! Noch nicht einmal wenn du in Lumpen neben mir hergehen würdest … oder nackt."

Sie kicherte hell auf: „Oh man, das wär's doch! Du gehst nackt und hältst mich im Arm. Vor der Kuchentheke küsst du mich, fasst mir so richtig barsch in die Strumpfhose, bis ich mich schreiend krümme und machst mir einen

Orgasmus, bei dem den Kerlen in der Luncheonette die Toupets von den Köpfen fliegen."

Sydney sah sie fassungslos an: „So was würdest du fertig bringen?"

Sabrina senkte den Blick: „Ach, bist du verrückt? Das war doch nur ein Scherz! Ich würde vor Scham im Boden versinken. Außerdem könnte ich mein Studium dann sofort an den Nagel hängen, denn ich würde nach einer solchen Eskapade wohl nirgendwo in dieser sexuell verklemmten Gegend eine Stellung bekommen. Woanders hinziehen möchte ich jetzt nicht mehr, also muss ich schön brav sein."

Sydney nickte imponiert. „Aha, du studierst also, … welches Fach?"

Sie drehte verlegen den Kopf zur Seite: „Oh, bitte nicht! Nach dem, was ich mir seit unserem Zusammentreffen alles geleistet habe und nach deinen Standpauken wäre es mir unglaublich peinlich, es dir zu sagen."

„Sag es trotzdem!"

„Bitte, Sydney, muss das wirklich sein?"

„Ich bestehe darauf."

Sabrina sah betreten auf ihre Füße: „Na gut, aber lache mich nicht aus. Ich … ich studiere Psychologie, … im sechsten Semester."

Sydney ging nicht auf ihre Selbstkritik ein. „Santa Hubertus, ich hab dich für eine Zwanzigjährige gehalten!"

„Sehr schmeichelhaft, aber ich bin fast Sechsundzwanzig."

Er schüttelte grinsend den Kopf: „Und ich grün angepinselter Waldschrat halte einer Psychologin eine Predigt über Kopfhoch und Selbstachtung. Da hast du mich aber ganz schön drangekriegt. Ich nehme an, es gehört zu deinem Spiel, dich so devot zu verhalten?"

Sie schüttelte den Kopf: „Schön wär's. Du legst mir damit zwar eine gute Ausrede in den Mund, aber was brächte mir das? Nein, mein unterwürfiges Verhalten ist nicht gespielt. Ich bin tatsächlich sehr devot, furchtbar naiv, noch ziemlich unreif und meilenweit von Selbstsicherheit entfernt. Meine Vergangenheit beweist es. Wie nicht wenige Leute dieses Fachs studiere ich Psychologie, weil ich hoffe, mir selbst damit auf die Sprünge helfen zu können, bevor man mich irgendwann auf andere loslässt. In deiner Nähe fühle ich mich zum ersten Mal in meinem Leben sicher."

Sie strich liebevoll über seinen Bauch: „Du hättest solche fragwürdigen Stützen niemals nötig, bist ein von Natur aus selbstsicherer, charakterlich und körperlich bärenstarker Mann, viel weiser und wissender als alle, die ich kenne, einschließlich meiner Professoren. Du scheinst allwissend zu sein, liest Menschen und Tieren von den Augen ab, was sie gerade benötigen und machst es damit gerade einer Frau wie mir leicht, sich dir unterzuordnen, ohne dabei Federn lassen zu müssen. Ich bin so wahnsinnig glücklich, dass ich von allen Frauen dieser Welt diejenige bin, die dir auf die Nase pinkeln durfte."

Sydney blies die Wangen auf: „Man oh man, mit dir ist mir ja ein dicker Fisch ins Netz gegangen und das, obwohl ich für die Gewässer im Park nicht zuständig bin. Nun hör aber bitte mit der Lobhudelei auf, sonst laufe ich vor Verlegenheit noch puterrot an. Das macht sich nicht so gut zu meinen grünen Klamotten. Davon mal abgesehen, so ein toller Hecht kann ich wohl kaum sein, denn bisher hat sich noch keine einzige Dame bei meinem Anblick mit verdrehten Augen ihres Höschens entledigt und es mir einschließlich Adresse vor die Füße gelegt. Eigentlich sehen sie mich trotz meiner ausgefallenen Größe gar nicht, wenn ich mit meinem Dress irgendwo erscheine und auch meine Flinte beeindruckt ihre Popos nicht im Geringsten. Zumindest habe ich davon noch nie etwas bemerkt."

Sabrinas Gesicht nahm spitzbübische Züge an: „Ich kann es kaum glauben, aber wenn dem tatsächlich so ist, müssen wir dies schleunigst ändern."

„Wozu, du reichst mir voll und ganz?"

Das will ich auch hoffen, aber ich möchte es so. Diese blinden Puten sollen wissen, was sie versäumt haben und ich möchte stolz darauf sein und das Kribbeln spüren, neben dem Mann sitzen zu dürfen, um den sie mich alle schon beim Eintreten beneiden werden."

Sydney zuckte schmunzelnd die Schultern: „Wenn es dir Spaß macht. Und wie willst du es ihnen beibringen?"

„Wir machen ein Spielchen, Syd, ein erregendes kleines Spielchen, bei dem die Dämchen im Café vor Nässe auf ihren Stühlen kleben bleiben und die Kerle reihenweise auf dem Klo verschwinden."

„Mach bitte keinen Quatsch, sonst kann ich mich da nicht mehr sehen lassen."

Sabrina winkte unbekümmert ab: „Keine Bange, in Wirklichkeit wird ja gar nichts geschehen. Ich rege nur die Fantasie der Leute ein bisschen an, für den Rest werden sie selbst sorgen. Das ist praktisch angewandte Psychologie. Wer wollte uns dafür verantwortlich machen, dass die Leute im Lokal unter schmutzigen Fantasien leiden?"

Er hielt ihr die grinsend Wagentür auf: „Ich schätze, deine Professoren zögen hochachtungsvoll ihre Hüte vor dir, sähen sie, mit welcher Inbrunst du dich selbst in der Freizeit deinem Lehrstoff widmest."

Sabrina trat hinter Sydney ein, der ihr galant die Tür öffnete und ließ sich mit niedergeschlagenen Augen zur Garderobe führen. Ganz wie ein schüchternes Teenagegirl, dessen Defloration unmittelbar nach dem Cafébesuch ansteht. Ihre flüchtig in den Schritt fahrende Hand vertiefte diesen Eindruck, zumal ihr Blick dabei scheu unter seine Gürtellinie ging, wo sich eine enorme Beule abzeichnete. Der gut besetzte Cafébereich machte einen gemütlichen, sehr gepflegten Eindruck. Sie genoss die geifernden Blicke der Männer, die sie unverhohlen mit ihren Augen auszogen und besonders die neidischen Blicke der Frauen, die Sydney interessiert musterten, während er seine Flinte sorgfältig gesichert an einen Haken hängte und ihr dabei ungeniert auf die Brüste starrte. Sollten sie ihn bei früheren Begegnungen auch nicht beachtet haben, jetzt, wo er mit einer derart unterwürfigen Beauty aufkreuzte und sie mit seiner Hand auf ihrem Hintern an einen Tisch schob, würde er für sie nicht weniger interessant als ein Milliardär sein. Daran zweifelte sie keinen Moment und sie gedachte alles zu tun, was die Höschen der Damen gnadenlos in Moorgebiete verwandeln würde.

Es gab so einige unter ihnen, die sich ihres schnuckeligen Aussehens durchaus bewusst waren und mit weiblicher Automatik für den ins Blickfeld geratenen Gockel in Position brachten. Unter den Tischen öffneten sich, was bei Frauen oft unbewusst ablief, so einige Schenkel, die vorher züchtig beieinander standen.

Sabrina grinste zufrieden in sich hinein. Ein breites Publikum für ihre kleine Show war ihr sicher. Die Leute würden ein kurzes, aber äußerst anregendes Bühnenstück geboten bekommen! Dafür setzte sie sich neben ihn, statt ihm gegenüber und bereitete sich innerlich auf ihr lustvolles Spektakel vor. Der von Sydney ausgesuchte Tisch befand sich mittig der hellen Fensterfront und stand in einem Winkel zum Lokal, der vielen Gästen einen freien Blick unter die Tischplatte und damit auf ihre Beine erlaubte. Auf überhängende Tafeldecken verzichtete man in diesem Restaurant, also gab es keine Sichtbehinderung. Die Bühne bot somit von Standort und Beleuchtung her die besten Voraussetzungen.

Weniger gute Voraussetzungen boten die Verhältnisse unter ihrem Röckchen. Hoffentlich fiel sie ihren erotischen Fantasien nicht selbst zum Opfer, bevor sie ihr Spiel inszeniert hatte, denn ihr Unterleib entwickelte seit dem Eintreten in dieses Lokal ein unerwartet heftiges Eigenleben. Dort unten taten sich Dinge, die ihr momentan gar nicht behagten. Sie sah es förmlich vor Augen, wie sich ihre Klitoris in gieriger Erwartung herausstemmte, fühlte, wie ihre Schamspalte von den anschwellenden Gefäßen der Schamlippen geöffnet wurde. Ihr Po zuckte, als würde ihn jemand mit einer Feder kitzeln und ihre Brustwarzen zogen sich schaudernd zusammen. Deren Nippel dürfte wohl jeder durch den Pullover hindurch anwachsen sehen, als würden sich Gewehrläufe aus den Schießscharten einer alten Bastion schieben.

„Nein, nein und noch mal nein! Jetzt nicht!", rief sie ihre randalierenden Organe zur Ordnung, setzte sich über ihre schwächelnde Beherrschung aufgebracht in Position und begann ihr Spiel früher als geplant, um sich abzulenken.

Akt 1

Während Sydney vorgab, konzentriert in der Karte zu blättern, legte sie in auffälliger Unauffälligkeit ihre Hand auf sein Knie, sich anscheinend nicht bewusst, schon ihrer außergewöhnlichen Erscheinung wegen unter ständiger Beobachtung zu stehen. Ihr entrückter, geradezu selbstvergessener Blick schweifte dabei in ungewisse Fernen, während ihr engelhaftes Gesicht nach und nach ein unverhohlen lustvolles Mienenspiel entwickelte.

Den sich augenblicklich senkenden Geräuschpegel an den umliegenden Tischen deutete sie als gesteigertes Interesse an den Geschehnissen unter ihrem Tisch, denn in dieser prüden Gegend stellte ihre Hand auf Sydneys Knie schon eine empörende sexuelle Offerte dar. Diese Hand tastete sich nun wie beiläufig an seinem Bein nach oben, schob sich dabei zur Innenseite seines Oberschenkels und zuckte bereits nach wenigen Zentimetern wie von einem Stromschlag getroffen zurück, um sich kurz darauf wieder mit erhöhtem Interesse der Ursache ihres Erschreckens zu widmen. Für einen Moment weitete Sabrina in gespieltem Entsetzen ihre Augen, ließ sie einen besorgten Ausdruck annehmen und presste ihre Knie zusammen.

Akt 2

Ihr Mund öffnete sich, um die Zungenspitze für einen Moment sichtbar werden zu lassen, während ihr Blick zur Decke wanderte. Die Pupillen verschwanden kurz hinter den Lidern, sodass sich nur noch Weißes erkennen ließ, kamen dann jedoch zurück, um ihren Augen schließlich einen Schlafzimmerblick zu verleihen, der den Männern ringsherum die Kinnladen bis unter die Tischkante fallen ließ. Ihre Brüste hoben sich bei einem hastigen Atemzug an, wippten mithilfe ihrer durchtrainierten Muskeln zweimal nach und ihre Wangen bliesen sich leicht auf, bevor sie geräuschvoll ausatmete.

Für die Beobachter musste es so erscheinen, als sei ein gedämpftes Stöhnen über ihre Lippen gekommen. Ihre Finger schienen sich mit einem kolossalen Gegenstand in Sydneys Hose zu beschäftigen. Niemand würde raten müssen, was eine Frau an dieser Stelle einer Herrenhose derart in Rage versetzen konnte.

Akt 3

Nach einem leichten Flattern der Lider schlossen sich ihre Augen und sie führte ihre freie Hand zitternd und übertrieben unauffällig in ihren Schoß. Sie war sich der Aufmerksamkeit aller sicher, konnte ihre Reaktionen teilweise aus den Augenwinkeln heraus beobachten. Ihre Hand tastete sich nach einem unsicheren Knabbern an der Unterlippe unter den Saum ihres Röckchens.

Sydney sah sie nicht an, als er hinter vorgehaltener Speisenkarte fragte: „Übertreibst du es nicht ein wenig? Die Leute müssen ja glauben, ich sei wie ein Esel ausgerüstet, wenn du an meinem Knie herumknetest."

Sabrina senkte den Kopf. Ihre langen Haare verdeckten ihr Gesicht, als sie antwortete: „Na ja, weit bist du davon auch nicht mehr entfernt. Wenn du es ganz in mir versenkt hast, liegt deine Eichel auf meiner Zunge."

Sydney verschluckte sich an seiner eigenen Spucke, als er sich vorstellte, wie sie mit geschlossenem Mund auf seiner Eichel herumkaute. Ein betörender Gedanke, leider nicht machbar. Durch ihre Haarsträhnen hindurch ließ er seinen Blick durch den Raum schweifen. Unglaublich! Alles geschah so, wie Sabrina es vorausgesehen hatte. Von überall her trafen ihn schmachtende Blicke. Aus manchem sprang ihm die pure Geilheit wie ein tollwütiger Fuchs entgegen. Das von den Damen angenommene Ausmaß seiner Männlichkeit zeigte überraschende Folgen. Die Gesäße einiger Evastöchter erweckten auf ihren Stühlen den Eindruck, auf heißen Würstchengrills zu sitzen und so manche Hand beschäftigte sich nicht mit Kaffee oder Kuchen. Eine etwas reifere Beauty knabberte träumend an ihrem Fingernagel, andere hantierten inbrünstig an ihren Dekolletes, eine rieb geistesabwesend über ihren sichtlich unruhigen Hintern. Von zwei Damen in einer Nische ließ sich mit Gewissheit behaupten, dass sie sich für einen Cafébesuch eindeutig mit den falschen Verdauungsöffnungen beschäftigten.

Die hübsche Serviererin, die einen Nachbartisch abgeräumt und dabei Sabrinas Gesicht beobachtet hatte, schien es eilig zu haben, aus dem Blickfeld der Gäste zu kommen.

Akt 4 - ungeplant -

Sydney stutzte, denn Sabrina beugte sich unerwartet und von eigentümlichen Zuckungen befallen nach vorn, presste ihre Schenkel mit angehaltenem Atem aneinander und wurde von einem mächtigen Schauer durchzogen. Er legte fassungslos seinen Arm um ihre Schultern. Es hatte sie offensichtlich mal wieder voll erwischt. Hoffentlich besaß ihr Schlüpfer genügend Saugkraft.

Für einige Sekunden verharrte sie in dieser Stellung, bevor sie sich mit entspanntem Gesicht zurücklehnte. Dabei schaute sie ihn in einer Weise an, die in seiner Hose schlagartig für äußerst angespannte Verhältnisse sorgte. Ihr abgrundtief devoter Blick störte ihn diesmal überhaupt nicht. Er gehörte zu ihrem Spiel und sagte für jeden klar ersichtlich: - Kerl, worauf wartest du? Reiß mir endlich die Kleider vom Leib, schmeiß mich auf den Tisch, auf den Boden oder auf den Tresen und mach mich fertig, bis ich mein Leben aushauche! -

Ein Herr mittleren Alters verschwand mit ausgreifenden Schritten in der Toilette, ein weiterer folgte ihm. Der wäre fast über einen Stuhl gestolpert, weil er seinen Blick im Vorbeigehen starr zwischen Sabrinas Schenkel gerichtet hielt. Sie bot ihm wie zufällig einen Blick auf den deutlich durchfeuchteten Zwickel ihrer Strumpfhose. Sein weiterer Weg durch das Lokal bereitete ihm sichtlich Probleme.

Sydney schreckte auf, als die Serviererin an ihren Tisch trat und ihren Notizblock zückte. Ein wirklich hübsches Girl mit frechem Wuschelkopf und berauschenden Formen. Gegen Sabrina verblasste sie allerdings zum Mauerblümchen. Er kniff forschend seine Augen zusammen, denn ihre Begrüßungsworte klangen ziemlich gepresst und ihre Augen schienen nichts anderes als die von Sabrina zu sagen: - Worauf wartest du? Schleif mich an meinen Haaren in den Wald, reiß mir die Klamotten vom Hintern, falle wie ein Schrat über mich her und pfähle mich mit deinem Eselsding, bis ich zuckend meiner Pfütze verende! - Als sie mit der Bestellung zum Tresen zurückstolzierte, führte ihr schwingender Hintern einen wahren Fruchtbarkeitstanz auf und Sydney traute seinen Augen nicht. Im Schatten ihres Röckchens schimmerte es an ihren Schenkelinnenseiten feucht. Ein Tropfen war ihr bis auf die Wade hinuntergelaufen.

Er blies seine Wangen auf. In seiner Hose traten die Dinge in eine Phase, die ihm Sorge bereitete. Schließlich saß er in einem Café. Er versuchte, sich zu entspannen und wollte sich auf die Dinge vor seinem Fenster konzentrieren, aber Sabrina stieß ihn an und flüsterte ihm zu:

„Wahnsinn! Hast du das mitgekriegt? Sie hat sich nach meinem Spielchen da hinten in der Ecke an einer Tischecke befriedigt. Ich hab mich so sehr bemüht, mich zurückzuhalten, aber als ich sie ihre Muschi an der Tischecke reiben sah, da hat es auch mich dahingerafft. Sie ist beim Orgasmus bald mit all den Tellern in ihren Händen auf den Tisch gekippt. Man, das hätte vielleicht gescheppert!"

Jetzt wurde es wirklich eng und er kniff seine Beine zusammen. Heiser fragte er: „Seit wann gucken Frauen anderen Frauen auf den Hintern?"

„Schon immer. Frauen wissen ja, was sich im Höschen einer Geschlechtsgenossin abspielt, wenn sie erregt ist. Leider habe ich noch keiner anderen zwischen die Beine schauen dürfen, wenn es ihr kam, aber allein schon der Gedanke daran lässt meine Muschi ausflippen. Der Kellnerin muss es ganz tierisch gekommen sein, denn ihr läuft die Suppe bis in die Strümpfe."

Während er versuchte, die Situation noch irgendwie in den Griff zu bekommen, betrachtete sie die Serviererin mit glänzenden Augen und flüsterte: „Bei der Vorstellung, sie würde Bauch an Bauch mit mir in deinem Schuppen hängen und unsere Brüste würden sich aneinander reiben, während du unsere Hintern bearbeitest, pinkle ich mir fast in die Hose. Was hieltest du davon?"

In Sydneys Gesicht arbeiteten die Muskeln. Zum einen, weil er befürchtete seine Hosenknöpfe würden diesmal mitten in einem Lokal die Verlierer sein, zum anderen jedoch überkam ihn Unsicherheit. Sagte Sabrina nicht, sie liebe ihn über alles? Wie konnte sie es sich da wünschen, sich ihn mit einer anderen Frau teilen zu müssen? Nichts anderes käme dabei heraus. Nicht dass er befürchtete, beide nicht auf Dauer befriedigen zu können, aber bliebe dabei nicht die Liebe auf der Strecke? Er dachte über ihre Worte nach, denn spontan wusste er auf ihre Frage nicht zu antworten. Der Gedanke daran, gleichzeitig zwei schöne Frauen mit allen Raffinessen verwöhnen zu dürfen, reizte ihn natürlich enorm, ließ im bald die Hose platzen, aber …

Er wurde einer Antwort enthoben, denn die Serviererin trippelte mit dem Frühstück heran. Sie stellte sein extragroßes Farmeromelette, etliche Beilagen und den Kaffeepott mit einem Blick vor ihm ab, der ihm wie ein Blitz in die Hose fuhr und für noch größere Probleme in seinem Beinkleid sorgte. Danach ordnete sie Sabrinas süßes Frühstück liebevoll vor ihr an. Ihr schmachtender Blick zu Sabrinas Schoß blieb ebenfalls nicht ohne Folgen. Die zuckte wie unter Strom gesetzt zusammen.

„Ich muss mal eben aufs Klo", hauchte sie ihm ins Ohr, rauschte davon und sorgte mit ihrem übertriebenen Hüftschwung für Anspannung in den Hosen einiger Männer. Die Blicke verfolgten sie, bis sie hinter einem Kleiderständer verschwunden war. Sekunden später entschwand auch die Serviererin hinter demselben Ständer.

In der Ahnung, Sabrinas Toilettengang könne etwas Zeit in Anspruch nehmen, wandte er sich seinem Omelett zu. Es währte auch geschlagene zehn Minuten, ehe sie wieder erschien. Er legte fragend sein Besteck beiseite.

Ihre Augen strahlten, als sie sich neben ihn setzte und ihren Mund nah an sein Ohr führte: „Oh Syd, die ist ja so was von süß. Ich habe mir ihre Muschi genau ansehen dürfen. Sie hat eine wunderschöne Muschi und ein süßes kleines Popoloch. Ich durfte sie anfassen und alles berühren. Meine Finger waren noch nicht ganz in ihr drin, da stöhnte sie schon und bekam einen Wahnsinnsorgasmus. In ihr hat sich alles so eng zusammengezogen, dass ich dachte, meine Finger bleiben stecken."

Sydney bedeckte sein Gesicht mit den Händen und stöhnte auf: „Sabrina, kennst du eigentlich gar keine Gnade? Guck doch mal unauffällig auf meine Hose. Gleich fliegen meine Knöpfe wie Geschosse durchs Lokal und es gibt Tote. Tu mir bitte einen Gefallen und sage bitte kein einziges Wort mehr, das ich mit weiblichen Fortpflanzungsorganen in Verbindung bringen könnte, sonst fliegt nach den Knöpfen auch noch mein Slip bis auf die Kuchentheke."

Sabrina kicherte in ihrer infantilen Art und flüsterte: „Unglaublich, ihre Nippel sind noch länger als meine."

Zwei kurz aufeinander folgende Klopfgeräusche unter dem Tisch ließen sie innehalten. „Was war das?"

Er deutete mit dem Kopf unter den Nachbartisch, wo zwei kleine, goldfarbene Kreisel austrudelten: „Knöpfe! Genauer gesagt, meine Knöpfe!"

Sie blickte erschrocken auf seine Hose: „Auweia, was machen wir denn jetzt?"

„Mund halten und keinen Ton mehr sagen! Ein Knopf ist noch dran. Der versucht verzweifelt, die Bestie hinter Gittern zu halten. Iss bitte unauffällig dein Frühstück und dann nichts wie weg hier."

Sie zuckte zusammen: „Oh Syd, bitte nicht so schnell. Lass uns noch ein bisschen bleiben. Maya hat mich gefragt, ob wir ihr mal deine Hütte zeigen. Sie macht in einer Stunde Feierabend."

Sydneys Hände fuhren blitzartig unter den Tisch. Als er seine Rechte nach einigen Sekunden wieder auf die Platte legte, entfiel ihr ein weiterer Knopf. Er krächzte: „Iss endlich dein Frühstück und sage nichts mehr, wir warten! Was bleibt mir auch anderes übrig?" Seine Hand senkte sich wieder in seinem Schoß. „Sollte ich bis zu ihrem Feierabend mein Raubtier nicht gebändigt haben, wird morgen in der Gazette ein ganzseitiges Bild von mir erscheinen. Darunter wird zu lesen sein: Brandbekämpfungspanzer der Forest Ranger rollte mit aktiviertem Löschrohr durch die Stag Luncheonette."

Sabrina produzierte einen erstickten Laut und brach schallend lachend über ihrem Frühstück zusammen. Alle Blicke richteten sich wieder auf sie. Natürlich auch unter ihren Tisch, wo Sydney krampfhaft versuchte, seine Hände so aussehen zu lassen, als lägen sie entspannt in seinem Schoß. Er machte gute Miene zum bösen Spiel, schaute lächelnd in die Menge und nickte einigen Damen gönnerhaft zu. Nur zurückwinken konnte er nicht, als eine von ihnen mit einer Serviette wedelte. Er benötigte beide Hände unter dem Tisch.

Zu allem Überfluss näherte sich nun auch die kecke Serviererin wieder. Maya hieß sie also. Ja, der Name passte zu ihr. Genauer betrachtet war sie tatsächlich nicht nur hübsch, sondern wunderschön, fast so schön wie Sabrina. Von ihrer Größe und der Figur her sahen die beiden sich sehr ähnlich. Mayas maliziöses Lächeln gefiel ihm allerdings gar nicht. Er spürte es genau, da regte sich etwas im Busch!

Maya stellte sich nah an ihren Tisch heran, beugte sich vor und fragte: „Darf ich dem Herrn Forest Ranger vielleicht noch etwas anbieten, einen Kaffee, ein Stück Torte oder etwas Deftigeres, zum Beispiel ... meine Muschi?"

Sydneys Blick wurde starr und seine Arme pressten sich an den Körper. Sabrina, die sich schon fast wieder beruhigt hatte, flog nach vorn und jaulte über ihrem Teller laut auf. Sein Gesicht überzog sich mit Röte, als hätte man ihn als Indianer angemalt. Glücklicherweise verdeckte Maya den Blick auf seinen Schoß. Er knirschte: „Bleib da stehen, du Luder, bleib bloß da stehen, bis ich das Ding irgendwie wieder in meiner Hose verstaut habe. Na wartet, ihr beiden, das werde ich euch heimzahlen. Wenn ich mit euch fertig bin, werdet ihr vierzehn Tage lang in kein Höschen mehr passen. Noch nicht mal in meine Winterunterhosen."

„Versprochen ist versprochen", raunte Maya mit bebender Stimme. Laut sagte sie: „Ja Sir, ein Kännchen Trinkschokolade." Im Vorbeigehen wischte sie einige fiktive Krümel vom unbesetzten Nachbartisch, bückte sich und ließ die Knöpfe in ihrer Schürze verschwinden.

Ihr Bücken arrangierte sie auf eine Weise, die Sydneys desolaten Zustand noch um erschreckende Nuancen bereicherte. Sie tat dies mit durchgedrückten Knien und hielt ihren Hintern dabei genau in seine Richtung. Unter ihrem kurzen Röckchen befand sich nichts als seidig glänzende, unbehaarte Natur, die ihm tiefe Einblicke gestattete. Mit steinernem Gesicht starrte er nach draußen, wo ein älterer Mann sein Fahrrad umständlich abstellte.

Bei ihrem Abgang zum Tresen wurde Maya unbeabsichtigt zur Augenweide für einige Herren, die den Tanz ihres nackten Hinterns beobachten konnten, von dem ein großer Teil wie ein aufgeblendeter Scheinwerfer unter ihrem Röckchen hervorlugte. Das Futter ihres Kleidungsstückes musste sich irgendwie aufgehängt haben.

Einem älteren Herrn fiel prompt die Brille von der Nase und zielgenau in die Kaffeetasse seines Tischnachbarn. Der sprang entsetzt auf, als der kochendheiße Inhalt des Trinkbehälters in seinem Schoß landete und sorgte mit seinem Gezeter dafür, dass der Mittelpunkt des allgemeinen Interesses sich zu ihm hin verlagerte. Er verschaffte damit Sydney und Maya die Möglichkeit, die Dinge unter ihren Gürtellinien wieder in öffentlichkeitsgerechte Formen zu bringen. Bei Sydney gelang dies der fehlenden Knöpfe wegen nur sehr unvollständig.

Es juckte ihn in den Fingern, Vergeltung an Sabrina und Maya zu üben. Die Planung des heutigen Tages fiel mit Mayas Erscheinen sowieso ins Wasser, also konnte er sich dem Gedanken widmen, wie er die zwei für ihre Eskapaden zur Rechenschaft ziehen würde. Sabrinas Idee, sie gemeinsam an den Beinen aufzuhängen, inspirierte ihn. Da gab es doch noch diesen alten Weidezaungenerator … Jeweils eine Elektrode im Hintern und ihre Nippel würde Funken schlagen, sobald ihre Brüste sich berührten. Eine glänzende Idee, die jedoch einiger Vorbereitungen bedurfte. Wüssten die beiden, was auf sie zukam, lägen sie schon jetzt wimmernd in den Pfützen ihrer Lust.

Sabrina holte ihn aus seinen Gedanken in die Realität zurück. Sie kam gerade von der Toilette, die sie ein weiteres Mal mit kurzem Abstand zu Maya aufgesucht hatte. Natürlich musste sie ihm alles überdeutlich erzählen, womit sie ihn abermals in ärgste Bedrängnis brachte. Diesmal hatte sie Mayas geschickte Hände zu spüren bekommen, die ihr in der engen Kabine zwei Finger in den Hintern gesteckt und mit einem raffinierten Druck nach vorn ihre Blase zwangsentleert hatte. Selbstredend, dass der daraus resultierende Orgasmus sie fast von der Schüssel gehauen hätte. Sabrinas Beine zitterten immer noch, denn die Stellung, die sie zu diesem Zweck einnehmen musste, konnte sie nur unter äußerster Anstrengung hinbekommen.

Ihr Venushügel lag dabei auf dem vorderen Rand der Klobrille, während sie ihre Beine so weit wie möglich gespreizt und durchgedrückt in den vorderen Kabinenecken abstützen musste. Ihren Oberkörper sollte sie dann tief nach vorn beugen. Maya hatte sich im Reitersitz auf ihren Rücken gesetzt, ihr die Taille mit den Schenkeln zusammengepresst und ihren Rücken durchgedrückt, bis Sabrinas Kinn den Boden berührte. Diese Stellung sorgte für eine maximale Öffnung ihres Gesäßes. Sie konnte sich keinen Millimeter bewegen, als Maya mit den Fingern in ihren steil nach oben gerichteten Hintern eindrang.

Es spritzte nur so aus ihr heraus, wobei Maya es fertig brachte, den Harnausgang mit ihrer anderen Hand so auszurichten, dass alles zielgenau ins Klo ging. Danach hatte sie Sabrinas Genitalien und ihren Po mit feuchtem Papier gereinigt und ihr mit der Zunge einen weiteren berauschenden Orgasmus geschenkt, bei dem Sabrina wieder glücklich weinen musste.

Sydney konnte nicht anders, er musste ihr zuhören und kämpfte heroisch um seine Beherrschung. Die Fantasie der beiden rang ihm Respekt ab und lag zumindest in diesem Fall voll auf seiner Linie. Harmlos, aber Wirkungsvoll.

Zum Schluss sagte Sabrina: „Maya würde sich sehr wünschen, mitspielen zu können. Nachdem ich dich jetzt besser kenne, weiß ich, dass du Liebe und Sex voneinander trennen kannst. Meinst du …?"

Er unterbrach sie brüsk: „Schon gut, ich hab mit euch zweien ein dickes Hühnchen zu rupfen, also muss sie dabei sein. Warum soll deine Intimfreundin, die sie ja nun wohl ist, außen vor bleiben. Liebe findet aber nur zwischen uns beiden statt, das muss dir klar sein."

Sie küsste ihn auf die Wange: „In dieser Beziehung möchte ich dich auch mit niemandem teilen, aber unsere Spielchen werden von Maya mit Gewissheit noch um einiges bereichert."

„Wenn sie meine Rache für eure Gemeinheiten überlebt."

„Aua, das klingt gefährlich. Wird es so schlimm?"

„Die Pfützen eurer Säfte werden sich vereinigen!"

Sabrina schluckte und griff sich erschrocken in den Schritt: „Das hättest du jetzt nicht sagen sollen. Lass uns schnell rausgehen, ich möchte mir hier im Lokal nicht in die Hose pinkeln. Noch mal aufs Klo zu gehen, würde auffallen. Schnell, Sydney, ich kann es kaum noch halten!"

Sydney schüttelte ungläubig den Kopf: „Kondensierst du deinen Urin aus der Luft oder wo nimmst du all die Flüssigkeiten her? Deine Blase muss ja den Rauminhalt eines Planschbeckens haben." Er zog beim Aufstehen seine Jacke so weit wie möglich über den Schoß und schob Sabrina als Sichtschutz vor sich her zum Tresen, um zu bezahlen. Maya hatte bemerkt, dass er es eilig hatte und reichte ihm an der Tür das Gewehr. Dabei sah sie Sydney fragend an: „Ich mache gleich Schluss, nehmt ihr mich mit?"

„Sydney nickte dezent: „Es ist der Militär-Hummer an der Parkplatzeinfahrt. Mach dich aber darauf gefasst, dass dein Hintern heute noch einiges auszubaden hat."

Ihre Augen blitzten ihn an: „Er steht dir in fünf Minuten zur freien Verfügung."

Sabrina hielt es gerade noch bis hinter dem Wagen aus, dort kam ein kläglicher Laut über ihre Lippen. Sie biss auf ihre Unterlippe, hob die Augen flehend zum Himmel und spreizte ergeben ihre Beine. Zuerst tröpfelte es nur, dann aber suppte es wie ein Wasserfall aus ihrer Hose. Ein berauschender Anblick, wie hilflos sie dastand und es unter sich gehen ließ. Wahre Bäche liefen an ihren Schenkeln hinunter. Sie sagte kein Wort, schaute ihn nur mit einer Mischung aus Entsetzen und unbändiger Lust an.

Hinter Sydney erklang Mayas Stimme: „Das glaub ich doch nicht, die muss ja mit einer Elefantenblase ausgestattet sein. Es ist doch erst eine Viertelstunde her, dass ich sie bis auf den Bodensatz gemolken habe." Maya trat an Sabrina heran, zog ihr die triefenden Hosen herunter und verlangte: „Bück dich mal!"

Sabrina tat, wie ihr geheißen wurde.

„Tiefer!", forderte Maya, legte eine Hand auf Sabrinas Hintern und fuhr mit der anderen Hand äußerst grob zwischen ihre Backen.

Sabrina quiekte laut auf und fiel auf ihre Hände. Ein kurzer, ergiebiger Strahl verließ ihre Harnröhre.

Sydney trat neugierig hinter die Frauen. Sabrinas Blase müsste doch nun wirklich völlig geleert sein. Zwei Finger Mayas steckten bis zum Anschlag in Sabrinas Vagina. Maya drehte sie einige Male darin hin und her, verharrte kurz und griff rücksichtslos in den Weichteilbereich unter Sabrinas Steißbein. Die brach keuchend in die Knie. Maya hob sie am Steiß von den Füßen, bis ihr Hintern steil in den Himmel ragte, und presste ihre Finger noch einmal kräftig in Sabrinas Öffnung. Sie lockte damit zwei weitere Spritzer aus ihrem Körper, dann kamen nur noch vereinzelte Tropfen. Mit sich und ihrem Werk zufrieden, ließ sie Sabrina auf den Boden sinken, lächelte Sydney schmelzend an und flötete: „So, nun ist es da drin so trocken wie bei einer Mumie. Du könntest jetzt mit einer Melkmaschine an ihrem Pipinippel saugen, da käme nur noch eine Staubwolke raus."

Sabrina sank jammernd, mit hochgeklapptem Röckchen und bis in die Knie gezogenen Hosen auf den Bauch und bot mit ihren feuchten Schenkeln einen Anblick, der Sydney seine Scheu vor öffentlichen Betätigungen sexueller Art schlagartig vergessen ließ. Der Hummer und die leicht abfallende Böschung sollten genügend Sichtschutz bieten. Sein Glied hatte sich schon komplett aus der Hose gekämpft und stand wie der Zeiger einer Sonnenuhr von ihm ab.

Maya verdrehte beim Anblick seiner kolossalen Männlichkeit die Augen und knickte in den Knien ein. Sie ließ sich kommentarlos neben Sabrina auf den Bauch sinken, zog ihr Höschen auf die Waden und richtete sich ebenso her wie sie. Sydney wusste nicht, wo er zuerst hinschauen sollte. Einen solchen Anblick geboten zu bekommen, konnte nur ein Geschenk des Himmels sein. Er spürte förmlich die Aufforderung aus den Wolken: - Tu ihnen Gutes, mach sie fertig, bis sie kreischen. -

Jawohl, er würde sie fertigmachen, bis sie kreischten. Während er sich tief über die entblößten Unterleiber beugte, hob Sabrina ihren Kopf an und bedeutete ihm mit ihren Augen, Maya zuerst zu beglücken, was er nur zu gern tat. Es lag in der männlichen Natur, zunächst die unbekannten Dinge zu begehren.

Er zog Mayas Höschen von ihren Waden, drückte ihre Beine weit auseinander und beobachtete dabei mit Vergnügen, wie willig sich ihre Vagina öffnete. Ihr Geschlecht präsentierte sich genauso verlockend wie Sabrinas. Wunderbar rosige Schamlippen, schon in Erwartung angeschwollen und feucht. Sehr feucht! Ihr Kitzler glänze wie eine Perle in seiner Hautfalte. Nicht so stark ausgeprägt wie der von Sabrina, aber nicht weniger erregend. Mit ihrem Anus sah es nicht anders aus. Ein Löchlein von zartester Struktur und gleichmäßiger Faltung, dem er in diesem Moment noch so einiges Gute zugedachte. Einfach herrlich, diese Rosette! Wer da nicht zugriff, der musste tot sein.

Auch wenn er nicht zu den Weiberhelden gehörte, so gab es doch schon etliche intime Begegnungen in seinem Leben und alle Damen unterschieden sich zwischen ihren Schenkeln wie der Tag von der Nacht. Nicht nur der Behaarung wegen, die diesen beiden völlig fehlte, nein, es gab selbst bei den blasshäutigsten Frauen dunkelbraune, hellbraune, blutrote, blassrote oder wie bei Sabrina und Maya wunderbar rosige Schamkerben, deren Labien nur einen Deut dunkler als ihre direkte Umgebung waren. Bei etlichen Frauen klebten sie feucht und fleischig aneinander, bei anderen zeigten sie einen trockenen, scharfkantigen Lappencharakter mit welligen Rändern, bei den nächsten musste man sie schon fast suchen oder sie ähnelten, meist mit zunehmendem Alter, labbrigem, braunschwarzem Gekröse. Nur wenige besaßen, wie die beiden, glatt und glänzend hervorspringende, herzförmige Harnausgänge, andere nur einen kleinen Ringwulst, bei manchen schienen sie aus unregelmäßigen Hautpolypen gebildet worden zu sein und hin und wieder gab es dort nur ein unscheinbares Löchlein. Die Analöffnungen unterschieden sich ebenfalls stark voneinander. Viele ähnelten grob und ungleichmäßig gefalteten Trichtern unterschiedlichster Tönung, in die meisten führte ein stegartiger Lappen des Dammes hinein, den man auch als Fortsetzung der Schamlippen ansehen konnte oder als Naht der Körpermitte. Manche wirkten gar wie von wenig begabten Chirurgen aus Hautresten zusammengeflickt und setzten sich bis in den Darm hinein fort. Die verwöhnte er nur sehr ungern mit dem Mund, was keinesfalls mangelnder Sauberkeit zuzuschreiben war, aber das Auge aß nun mal mit. Einer Dame, die ansonsten einen besonders appetitlichen Eindruck vermittelt hatte, musste er angewidert ihr Höschen wieder überstreifen und sich übergeben. Sie war ziemlich beleidigt davongerannt, aber wenn sich menschliche Geschlechtsteile problemlos gegen die einer Eselsstute austauschen ließen, dann ging bei ihm gar nichts mehr. Irgendwo gab es auch für einen Waidmann Grenzen.

Derart appetitlich rosige, gleichmäßige und fein gegliederte Genitalien und Gesäßöffnungen, wie Sabrina und Maya sie zwischen ihren Schenkeln beherbergten, hatte er vordem nie zu Gesicht bekommen. Sie mussten äußerst selten vorkommen. Mit Vanillesoße und Schokostreuseln darauf könnte man sie glatt in einem Fünf-Sterne-Lokal zum Nachtisch servieren.

Er schob sich zwischen Mayas Beine, griff mit beiden Händen zwischen ihre leicht schwellenden Schenkel und führte seine Hände unter ihrem Bauch zu den Hüften. Dann hob er sie aus und zog ihre Scham an sein Gesicht. Seine Daumen neben den Beckenkämmen tief in den Bauch gedrückt, die Finger fest um ihre Pobacken gelegt, hielt er sie in seinen Händen wie einen Riesenhamburger mit Hintern und Beinen. Maya bog keuchend ihren Rücken durch, ließ ihren Bauch locker fallen und öffnete sich ihm damit so weit sie konnte. Er spürte ihren Leib in seinen Händen beben; ihre erogenen Zonen flehten ihn fast an, mit seinen Liebkosungen zu beginnen. Dies tat er dann auch mit großer Hingabe, wobei ihn der dezente Urinduft ihres Geschlechts aufs Äußerste anfeuerte.

Seine Zunge glitt mehrfach vom Schambein aus über die Wülste ihrer äußeren Schamlippen bis in die Pospalte hinein, umrundete den zuckenden After, um dann mit festem Druck über die fest geschlossene Öffnung zu fahren, die sich ihm daraufhin aufgeregt pulsierend entgegenpresste. Maya stöhnte lustvoll auf, bog sich noch weiter durch und streckte ihren vor Spannung glänzenden Bauch weit heraus. Auch darin glich sie Sabrina.

Sydney fühlte an seinem Kinn, wie sich ihre Vagina rhythmisch öffnete und schloss, als wolle sie auf sich aufmerksam machen. Sie war jedoch noch nicht an der Reihe, musste noch etwas warten. Seine Zunge bewegte sich über ihre Schamlippen wieder Richtung Schambein. Bei der Klitoris angekommen, ließ er sie mit hartem Druck kreisen.

Mayas Leib begann sich zu winden, ihr Atemrhythmus beschleunigte sich, sie zog den Bauch ein und ließ ihn wieder fallen. Ihre Vagina wölbte sich hervor, zog sich wieder zurück, öffnete und schloss sich. Bei jeder dieser Pumpbewegungen tropfte es auf seine Zunge. Schon seltsam, dass auch sie eine derart auffällige Vaginalabsonderung zeigte. Ihr Leib begann sich zu schütteln und jede Umkreisung seiner Zungenspitze steigerte ihren Atemrhythmus. Ihr Oberkörper schlängelte sich hin und her, was ihr Becken nicht tun konnte, denn er hielt es wie ein Schraubstock fest. Sie gurrte wie eine Taube und raste vor Lust. Nach einigen harten Wischern über ihren Harnausgang setzte er zum Endspurt an. Seine Zungenspitze stieß zu, drückte ihren Kitzler tief in seine Höhlung hinein und massierte ihn mit berstendem Druck, um ihn an die Reizgrenze zu bringen. Maya wimmerte der Ohnmacht nahe auf, ihre Arme, mit denen sie sich bisher eine Handbreit vom Boden gehalten hatte, trugen sie nicht mehr. Mit Kopf und Brüsten sank sie ins Gras, ihre Schenkel wippten in immer schnellerem Takt auf seinen Oberarmen. Der Moment ihrer Explosion nahte mit riesigen Schritten und Sydney stieß ein weiteres Mal zu. Diesmal drang seine, wie alles an ihm ungewöhnlich lange Zunge wie ein Speer in ihre Vagina ein und bohrte ihre Spitze brutal in den Muttermund ihres Uterus hinein.

Der Erfolg seiner Attacke raste wie ein Naturereignis durch Mayas Körper. Sie krallte ihre Finger in den Boden, biss ins Gras, um ihre Schreie zu dämpfen, und strampelte wild mit den Beinen. Sydney stieß mit seiner Zunge immer wieder zu, bis ihr grandioser Orgasmus mit einem heftigen Zittern und schwächer werdenden Jammerlauten versiegte. Nachdem er sie behutsam auf die Knie heruntergelassen hatte, sackte ihr Kreuz wie aufgeweichtes Zeitungspapier nach unten und sie blieb zuckend, mit steil zum Himmel gerichtetem Hintern hocken. Welch ein bezaubernder Anblick! Sie tropfte wie ein nasser Waschlappen ab und immer wieder kam ein neuer Schwall aus ihrer Öffnung. Ihr leicht geöffneter Anus lockte ein paar Fliegen an, die er verscheuchte.

Die triefende Nässe in seinem Gesicht störte ihn nicht, als er sich über Sabrina hob. Er drehte ihren schon vor Lust vibrierenden Körper auf die Seite, befeuchtete seinen Penis mit Mayas Flüssigkeit aus seinem Gesicht und drang mit kräftigem Druck in ihren After ein. Zunächst hechelte sie vor Schmerzen, dann aber hatte er sie genug geweitet und sie gurrte vor Leidenschaft. Während er Sabrina nahm, lagen die Frauen Bauch an Bauch und Brust an Brust an ihn gezogen in seinen Armen. Maya bekam durch Sabrinas Bauchdecke hindurch jeden seiner ungebremsten Stöße zu spüren. Überwältigt presste sie sich an Sabrina. Als deren Höhepunkt nahte, zog Maya einen dicken, mit Wurzeln und Erdreich herausgerissenen Grasbüschel zwischen ihre Schenkel, presste dieselben fest aufeinander und bewegte ihren Unterleib konvulsivisch zuckend vor und zurück.

Die Venushügel geräuschvoll aneinanderschmetternd, vereinigten die Frauen ihre überwältigenden Orgasmen mit dem Sydneys, der Sabrina mit seinem Erguss geradezu überschwemmte. Sie schrieen sich den süßen Schmerz ihrer entfesselten Gefühle gegenseitig in ihre Münder hinein. Auch weiterhin zu einem endlosen Kuss vereint, lagen sie dann in seinen Armen. Einen hatte er für ihren außergewöhnlichen Dreier unter ihre Köpfe geschoben, den anderen über ihre Taillen gelegt und beide kräftig an sich gezogen. Ein paradiesisches Gefühl, nun entspannt dazuliegen und über Sabrinas Hüfte hinweg Mayas klitschnassen Hintern zu streicheln. Was konnte es Schöneres geben?

Während die Frauen sich zärtlich miteinander beschäftigten, hielt er sie an sich gepresst und träumte vor sich hin. Sabrina hatte sein Leben von einem auf den anderen Tag völlig umgekrempelt. Ein umwerfendes Gefühl, hier mit zwei außergewöhnlichen Schönheiten zu liegen, sie festzuhalten und ihre Wärme zu spüren. Sein Glied befand sich noch in Sabrinas Darm der sich hin und wieder aufreizend zusammenzog. Es erschien Sydney allerdings nicht ratsam, die Gefühle weiterhin an diesem Ort auszuleben, denn irgendwann könnte es einem Gast der Luncheonette in den Sinn kommen, sich die Beine vertreten zu wollen. Nicht nur für Maya würde dies unabsehbare Konsequenzen nach sich ziehen, also wurde es Zeit, den Ort zu wechseln. Er hob den Kopf: „Aufstehen, ihr Grazien, auch wenn es noch so schön ist. Wir verlegen besser unseren Standort.

Maya sprang auf: „Au ja, zeigst du mir jetzt deinen Schuppen?"

Sie sah wahnsinnig sexy aus mit ihrem hochgeschobenen Röckchen und ihrem nackten Unterleib. Zwischen ihren pitschnassen Schenkeln, bis in die Leibesspalte hinein, klebten Grashalme und Erdreich. Ein Regenwurm schlängelte sich aus ihrer Scham hervor und fiel zu Boden. Sydney sah grinsend zu ihr auf: „Du scheinst es damit eilig zu haben."

Sie nickte ereifert: „Sabrina hat mir erzählt, was du mit ihr heute Morgen angestellt hast. Das muss echt aufregend sein. Wenn ich nur daran denke, diese Kugel in meinem Hintern zu haben, flippt meine Muschi total aus. Bitte, mach das auch mal mit mir."

„Wo du so schön darum bittest, kann ich ja nicht nein sagen, aber für heute habe ich etwas anderes im Sinn."

Nun sprang auch Sabrina auf: „Was denn?"

„Verrate ich nicht, wartet es ab. Ich sage nur eines: Ihr dürft euch glücklich schätzen, wenn eure schnuckeligen Hintern danach noch auf eine Klobrille passen. Schließlich habe ich bei euch ja noch was gut."

Sabrinas Hände fuhren zwischen ihre Beine: „Oh man, wird es so schlimm?"

Neben ihr bedeckte auch Maya ihren Schoß und sah sie aufgeregt an: „Wird er uns in seinem Schuppen foltern, so richtig einheizen, bis es spritzt?"

Sydney grinste sie dämonisch an: „Foltern ist nicht so ganz passend, aber wenn ich an euren unfairen Auftritt im Café denke, scheint ein bisschen läuternder Schmerz, der vielleicht Gutes an euren Charakteren bewirkt, genau das Richtige zu sein. Auf jeden Fall habt ihr höllisch feuchte Stunden und einiges an Schreierei vor euch, das kann ich euch versprechen."

„Syd kann dir geniale Schmerzen bereiten", flüsterte Sabrina hinter vorgehaltener Hand, „und immer im richtigen Augenblick. Das knallt zwischen deinen Beinen, dass du glaubst, dir fliegt das ganze Innenleben aus dem Hintern und deine Zunge baumelt unten raus. Oh man, der wird uns fertigmachen, dass es nur so aus unseren Löchern qualmt. Darauf musst du gefasst sein."

Sydney setzte ihr seinen Zeigefinger auf die Brust: „Du nicht weniger, denn auch mit dir hab ich ein Hühnchen zu rupfen. Jetzt aber rein in den Wagen. Vergiss deine Hosen nicht, die werden wir heute Abend auswaschen."

Als sie ihm folgen wollten, hielt er sie zurück: „Nein, wartet kurz hier, ich gehe vor und winke, sobald die Luft rein ist."

Sie hatten Glück. Weit und breit ließ sich niemand sehen. Zum Parkplatz hin gab es in dem Gebäude keine Fenster, so ging Sabrinas Einstieg problemlos vonstatten. Maya hatte sich inzwischen wieder vollständig angekleidet, sah aber zwischen den Beinen aus, als litte sie unter Durchfall. Sydney grinste. Beim Gehen musste der sandige Lehm ziemlich biestig zwischen ihren Weichteilen scheuern. Immer wieder fielen kleine Klumpen aus ihrem Höschen. Ideen hatte diese Frau …

Die Fahrt zur Hütte schaffte er in zwanzig Minuten. Nur wenig später öffnete Sabrina die Schuppentür.

Maya verharrte erschrocken auf der Schwelle. „Das kann doch nicht wahr sein, will der etwa mit diesen unglaublichen Monsterteilen an unsere Austern gehen?"

Sabrina legte ihre Hand auf Mayas wunderbar runden Hintern und schob sie sanft über die Schwelle: „Sei unbesorgt, Süße, wir sind hier nicht bei Jack the Ripper. Sydney hat kein Faible dafür, Frauen mit einer Axt zu befriedigen. Er ist zwar ein Bär von Mann, dem man auf den ersten Blick kein Feingefühl zutraut, aber du wirst sehen, er wird unsere kribbelnden Popos wie rohe Eier behandeln. Der weiß besser als wir selbst, wo die Belastungsgrenzen für weibliches Lustfleisch liegen."

Maya zupfte gedankenverloren an ihrem Röckchen, lehnte sich an die Werkbank und sah sich mit widerstrebenden Gefühlen um. Kettensägen, Äxte, beklemmend geformte Zangen, entsetzlich große Schlachtermesser, Haken, Schlingen und allerhand undefinierbares Werkzeug, mit dem man einen Hintern in ein Gruselkabinett verwandeln könnte. Ein erschreckendes Inventar für einen Raum, in dem sie ihr Höschen ausziehen sollte. Es schien, als würden all diese Dinge geifernd zwischen ihre Schenkel starren und sich überlegen, wie man am besten Sülze aus dem juckenden Inhalt ihres Schlüpfers machen könnte. Ihre Pobacken zogen sich schaudernd zusammen, als hätte Sabrina ihr ein heißes Klistier verpasst.

Dieser erregenden Fantasie nachträumend, legte sie die Hand in den Schritt, um sich mit ihren Schamlippen zu beschäftigen. Ein aufregender Gedanke, unerwartet eine gepfefferte Analfüllung verabreicht zu bekommen. Nicht weniger erregend als all die Dinge an den Schuppenwänden. Unbewusst zog sie den Zwickel des Schlüpfers stramm in ihre Schamspalte, sodass er bei jeder kleinsten Bewegung ihren Kitzler rieb und quetschte. Die Vorstellung, eine der eiskalten und mit Sicherheit sehr scharfen Äxte zwischen ihren Schenkeln zu spüren, jagte eine kribbelnde Gänsehaut nach der anderen über ihren Rücken. Gleichzeitig jedoch rebellierten ihre Eingeweide und ein unheilvolles Grummeln zog durch ihren Bauch, was das Verlangen, diesen Gedanken sofort in die Tat umzusetzen, im Zaum hielt.

Auf der Werkbank entdeckte sie ein hammerhartes Messer. Ein wahres Monster, mit dem Sydney wahrscheinlich nur einen Schlag bräuchte, um sie der Länge nach zu spalten. Ihr Bauchgrummeln steigerte sich, als sie es scheu berührte, ihr Hintern jedoch entwickelte dabei ein geradezu unheimliches Eigenleben. Er drückte sich heraus, bis sie durch ihr Höschen hindurch kühle Luft an ihren Öffnungen verspürte und ihre Schenkel pressten sich unheilschwanger, aber voller Begierde zusammen. Würde Sydney dieses Ding über ihrem Schambein ansetzen und dann … Es schüttelte sie vor ihren eigenen Fantasien. Sie musste doch völlig durchgeknallt sein. Wie konnte es bei einer solchen Vorstellung nur zwischen den Beinen kribbeln? Und wie es kribbelte!

Mehr erregt als entsetzt über ihre Fantasie griff sie nach Sabrinas Hand und flüsterte: „Das Ding sieht ja echt monströs aus. Hast du denn keine Angst, dass er damit unsere hibbeligen Muschis filettiert, wenn wir wehrlos in den Seilen hängen?"

Sabrina schüttelte befremdet den Kopf: „Nun bleib mal auf dem Teppich! Mit solchen Sachen geht er garantiert nicht auf unsere empfindlichen Teile los. Er will uns doch nicht schlachten."

„Na, ich weiß nicht. Hoffentlich hast du Recht, denn ich möchte auch in Zukunft noch in mein Höschen fassen können und zwei muntere Löcher in meiner Ritze finden."

„Nun geht aber die Fantasie mit dir durch. Du hast doch am Parkplatz erlebt, wie genial Sydney uns vernascht hat."

„Sicher, das sag ich mir ja auch. Einen derartigen Orgasmus hat mir noch keiner verschafft. Ich hab vor lauter Verzückung Gras gefressen und mir bei dem Wahnsinnsabgang gewünscht, er würde das vor Geilheit dampfende Gekröse gleich mit aus meinem Becken saugen. Als mein aufgeregtes Pfläumchen sich dann wieder beruhigt hatte, war ich aber erleichtert, das Zeug noch in meinem Bauch zu fühlen. Solche Sachen könnte er den ganzen Tag lang mit mir machen, aber lieber da, wo nicht so viele gefährliche Sachen herumhängen. Hier in dieser Bude gruselt es mich! Ich kenne ihn nicht. Sollte er plötzlich Lust kriegen, unsere Muschis mit all dem juckenden Drumherum für magere Zeiten in Einmachgläser zu stecken, dann können wir uns hier im Wald die Lungen aus den Hälsen schreien. Man weiß ja nie, wie verrückt so ein Kerl werden kann, wenn er erst mal deinen wehrlosen Arsch vor sich hängen hat. Da wirst du ruck zuck um ein paar Kilos leichter, und zwar genau an den Stellen, wo du die Pfunde gern behalten würdest."

Nach einem weiteren kritischen Blick in die Runde presste sie die Hände auf ihre Backen: „Großer Manitu, ich muss total plemplem sein. Einerseits könnte ich mein Höschen vor Angst bis zum Gummizug einsauen, anderseits juckt es mich bei all dem Zeug hier dermaßen, dass ich meinen Hintern selbst aufreißen möchte, um ein Teil nach dem anderen reingeschoben zu bekommen." Sie sah Sabrina unschlüssig an: „Wie lange kennst du ihn eigentlich?"

Sabrina antwortete wahrheitsgemäß: „Erst seit gestern, aber Sydney ist der ehrlichste und zuverlässigste Mann, dem ich je begegnet bin. Vor ihm brauchst du wirklich keine Angst zu haben. Es kann schon sein, dass er uns mal biestig ins Eingemachte greift, aber genau so was brauchen wir doch hin und wieder, oder?"

„Ja schon, aber wenn du ihn erst seit gestern kennst, weißt du doch gar nichts von ihm. Was glaubst du, was von unseren süßen Ärschen und all dem lebhaften Zeug zwischen unseren Beinen übrig bleibt, wenn der Kerl doch anders ist, als du denkst. Hat er unsere Bodys erst mal hier hängen, dann kann er uns wie Turkeys ausweiden. Bei seiner Kraft braucht er noch nicht mal Werkzeug dazu, unsere Beine aus den Hüften zu reißen, um die Schinken einzeln zu räuchern." Sie rieb beunruhigt über ihren Bauch: „Ich habe mal eine Geschichte aus Russland gehört, in der ein völlig Durchgeknallter den Mädchen die Eingeweide mit den Zähnen rausgerissen und ihre Muschis mit allem Drum und Dran roh gefressen haben soll. Ihr Gekröse soll er an seinen Hund verfüttert haben. Was er mit ihnen vorhatte, hat er den armen Girls bestimmt nicht erzählt, wenn er sie freundlich lächelnd als sich selbst lieferndes Fastfood mit nach Hause nahm. Welche Gedanken dem wohl durch den Kopf gegangen sind, wenn sie ihm ihre geilen Ärsche vor den Rachen gehalten haben. Ob er sie vorher wenigstens noch mal anständig …?" Den Rest ihres Satzes ließ sie unausgesprochen.

Sabrina sah betreten zur Seite: „Oh man, du bist ja noch verrückter drauf als ich. Den Kerl gibt es wirklich, aber die Mädchen sind nicht freiwillig mit ihm gegangen. Er hat sie überfallen. Ein paar Minuten später zuckten sie nur noch und das mit dem Verfüttern an seinen Hund ist Blödsinn, denn er hat es auf irgendwelchen Hinterhöfen gemacht und ihre ausgeweideten Kadaver liegen gelassen."

Mayas Gesicht überzog sich mit Schamröte: „Sabrina, denk bitte nichts Schlechtes über mich. Eigentlich rede ich nicht so gefühllos daher, aber anders kann ich die momentane Situation nicht bewältigen. Weißt du, manchmal möchte ich mir selbst alles rausreißen, weil ich dieses perverse Karussell in meinem Kopf nicht mehr verkraften kann. Es gibt Zeiten, da träume ich jede Nacht von aufgerissenen Hintern, aufgeschlitzten Bäuchen und zermatschten Brüsten. Überall nur Blut und Eingeweide. Meist habe ich dann vorher wie eine Besessene masturbiert und mir alles in die Löcher gerammt, was greifbar war. Selbst mit einem Stuhl hab ich mich schon im Bett gewälzt, mich gewaltsam auf eines seiner viel zu dicken Beine gedrückt und dabei die Schenkel gequetscht, bis ich vor Schmerzen ohnmächtig wurde. Danach hab ich geblutet wie ein abgestochenes Schwein. Je nachdem wie ich beim Masturbieren drauf bin, reißt es mich bei der Vorstellung von den Beinen, brutal in alle Löcher gevögelt und dabei von unten nach oben in Stücke gerissen zu werden. In Wirklichkeit möchte ich natürlich lieber darauf verzichten, aber in der Fantasie würde ich meinen Hintern einem solchen Affen wie dem Russen freiwillig ins Gesicht pressen, um beim Orgasmus ratzekahl leergefressen zu werden."

Sie schniefte mehrmals hintereinander, bevor sie fortfuhr: „Wenn ich mich dann nach dem Abgang wieder regen kann und es geschafft habe, das eingeführte Zeug wieder aus mir herauszubekommen, ist oft mein ganzes Bett versaut, weil ich es dabei aus allen Löchern unter mich gehen lasse. Danach wälze ich mich heulend in meinem Mist, weil alles in mir so leer ist. Ich schäme mich dann furchtbar vor mir selbst und hab Angst, dass es mir wirklich mal so passiert. Das ist alles so verrückt. Wieso mach ich so was? Manchmal denke ich, es fehlt mir nur jemand, der mich lieb hat, jemand, der mich hin und wieder mal etwas gepfefferter durchnimmt, aber ansonsten zärtlich zu mir ist. Vielleicht hört der ganze Blödsinn dann von selbst auf und ich kann meinen Popo endlich in Ruhe lassen. Oft tut er mir nämlich tagelang weh, dass ich heulen und mich am liebsten umbringen möchte."

Bei den letzten Worten glitzerten Tränen der Sehnsucht in ihren hübschen Augen.

Sabrina nahm sie in die Arme und sagte schließlich: „Dieser Irrsinn ist mir nicht unbekannt. Ich kenne die Scham und die Verzweiflung nach solchen Exzessen und hab mich auch schon manches Mal danach gesehnt, diese Welt mit einem finalen Superorgasmus zu verlassen, aber seit ich Sydney kenne, scheint plötzlich die Sonne durch die Wolken. Meine Angst wird von Stunde zu Stunde weniger und ich fühle mich immer freier. Es mag beim Anblick dieser Werkzeuge hier wie Hohn klingen, aber glaub mir, wir zwei sind am richtigen Fliegenfänger kleben geblieben. Sydney ist der Mann, nach dem wir uns ein ganzes Leben lang gesehnt haben. Bei ihm sind wir besser aufgehoben als bei uns zu Hause, denn die einzige Gefahr, die hier auf uns lauert, steckt in unseren Köpfen. Sydney ist nicht so verrückt wie wir. Er ist keiner der Schwanzgesteuerten, die vor Geilheit ausrasten, sondern eine Seele von Mensch. Der würde sich mit seinem Gewehr postwendend auf den Kriegspfad begeben, wüsste er von so einem Dreckschwein wie dem Russen. Er ist einer, der dich mit genau der Hingabe fertigmacht, die du dir ersehnst. Syd genießt es, wenn er den allerletzten Tropfen aus deiner Muschi wringen kann und guckt dich richtig verliebt dabei an, wenn du dich unter seinen Händen schreiend windest, bevor du dich völlig verspritzt. Danach nimmt er dir die Schmerzen wieder, die er dir zugefügt hat, und überhäuft dich mit Zärtlichkeiten, bis es dir gleich noch einmal kommt. Dann möchtest du ihn am liebsten in deinen Hintern drücken, damit er dich auch ganz tief innen verwöhnt. Dir würde einiges entgehen, wenn du jetzt kneifst."

Maya sah ihr verträumt ins Gesicht: „Wenn er wirklich so ist, wie du sagst, dann kann er doch kein Mann sein. Männer sind von Natur aus Dreckschweine, die uns nur zum Abfüllen benutzen und dann wie Müll entsorgen. Er muss ein Engel sein, der extra für verkorkste Girls wie uns auf die Welt geschickt wurde, um uns vor dem bösen Wolf zu bewahren. Ich bin nicht so gebildet wie du, aber eins ist mir schon klar: Wer mit so abartigen Fantasien wie wir durch die Welt rennt, der wird irgendwann einmal Suizid begehen oder seine Schenkel am falschen Ort spreizen."

Sabrina drückte sie fest an sich: „Er scheint tatsächlich ein Engel zu sein, der uns geschickt wurde. Er quillt bald über vor lauter Weisheit, Verständnis und Liebe zum Leben, hat aber dennoch eine Ader für perverse Spielchen. Es kribbelt ihm in den Fingern, uns zu verwöhnen. Mal voller Zärtlichkeit, mal ein bisschen brutal. Er sieht es an deinen Augen, ob du gerade Liebe brauchst oder erbarmungslos ausgepresst werden musst. Dabei geht er trotz seiner eigenen Geilheit sehr sorgsam und verantwortungsvoll mit dir um und hat deinen Körper im Griff, als säße er in deinem Kopf. Solche Orgasmen wie bei ihm hab ich mein Leben lang noch nicht gehabt und gestreichelt hat mich danach auch noch niemand. Er tut es immer und mit einer Hingabe, die es auf dieser Welt kein zweites Mal gibt."

Mayas Gesicht entspannte sich: „Du bist dir also ganz sicher, dass er sich jederzeit im Griff hat?"

„Absolut!"

Ohne weiteren Kommentar zog Maya ihr Höschen auf die Knie, klappte ihr Röckchen hoch und legte sich mit dem nackten Bauch auf die eiskalte Stahlplatte der Werkbank. Die Kälte schlug wie ein Pferdehuf in ihren Unterleib ein, der vor lauter Erregung sofort in Rage geriet. Nach einem fahrigen Blick in die Runde reichte sie Sabrina einen gewaltigen Ringschlüssel und keuchte: „Das Dunkle da dran ist nur Öl, das macht nichts. Mach mich ganz schnell mit diesem Ding fertig! Jetzt brauche ich erst mal einen saftigen Abgang, um wieder klar denken zu können."

Der Anblick ihrer rosigen Pospalte ließ Sabrinas Knie weich werden. Während sie Maya mit dem Ringschlüssel zum Wimmern brachte und ihr zusätzlich einen gummierten Schraubendrehergriff in den Po bohrte, berührte Maya das Messer und strich verträumt über seine Klinge. Wild keuchend presste sie hervor: „Ich weiß nicht, ob das normal ist, aber mein Hintern fliegt vor Geilheit bald auseinander, wenn ich es anfasse. Himmel noch, ich möchte es mir glatt zwischen die Schenkel quetschen, um seine Schneide an meinem Kitzler zu spüren."

Was sollte Sabrina darauf antworten? Mayas Messerfantasie und der beißend-kalte Ringschlüssel, mit dem sie inbrünstig ihre wunderbar zarte Vagina verwöhnte, versetzten auch ihr Blut in Wallung. Eines jedoch wusste sie nun mit Sicherheit: Auch wenn es beim Anblick derartiger Dinge immer noch zwischen ihren Beinen juckte, nie wieder wollte sie etwas Gefährliches an ihre Geschlechtsorgane gehalten bekommen. Nie wieder!

Eigentlich wusste sie schon vor Sydneys erschreckender Aufklärungsaktion, dass solche Lustfantasien dort endeten, wo die Realität begann, aber erst nach seiner beängstigenden Demonstration hatte sie wirklich verinnerlicht, dass man in einer Gefahrensituation Blut und Wasser aus sich herausspritzte, nur nicht den finalen Superorgasmus.

Als angehende Psychologin kannte sie selbstverständlich die Mechanismen, die zu Lustreaktionen des Körpers beim Anblick bedrohlicher Gegenstände führte. Im Grunde zeugte diese Gefühlsentgleisung nur von abgrundtiefer Einsamkeit und dem übersteigerten kreatürlichen Wunsch, wahrgenommen zu werden, Zuwendung zu bekommen. Gleichgültig auf welche Weise. Je länger der Mangel an Zuwendung andauerte, desto drängender wurde das Bedürfnis danach und umso mehr musste die Fantasie hinhalten.

Letztlich konzentrierte sich das Verlangen nach Zuwendung immer mehr auf die Geschlechtsorgane, deren Bedürfnisse man zum Teil selbst befriedigen konnte. Immer nur Donuts behagte jedoch auch diesen Organen nicht, also ersetzte man die anfänglich dafür ausreichenden Finger durch Gegenstände, die nach und nach umfangreicher und damit schmerzhafter und zwangsläufig auch gefährlicher ausfallen mussten, weil sich der Lust im Laufe der Zeit eine suchtartige Gewöhnung an Schmerz und Gefahr hinzugesellte. Eine Sucht wiederum verlangte nach Steigerung der Dosis. Weitergehende Betätigungen kämen allerdings dem Selbsterhaltungstrieb in die Quere und wurden daher meist nur als Gedankenspiele bei der Benutzung Schmerz bereitender Gegenstände herbeigezogen.

Kamen dann jedoch Scham- und Schuldgefühle hinzu, die durch gesellschaftliche und insbesondere Glaubensnormen aufoktroyiert wurden, weil diese Normen sexuelle Ausschweifungen als pervers und sündig anprangerten, geriet man leicht auf die Schiene, sein Verhalten als strafwürdig anzusehen und steigerte seine Fantasien bis ins Abstrakte hinein. Am Ende standen Orgasmus und Bestrafung gleichwertig nebeneinander.

Die Zerstörung der Lustzentren bei einem Superorgasmus käme einer umfassenden Sühne und damit der Sündenvergebung gleich. Eine tatsächliche Verwüstung der Geschlechtsorgane zöge jedoch zwangsläufig auch die Gefahr der Auslöschung des Lebens nach sich, was der Selbsterhaltungstrieb wiederum nicht tolerieren würde. Somit setzte der Verstand diesem Treiben eine Grenze und man beließ es im Allgemeinen bei erträglichen Schmerzen und ultraperversen Fantasien.

Damit war jedoch die Gefährdung von Leib und Leben nicht vom Tisch, denn es befriedigte auf Dauer nicht, sich selbst zu bestrafen, also gab man die Bestrafung in andere, meist fragwürdige Hände und damit begann ein Kreislauf aus Lust und Angst, bei dem sich beide Gefühle immer mehr miteinander austauschen ließen, um die Gefahr zu kaschieren. Am Ende der Kette waren Angst und Schmerzen gleich Lust. Zumindest in der Theorie, denn in der Realität würde ein brachiales Instrument wie dieses Messer auf der Werkbank beim Eindringen in den Leib sofort klarstellen, wo der Hase in dieser Fantasiewelt begraben lag. Das Feuerwerk der Lust verginge nach wenigen Sekunden in einem Bombenhagel aus Schmerz und Panik.

Obwohl sie dies alles wusste, kribbelte es beim Anblick des Messers nicht weniger in ihr als in Maya. Sie selbst jedoch würde nie mehr Experimente mit derartigen Dingen machen wollen. Bei Maya war sie sich nicht sicher. Die schaute bei ihrem ziemlich heftigen und erstaunlich nassen Orgasmus etwas zu gierig auf dieses Monstrum.

Sabrina roch begierig an ihren triefenden Händen, bevor sie sie an einem Lappen abwischte. Der dezente Urinduft an Mayas Scheide regte sogar sie als Frau auf. Unglaublich! Was die Verspritzerei ihrer Säfte und die Fantasien anging, könnte Maya glatt ihre Schwester sein. Eine erregende Vorstellung, sich gegenseitig die wild sprudelnden Ergüsse auszusaugen.

Sydney, der inzwischen den Ofen in der Stube angeheizt hatte, kam nun zu ihnen in den Schuppen und lehnte sich neben Maya an die Werkbank. Lächelnd erkundigte er sich: „Na, ihr beiden, wie sieht es zwischen euren strammen Schenkeln aus? Kribbelt es schon mächtig?" Beim Gewahrwerden von Mayas auf den Knien hängendem Höschen fuhr seine Hand zwischen ihre Schenkel. Während er an seinem feuchten Finger roch und ihn interessiert betrachtete, brummte er: „Aha, ihr habt euch schon mal aufgewärmt. Da werden wir aber noch so einiges tun müssen. Ich würde sagen, bevor du deinen Schlüpfer wieder über den Allerwertesten ziehst, müssen wir dein Dock trockenlegen. Zunächst jedoch ist Reinlichkeit vonnöten, denn dir hängt ja noch die halbe Wiese aus dem Hintern." Er grinste sie an: „ Hat mir übrigens sehr imponiert, wie du das Grasbüschel samt Regenwürmern vergewaltigt hast. Auf solche Ideen muss man erst mal kommen. Vielleicht sollte ich sicherheitshalber mal nachsehen, ob sich nicht ein paar Krabbelviecher in dein wundervoll erdig riechendes Kellerverlies verirrt haben."

Maya erschrak, denn er beugte sich blitzschnell zu ihr herab, packte ihre Bluse mit den Zähnen und zog sie ihr über den Kopf, während seine Hand ruhig in ihrem Schritt lag. Nach und nach entblätterte er sie auf diese Weise völlig. Ihr Gesäß wurde von Kleidungsstück zu Kleidungsstück immer unruhiger und ihre Brustwarzen nahmen dabei die Ausmaße und die Form von Schnullern an. Sabrina passte den Moment ab, in dem Mayas Augenlider auf halb Acht gingen, um ihr unversehens zwei Finger tief in den After zu drücken. Den daraus resultierenden Orgasmus musste Maya auf Zehenspitzen und laut schreiend hinnehmen. Sydney presste dabei Mayas Venushügel und die vordere Scham ungestüm zusammen, bis sie wimmernd in die Knie ging und seidig glänzende Tropfen von ihren Schenkeln abperlten. Dabei blieben ihre Blicke wie gebannt auf seine Augen gerichtet.

Was Sabrina über ihn behauptet hatte, stimmte. Sydney war ein Genie. Er wusste genau, an welcher Stelle und wann der Schmerz einsetzen musste, um einer Frau innerhalb von Sekunden einen berstenden Orgasmus aus dem Becken zu zaubern. Sie wand sich winselnd in seinem peinigenden und gleichzeitig Wonne erzeugenden Griff, der ein Stakkato von ungekannten Gefühlsnuancen in ihrem Geschlecht erzeugte. Als sie nach einem letzten Seufzer zusammensackte, trat er hinter sie, umfasste sie mit einem Arm, hob sie vom Boden und massierte sanft die brennenden Schmerzen aus ihrem malträtierten Genital. Sie ließ sich mit willig geöffneten Beinen hängen, starrte fassungslos zur Decke und schenkte ihm als Zugabe den sanftesten Orgasmus ihres Lebens direkt in seine Hand.

Sabrina sah in ihren Augen, dass sie ihm dabei ihr Herz zu Füßen legte.

Nachdem Sydney auch Mayas Brüste und den Bauch mit Hingabe gestreichelt hatte, trug er sie in die Wanne und wusch sie. Maya aalte und streckte sich unter seinen Händen, ließ sich völlig gehen, während Sabrina auf Knien vor der Wanne hockte und so heftig wie selten masturbierte. Die Zärtlichkeit, mit der Sydney Mayas Geschlechtsteile von Gras und Dreck befreite, ging ihr durch und durch. Fast spürte sie seine Hände an ihrem eigenen Körper. Nach einem klagenden Stöhnen erhielten auch ihre Schenkel den Glanz weiblicher Zufriedenheit.

Von dem Schraubendreher in ihrem Po musste sie allerdings von Sydney befreit werden, denn es schaute nur noch die Spitze seiner Klinge heraus. Um das hinter dem Schließmuskel klemmende Heft so schmerzfrei wie möglich herauszubekommen, wandte er seinen Spezialgriff in die Vagina an, der ihren After wie auf Knopfdruck öffnete.

Sabrina frottierte Maya liebevoll ab, als Sydney sie aus der Wanne gehoben hatte. Ihre prall gefüllten Schamlippen fühlten sich wundervoll an. Während sie fasziniert mit ihnen spielte, saugte Sydney an Mayas appetitlichen Brustwarzen und fragte schließlich: „Wie sieht es jetzt zwischen deinen knackigen Bäckchen aus, juckt es noch?"

Maya schielte mit einem Blick zwischen Furcht und Faszination an ihm vorbei: „Ja und wie, aber wenn ich mich hier so umschaue, weiß ich nicht, ob es Lust oder Angst ist, denn feucht werde ich bei beiden Gefühlen." Sie deutete auf die Wand hinter ihm: „Ich lasse bestimmt vor Panik alles unter mich gehen, aber irgendwie würde es mich wahnsinnig anmachen, meine Pipispalte mal an die Kettensäge zu halten. Natürlich darfst du sie dabei nicht laufen lassen."

Sydney legte kopfschüttelnd seinen Arm um ihre Schultern: „Eieiei, da hab ich mir ja ein paar Hardcore-Angels an Land gezogen. Schlag es dir aus dem Kopf, Maya! Mit dem Finger darfst du gern mal vorsichtig dran fühlen, aber damit hat es sich dann auch schon. Dieses Ding ist lebensgefährlich. Ihre Zähne würden dich auch im Stillstand schwer verletzen. Sie sind zwar nur sehr klein, aber die von Piranhas sind es auch und trotzdem nagen sie dich bis auf die Knochen ab. Spitz, scharf und dazu noch gebogen. Keine guten Voraussetzungen für einen Orgasmus, denn im Gegensatz zu den mit Hornhaut bedeckten Fingern dringen die Sägezähne schon bei der kleinsten Berührung in die zarte Haut deiner Scheide ein. Wenn du deinen süßen Hintern dann erschreckt wieder wegziehen willst reißt es dich von vorn bis hinten auf. Was das bedeutet, dürfte dir klar sein. Deine sekundären Genitalien sind bei Erregung die am stärksten durchbluteten äußeren Körperteile. Wenn du dich da verletzt, liegst du eine Minute später schreiend in einer riesigen Blutlache und denkst an alles andere, nur nicht mehr an einen Orgasmus. Lass also bitte die Finger von solchen Geräten, auch wenn sie dich noch so reizen."

Maya klapperte fröstelnd mit den Zähnen: „Du hast Recht, ich lass es lieber. So richtig ernst meinte ich es auch nicht, denn in Wirklichkeit würde ich wohl schreiend davonrennen, wenn mir jemand so ein Ding zwischen die Beine halten wollte." Sie trat an die Werkbank, strich wieder fasziniert über die Messerklinge und griff in ihren Schritt: „Irgendwie kribbelt es auch bei dem Anblick dieses Monsters, aber solltest du es benutzen, dann halte es mir bitte nicht mit der scharfen Seite an den Bauch, sonst kriege ich Panik und pinkle dich von oben bis unten voll."

Sydney wischte sich über die Stirn. Sabrina bewegte sich ja schon durch gefährliche Fantasiebereiche, würde aber in der Realität die Finger von den wirklich gefährlichen Dingen lassen. Maya könnte sich jedoch selbst zur Gefahr werden, sollte sie sich einmal allein im Schuppen aufhalten. Das konnte er nicht verantworten. Nach kurzem Überlegen, wie er sie nachhaltig von diesen Dingen fernhalten könnte, zog er sie in die Mitte des Schuppens, deutete auf den kalten Boden und befahl: „Leg dich mit dem Rücken auf die Erde und spreize die Beine so weit du kannst."

Maya sah ängstlich zu Sabrina. Die nickte ihr beruhigend zu: „Mach schon, er will dir nur etwas zeigen. Mit mir hat er auch so was gemacht und ich habe begriffen, was er meinte."

Zögernd kam Maya seinen Anweisungen nach und blickte beunruhigt von einem zum anderen. Nachdem sie ihre Schenkel weisungsgemäß geöffnet hatte, nahm Sydney das Messer an der Klinge und legte ihr den Griff in die Hand. Es war so schwer, dass ihre Hand vor Anstrengung zitterte.

Auf ihren verwirrten Blick hin verlangte er: „Halte es gut fest und drücke die Klinge flach auf deine Scham. Aber sehr vorsichtig, damit du deine Schenkel nicht mit der Schneide berührst. Das Ding ist so scharf wie eine Rasierklinge und würde dir glatt die Muskeln und Sehnen durchtrennen, mit denen du deine Beine schließt." Er musste sie mehrmals ermuntern, bis sie seinem Willen widerstrebend nachkam.

Mit einem erstickten Schrei zuckte sie zusammen, als der kalte Stahl ihre Vulva berührte. Sie erstarrte, jammerte ängstlich und wagte keinen tiefen Atemzug mehr.

Sydney beugte sich über ihr Gesicht: „Was spürst du?"

„Es ist kalt und ich hab ganz furchtbare Angst, mich zu schneiden."

„Nur Angst oder auch Kribbeln?"

Mayas Stimme zitterte: „Nur Angst, ganz viel Angst!"

„Aha, dann hebe das Messer vorsichtig an, drehe die stumpfe Klingenseite zu dir und führe sie in deine Schamspalte, bis sie deinen Damm berührt."

Maya wimmerte auf: „Nein, das mach ich nicht, ich hab Angst!"

Sydney deutete auf das Messer: „Du hältst es richtig herum, es kann dich nicht verletzen. Tu es für dich, überwinde deine Angst."

Sie tat es nur sehr widerwillig und mit wild zitternden Händen. Ihre Augen füllten sich mit Tränen, als die eisige Klinge in ihre Scham eindrang und schließlich ihren Damm berührte.

„Nicht so zimperlich", tadelte Sydney. „Leg ein bisschen Druck dahinter!"

Ihr Unterleib zuckte wie unter einem Peitschenhieb zusammen und sie begann laut zu weinen, als die Messerspitze ihren Anus berührte. Völlig reglos verharrte sie in dieser Stellung. Ihre vorher erregend rosigen, feucht glitzernden und blutgefüllten Schamlippen verkümmerten schnell zu dünnen Linien, die sich der Färbung ihrer Umgebung anpassten, als wollten sie sich verstecken.

Sydney kniete sich neben sie, legte beruhigend die Hand auf ihren eingezogenen Bauch und nahm vorsichtig das Messer aus ihren verkrampften Händen. Schmunzelnd fragte er: „Hat es dir gut getan? Ich sehe gar nichts, was auf einen Orgasmus hinweist. Sein Finger fuhr grob durch ihre Schamspalte: „Noch trockener geht's nicht. Dieses ziemlich teure Schlachtinstrument scheint den Geschmack deiner verwöhnten Muschi nicht zu treffen oder irre ich mich?" Er reichte das Messer an Sabrina weiter und sagte: „Lege es bitte in die Schublade, wir brauchen es nicht mehr."

Nachdem er Maya auf die Beine geholfen hatte, hob er sie an seine Brust, hüllte sie mit seinen Armen ein und streichelte ihren Po, bis ihr Zittern nachgelassen hatte: „Na, begriffen, was ich dir damit zeigen wollte?"

Sie schmiegte sich an ihn und nickte vehement: „Ja, Sydney, ich hab es begriffen. Wirklich! Ich hab furchtbare Angst gehabt, obwohl ich es selbst getan habe. Ich wäre vor Panik gestorben, wenn du es gemacht hättest."

„Deshalb habe ich es nicht getan und werde es nie tun, denn ein Messer schenkt genauso wenig Lust wie eine Kettensäge, eine Schusswaffe oder eine Axt. Solche Gerätschaften haben absolut nichts zwischen deinen Schenkeln zu suchen. Genieße lieber die Dinge, die wirklich Freude bringen."

Während er Maya fest umschlungen in seinen Armen hielt und mit ihr redete, sah er Sabrina über Mayas Schulter hinweg eindringlich an. Er deutete mit seinen Augen zunächst auf eine Dose mit Melkerfett und dann auf einen ergonomisch geformten, ziemlich massiven Pfannenstiel auf der Werkbank, den er irgendwann einmal von einer unbrauchbaren Pfanne abgeschraubt hatte. Als leidenschaftlicher Bastler warf man solche Teile nicht weg. Dass er dieses mit Silikon überzogene, mit Fingermulden und einem gebogenen Knauf versehene Teil einmal für erotische Spielchen benutzen würde, daran hätte er damals nicht im Traum gedacht. Die Vorstellung, es gleich in Mayas Innerem zu wissen, erregte ihn aufs Äußerste.

Sabrina begriff sofort, was er von ihr erwartete und rieb den Knauf mit Fett ein. Ihre Körpersprache und ihre sich nervös aneinander reibenden Schenkel offenbarten Sydney deutlich, wie gern sie dieses aufregend geformte Instrument in sich selbst spüren würde, aber sie beherrschte sich, ging hinter Maya in die Hocke und zielte. Sydney nickte ihr zu, presste Mayas Arme fest an ihren Körper und bog sich weit nach hinten durch.

Bevor Maya durchschaute, was ihr zugedacht war, spürte sie den eiskalten Griff in ihr Becken eindringen. Im ersten Moment meinte sie, in ihrer Vagina sei ein Böller detoniert. Ihr Kopf flog in den Nacken und sie bog sich schreiend zurück, bevor sie mit gespreizten Beinen in Sydneys Armen erstarrte.

Wie gelähmt und schwer atmend, horchte sie in sich hinein, während der Stiel unaufhaltsam in ihr nach oben wanderte. Da er mit seinem gebogenen Knauf Richtung Bauch in sie eindrang und Sabrina ihn zusätzlich nach vorn drückte, spürte sie, wie er zunächst die zarten Strukturen um ihren Harnleiter herum gegen ihr Schambein drückte und wohltuend massierte. Ein mehrfaches irritiertes Zucken ihres Genitales zeugte davon, dass dabei ihr Klitorisnerv einer starken Reizung ausgesetzt wurde. Langsam kreisend wanderte der Knauf aufwärts, massierte die eingelagerten Weichteile hinter ihrem Schambein und verharrte dann an einer gut fühlbaren Schwellung. Es musste sich um ihre prall gefüllte Blase handeln, deren Schließmuskel bisher unbemerkt dafür gesorgt hatte, dass sie sich nicht unbeabsichtigt entleerte. Auf dieser Schwellung ließ Sabrina nun den Knauf kreisen.

Maya atmete jappsend. Sie konnte dem ständig stärker werdenden Reiz nicht entkommen, denn ihr Venushügel lag auf Sydneys hart angespanntem Bauch. Seine stark auftragende Gürtelschnalle drückte sich von außen auf den Bereich über ihrer Schambeinmitte und nahm ihrer Blase damit auch die winzigste Ausweichmöglichkeit. Maya fühlte, wie ihr Schließmuskel vor Anstrengung vibrierte und zu brennen begann. Er wehrte sich mit allem, was ihm zur Verfügung stand, gab aber schließlich entkräftet nach. Als sie die ersten Tropfen austreten fühlte, traf sie die Erkenntnis wie ein Blitzschlag. Sabrina würde sich nun für ihre groben Zwangsentleerungen bei der Luncheonette revanchieren!

So geschah es dann auch. Das dicke, kalte Ding in ihr presste ihre Blase erbarmungslos zusammen. Sie schrie gepeinigt auf und ließ die gewaltsame Entleerung mit weit herausgedrücktem Bauch und lautem Stöhnen über sich ergehen. Der brennend aus ihr herausschießende Strahl badete Sabrinas Unterarme in Urin und durchnässte Sydneys Hosenbeine. Nach dem Austropfen ihrer Harnröhre fühlte sie sich wie wund gemolken. Sie ließ sich willenlos in Sydneys Armen hängen, bis sich ihre Harnröhre wieder zusammengezogen hatte, das Brennen langsam verebbte und an dessen Stelle das lustvolle Pumpen ihrer Vagina in den Vordergrund trat.

Sabrina hatte nun punktgenau ihren G-Punkt ausgemacht und bearbeitete ihn mit raffinierten Stielbewegungen. Mayas Becken bog und wand sich ekstatisch, als der Höhepunkt sie überrollte, den Sabrina mit wohldosiert verabreichten Schmerzen zu einer grandiosen Explosion ihrer Organe werden ließ. Als Frau wusste sie genau, worauf es ankam. Während sie den Stiel tief in Mayas Vagina hineinbohrte, presste sie Daumen und Finger ihrer anderen Hand kräftig rechts und links des Gebärmutterhalses in deren Unterbauch. Sie spürte es als feines Vibrieren, wie Mayas Fortpflanzungsorgane sich in ihrem Bestreben, dem Schmerz durch kräftige Muskelkontraktionen auszuweichen, mit unbändiger Lust aufluden und dann förmlich aufplatzten. Es floss aus Maya heraus wie eine gewaltige männliche Ejakulation. Ihr Gesicht fest an Sydneys Brust gepresst, ließ sie ungehemmt die Melodie ihrer innigsten Empfindungen erklingen.

Ihr grandioser Orgasmus riss Sabrina mit. Sie ließ aufschreiend den Stiel fahren, wandte sich ab, sank wimmernd auf die Knie und presste ihre Hände auf den Leib. Einen Augenblick verharrte sie wie versteinert, um sich dann stöhnend zusammenzukrümmen, bis ihr Kinn den Boden berührte. Obwohl niemand ihre empfindlichen Stellen auch nur ansatzweise berührt hatte, raste der Höhepunkt wie ein Beben durch ihren nackten Leib und quetschte sie aus wie eine Pampelmuse. Sie fühlte einen Erguss aus sich heraus fließen, als sei sie schwanger und ihre Fruchtblase wäre geplatzt.

Ihre Gesäßöffnung stand dabei weit offen und ermöglichte Sydney einen Blick auf die zartroten Strukturen ihres Enddarms. Es mutete an, als benötige ihr Körper auf dem Scheitelpunkt der Empfindungen eine zusätzliche Atemöffnung. Erstaunlich, welche Muskeln allein durch Fantasie in Gang gesetzt werden konnten.

Nachdem er den Stiel aus Maya entfernt hatte, trug er zunächst sie, dann Sabrina in die Stube, um sie nebeneinander auf der Couch abzusetzen. Die Frauen sanken sich kraftlos in die Arme. Ihre Leiber glühten noch immer, als kämen sie frisch aus einer Friteuse. Wie konnte das angehen? Beide badeten förmlich in ihren Elixieren. Die meisten der ihm bekannten Frauen sonderten allenfalls einige Tröpfchen Gleitflüssigkeit ab, die in ihren Höschen mal gerade einen unscheinbaren Fleck hinterlassen würden. Diese beiden dagegen mussten mit speziellen Zysten ausgestattet sein, in denen sich während ihrer sexuellen Ruhephasen wahre Sturzfluten ansammelten. Ihm waren zwar schon Geschichten über Frauen zu Ohren gekommen, deren Orgasmen ejakulationsartige Entladungen nach sich ziehen sollten, die hatte er jedoch bisher als Wunschzoten fantasiebegabter Männer abgetan. Nun saßen ihm gleich zwei dieser Exotinnen gegenüber und tränkten die auf der Couch ausgebreitete Decke mit ihren Ausflüssen.

Er setzte sich vor ihnen auf den Boden und betrachtete sie mit Genuss. Vom Körperbau, ihrer Haarfärbung und ihrer Hauttönung her könnten sie Zwillinge sein, sogar die Brüste und Ansätze ihrer Schamspalten wiesen kaum Unterschiede auf. Nur stach Sabrinas enorm ausgeprägte Klitoris sofort ins Auge, während Mayas dezenteres Gegenstück im Sitzen verborgen blieb. Dafür waren deren Brustknospen dicker als Sabrinas und bekamen bei Erregung tatsächlich eine Schnullerform. Beide hatte die Natur großzügig mit allem ausgestattet, was Männer zum Lechzen brachte und ihre Schönheit berauschte geradezu die Sinne. Jede Körperzone ging ansatzlos und harmonisch in die benachbarten über, alles wirkte wie aus einem Guss. Aber nicht nur ihre äußeren Reize erregten ihn, denn abgesehen von ihren abgründigen Fantasien besaßen beide eine liebenswerte Art, die sein Herz berührte und beide waren hochgradig darauf angewiesen, geschützt zu werden.

Erst nach geraumer Zeit zeigten sie wieder Regungen, streckten sich nebeneinander aus, streichelten sich gegenseitig und tauschten bei einem unendlich langen Kuss ihren Geschmack miteinander aus. Dabei schnurrten sie wie Stubentiger, streichelten gegenseitig ihre Körper, saugten voller Hingabe an ihren Brüsten und bedachten ihn immer wieder mit verliebten Blicken. Später bescherten sie sich gegenseitig noch einen sanften Höhepunkt. In Mayas Gesäßspalte konnte er währenddessen hineinschauen, was er auch mit Begeisterung tat.

Oberflächlich zeigten sich, abgesehen von denen die Sabrinas Finger hervorriefen, kaum Bewegungen an ihren äußeren Genitalien. Beim genaueren Betrachten jedoch bemerkte er feine, fließende Wallungen in ihrem Scheidenvorhof. Hier und da wölbten sich Teile der Vulva unvermittelt nach außen und der Harnleiterwulst hüpfte mehrmals zuckend hervor, bevor er beim Zusammenbrauen der Gefühlsentladung weit in Mayas Öffnung hineingezogen wurde. Ihre Vagina krampfte sich beim Ausbruch des Höhepunktes rhythmisch um Sabrinas Finger, den sie im letzten Moment tief hineinpresste. Während des Höhepunktes ging Maya ein Spritzer Urin ab und es kam für einen Augenblick reges Leben in ihre Schamspalte, bevor sie von ihrer sprühenden Pseudoejakulation überschwemmt wurde.

Ein Hauch von Urin und gesunder Scheidenflora streifte seine Nase. Auch in dieser Hinsicht glichen sich beide. Sie rochen dort unten eher nach Teenager als nach erwachsenen Frauen, als hätte bei ihnen die Geschlechtsreife erst vor kurzem eingesetzt. Die feine Gliederung ihrer sekundären Geschlechtsmerkmale und ihre auffällig rosige Färbung unterstützten diesen Eindruck stark. Einfach wunderbar, die beiden bei dieser innigen Tätigkeit beobachten zu können, zumal sie sich bemühten, seine Augen an jedem Detail ihrer lustvollen Beschäftigung teilhaben zu lassen. Schließlich lagen sie völlig bewegungslos da und weinten glücklich miteinander. Zwei zarte, verletzliche Geschöpfe, die ihm durch ihr schambefreites Tun offenbarten, wie sehr sie ihm vertrauten. Ohne Zweifel fühlten sie sich bei ihm geborgen und verstanden.

Sydney schüttelte sich vor Wohlempfinden. Dass Weinen die höchste Form der Entspannung nach einem umwerfenden Erlebnis sein konnte, wusste er. Sie taten es mit einer Inbrunst, die es ihm erlaubte, mit ihnen zu weinen. Ihr Weinen zeigte ihm, dass sie noch über ihre gesamte Gefühlspalette verfügten, deren zärtlicher Teil nur unter einer Decke aus Brutalfantasien und Seelenpein begraben lag. Dies erleichterte ihm seine sich selbst gestellte Aufgabe, ihnen wieder zu einem würdigen Umgang mit ihren Körpern zu verhelfen. Nun galt es, zwei Patientinnen zu therapieren.

Später setzten sich beide geheimnisvoll lächelnd auf, zogen ihn in ihre Mitte und bedachten seinen gesamten Körper mit Zärtlichkeiten. Hocherotische Zärtlichkeiten. Er genoss ihre Berührungen wie einen paradiesischen Traum. Danach verschafften sie auch ihm umfassende Entspannung. Er sollte teilhaben an ihrem Glück, ein Teil von ihnen sein. Sie streckten ihn auf der Couch aus, bevor sich beide Hand in Hand vor ihm niederknieten. Maya verschloss seinen Mund mit einem endlosen Kuss, während Sabrina sich mit weichen Lippen seinem steil aufragenden Glied widmete.

Amüsiert schmunzelte er in sich hinein, denn viel mehr als seine Eichel bekam sie bei aller Mühe nicht zwischen ihre Zähne. Überraschenderweise gelang es ihr dennoch mit Feingefühl und Fantasie, es in ganzer Länge zu verwöhnen.

Er schloss seine Augen, denn eine Woge aus Glückseligkeit durchströmte ihn. Maya hauchte sie ihm ein, Sabrina nahm sie in Empfang und führte sie über ihre Hand wieder an Maya zurück. Alles geschah mit sanften, aber sehr gefühlsintensiven Berührungen, die ihm alle Kraft raubten, ihn zu ihrem Spielball werden ließen. Nicht einen Finger konnte er mehr rühren, als Sabrina schließlich seine Hoden knetete und kraftvoll an seiner Eichel saugte.

Der Orgasmus begann wie fernes Meeresrauschen, rollte heran, wurde zu einer Tsunamiwelle, die ihn gen Himmel katapultierte und wie ein Stück Treibholz über den Strand seiner Gefühle spülte. Sabrina trank ihn begierig leer, saugte, bis er ihrem Mund alles überlassen hatte, was er von sich geben konnte und Maya brachte ihn mit einem leidenschaftlichen Abschluss ihres Kusses wieder in die Realität zurück. Zwei bezaubernde Feen gebaren ihn auf diese Welt zurück, von der sie ihn zu einem Trip auf ihre Gefühlsebene entführt hatten.

Später blickten sich sechs Augen verschworen und voller Vertrauen an. Ohne Zweifel würden ihre zukünftigen Spiele nicht nur Spiele bleiben, sondern reine Liebe sein. Liebe zu Dritt!

Maya bereitete Kaffee zu, stellte eine Kerze auf den Tisch und setzte sich mit ihrer Tasse auf einen Stuhl, um auf Sydney und Sabrina zu warten, die sich um die durchnässte Kleidung kümmerten. Während Sabrina sie auswusch, konstruierte er vor dem Schuppen einen Ständer für sein Laubgebläse, in dessen Luftstrom die Schlüpfer und Sabrinas Strumpfhose blitzgetrocknet werden sollten. Vorher waren sie gemeinsam unter der Dusche gewesen. Sie stützte träumend ihr Kinn auf die Hände, schloss die Augen und ließ dieses überwältigende Erlebnis noch einmal an sich vorüberziehen.

Welch ein anheimelndes Gefühl, zu Dritt in seiner Viehtränke zu stehen und sich gegenseitig zu waschen. Es profan als waschen abzutun wurde dem nicht gerecht, was Sydney an ihnen zelebriert hatte. Nachdem er zunächst von ihnen gemeinsam abgeseift worden war, nahm er sich Sabrina und später sie vor.

Maya seufzte. Sie musste Sabrina in allem Recht geben, was sie über ihn behauptete. Einen solchen Mann fand man eigentlich nur im Märchen. Äußerlich ein muskelbepackter Riese mit einem kantigen, ausdrucksstarken Gesicht und entsprechend gewaltigen Pranken, deren Spannweite bei einem Griff zwischen ihre Schenkel vom Schambein bis ins Kreuz reichte, innerlich ein Musterbeispiel an Sanftmut und Empfindsamkeit. Dass solche Hände dazu in der Lage sein könnten, einer Obstfliege den Bauch zu kraulen bis sie lachte, hätte sie nie für möglich gehalten.

Himmel noch, diese gewaltigen Pranken glitten sanfter als Federboas über ihren Leib, massierten mit unendlichem Feingefühl den Seifenschaum in jede einzelne Pore ein und reinigten selbst das sensible Inventar ihrer Schamspalte, einschließlich der Popoöffnung.

Zum Bearbeiten ihres vorderen Leibes legte Sydney einen Arm von hinten um sie, auf dem ihre Brüste wie reife Früchte ruhten und hob sie von ihren Füßen. So in seinem Griff hängend, genoss sie mit geschlossenen Augen jede seiner Berührungen, denen sie sich leidenschaftlich entgegenstreckte, um dafür mit elysischer Entspannung belohnt zu werden.

Nie zuvor wurden ihr derart sanfte Berührungen zuteil. Schon gar nicht durch ihre Eltern, die sie in einem Rausch ihrer fanatischen Glaubensdogmen brutal ihrer Unschuld beraubt hatten, nachdem sie von ihnen eines Abends nach dem Kirchgang masturbierend im Bett erwischt wurde. Mutter hatte ihr von der anderen Bettseite her die Beine auf die Schultern gezogen, während Vater mit seinem seltsamen Anhängsel schmerzhaft den Teufel aus ihrem Leib trieb, was er dann bald täglich wiederholte. Noch wochenlang musste sie diese Tortur erleiden, bis sie sich eines Abends vor Schmerzen weinend und blutend auf die Straße retten konnte. Dort wurde sie von Nachbarn vor ihren wie von Sinnen tobenden Eltern beschützt, bis der Sheriff eintraf. Beide entzogen sich damals ihrer Strafe durch Selbstmord. Ihre Sekte löste sich danach auf, denn die aufgebrachten Bürger von Sweethome veranstalteten in ihrem heiligen Zorn über diesen entsetzlichen Missbrauch eines Kindes eine regelrechte Treibjagd auf ihre Mitglieder.

Maya wischte diese lange unterdrückten Erinnerungen aufschluchzend beiseite und widmete sich wieder ihrem wundervollen Duscherlebnis. In Sydneys Arm hängend, von warmem Wasser umspült, träumte sie dabei, sich dem lauen Wind am Strand einer tropischen Insel hinzugeben, sich ihm ganz zu öffnen und den Odem des Paradieses in Empfang zu nehmen.

Zum Verwöhnen ihrer Kehrseite wurde sie dann umgedreht und wie ein Kind an seine Brust gedrückt. Ihre Wange schmiegte sich dabei glückselig an seine, die sich nach umwerfender Männlichkeit anfühlte und sie knabberte zärtlich an seinem Ohr, während seine Pranken ihren Rücken und ihr Gesäß zum Altar göttlicher Liebkosungen werden ließen. Seine Sanftheit führte sie in eine Zeit zurück, in der die Berührung ihrer empfindlichsten Leibesstellen noch nicht mit selbstzerstörerischen Fantasien einhergingen, in denen das Streicheln ihres unschuldigen Geschlechts nur den Wunsch nach nie endenden Zärtlichkeiten durch jemand anderen hinterließ. Wie wunderschön war es doch vor der Entdeckung durch ihre Eltern gewesen, neugierig ihre rätselhafte Leibesöffnung zu erkunden und eines Tages vom Zauber eines namenlosen, unendlich intensiven Glücksgefühls überrascht zu werden.

Als es mit himmlischem Kribbeln in ihrem Becken begann, lag sie auf dem Bauch, beide Hände zwischen den unruhig werdenden Schenkeln. Wie von Geisterhand auseinander gezogen, hatten sich ihre Beine bald bis zum Spagat geöffnet, der Rücken bog sich nach hinten durch, bis sie einen kühlen Hauch in ihren Öffnungen spürte, die Füße streckten sich und ihr Unterleib wand sich immer heftiger in wohligen Krämpfen, bis etwas Glühendheißes ihre vordere Öffnung verließ. Klebriges Wasser floss über ihre Finger und durchnässte ihr Laken. Zweimal hintereinander gelang es ihr, den Po vor Glück explodieren zu lassen. Beim zweiten Mal spritzte das Wasser geradezu aus ihrem Inneren heraus, bis an das Fußende des Bettes und die Intensität der süßen Krämpfe raubte ihr die Besinnung. Wenig später bekam dieses Gefühl immer mehr Namen, die ihm nicht gerecht wurden.

Warum nur, warum musste es entzaubert werden und Namen bekommen? Warum nur wurde diese geheimnisvolle Leibesöffnung zur Scheide, später zur Vagina, zum Loch, zur Möse und letztlich zur Fotze? Wann wurde dieses herrlich namenlose Gefühl zum Höhepunkt, zum Orgasmus zum Abgang, zum Verspritzen? Ab wann mussten die neugierigen Finger leblosen Gegenständen weichen, die Schmerzen bereiteten und ab wann gab es zwei Löcher, an denen sie sich von Jahr zu Jahr liebloser verging, ohne jemals wieder so glücklich zu sein wie damals? Seit wann musste sie aus Scham über ihr Tun weinen? Sie wusste es nicht mehr, ahnte jedoch, dass dieser Fluch ein Erbe ihrer Eltern war.

In Sydneys Armen war ihr nun bewusst geworden, dass zumindest ein Teil ihrer kindlichen Unschuld noch in ihr schlummerte. Wenn sie tief in seine Augen schaute, meinte sie, alle ihre damaligen Gefühle in ihnen wiederentdecken zu können. Er war so unglaublich frei und ehrlich wie auch sie es einmal gewesen war, wandelte mit seiner zauberhaften Unschuld Namen und Bezeichnungen wieder in Dinge um, die Gefühle besaßen und erweckte längst vergessene Träume von Zärtlichkeit in ihr.

Zu ihrem kindlich unschuldigen Sex würde sie wohl nie mehr zurückfinden, aber diese Fantasieexzesse, die nichts als eine explosive Entladung der Unterleibsorgane erzeugten und ständig nach neuen Reizen verlangten, ohne jemals das Gefühl zu hinterlassen, die Befriedigung erreicht zu haben, wozu sollten sie gut sein? Nein, sie wollte diese Gedanken nicht mehr! Sydney hatte ihr gezeigt, dass nur ein Orgasmus, der mit Liebe geschenkt und mit Vertrauen hingenommen wurde, die ersehnte Erfüllung brachte! Zum ersten Mal seit den Tagen ihres vergangenen Glückes wurden ihr Körper und ihre Seele durch seine Hände wieder vereinigt und gemeinsam befriedigt. Sie hatte sich so geborgen gefühlt, dass sie danach nur noch glücklich weinen konnte. Ihr Herz zersprang fast vor Freude und ihr Dank dafür sollte eben dieses Herz sein, das sie ihm zum Geschenk machen wollte. Gleichzeitig Liebe und Sex mit Achtung vor ihrer Person und Sicherheit unter den Flügeln eines Engels haben zu können, überschwemmte es mit einem unbändigen Glücksgefühl. Aus ihrem Kopf verschwanden alle Namen der Vergangenheit, es gab nur noch zwei, die ihr etwas bedeuteten: Sydney und Sabrina! Allein schon das Flüstern ihrer Namen reichte dazu aus, das Morgenrot einer schöneren Zeit zu sehen.

Und nun saß sie nackt in seiner warmen, urgemütlichen Stube und wartete ungeduldig auf die beiden, denen sie hemmungslos ihre tiefsten Gefühle, ihre sehnlichsten Wünsche offenbaren und ihren Körper bedenkenlos anvertrauen konnte. Zwei Menschen, die ihre finstersten Begierden kannten und die ihren mit ihr teilten. Hoffentlich stellte sich dieses Glück nicht als Traum heraus, aus dem sie das Klingeln ihres Weckers unsanft vertrieb! Wäre dem so, dann würde sie nicht mehr leben wollen.

Träumend nahm sie den von Sydney aus einem Bockhorn gefertigten Zigarrenabschneider und dessen zum Feuerzeug verarbeitetes Gegenstück in die Hände. Neben all seinen anderen Fähigkeiten musste er auch über eine beachtliche handwerkliche Begabung verfügen, denn alles an diesen Rauchutensilien wirkte wie von einem Künstler gefertigt. Ohne sich dessen bewusst zu werden, führte sie das Horn des Zigarrenabschneiders an ihren Mund und ließ ihre Zungenspitze um dessen Spitze kreisen. Schon bald wanderte das Bockhorn über Kinn und Kehle, zwischen den Brüsten hinab zum Bauchnabel, um nach einem kurzen Stopp den Schamhügel anzusteuern.

Maya registrierte ihr Tun erst, als ein machtvoller Lustimpuls ihren Leib in helle Aufregung versetzte. Die Hornspitze presste sich auf ihre bereits höllisch angestachelte Klitoris, deren Reizung einen wahren Sturm der Begierde durch ihr Lustzentrum jagte. Sie führte das Horn kreisend zwischen ihre Schamlippen, um es dann zielstrebig in die Scheide vorzudringen zu lassen, wo seine Spitze am Wulst des Harnausgangs verharrte. Ihrer Kehle entrannen verzückte Lustlaute, denn bei ihr gehörte der Wulst der Harnröhre zu den hocherogenen Zonen, was scheinbar nur für wenige Frauen zutraf. Der Versuchung, zumindest die Spitze mit sanfter Gewalt in ihren Harnleiter zu bekommen, widerstand sie, aber nach einem Abstecher zum Damm drang sie dann gezielt in ihre erregt zuckende Vagina ein.

Schon bald fand sie die Stelle, an der Sabrina ihren Klitorisnerv innerlich gereizt hatte. Gar nicht so einfach, ihn zu erwischen, denn er befand sich zwischen irgendwelchen Weichteilen vor dem Harnleiter, der auf Druck mit unangenehmem Ziehen reagierte. Nach einigem Versuchen gelang es ihr jedoch und sofort stand ihr gesamter Genitalbereich in hellen Flammen. Jede Berührung ließ das Innenleben ihres Beckens wie von Strom durchflossen zucken. Dabei öffnete sich ihre Vagina, als würde ein Pfahl in sie hineingetrieben. Unmerklich verschwammen Fantasie und Wirklichkeit. Der gedachte Pfahl schien plötzlich Realität zu sein. Er sprengte beim Eindringen ihre Beckenöffnung und ließ ihre Organe in einem brüllenden Orgasmus bersten

Sie hielt inne und ein gequältes Wimmern löste sich aus ihrer Brust. Nein, das wollte sie nicht mehr haben. Nie mehr! Wieso konnten solche ekelhaften Fantasien in ihren Geschlechtsorganen überhaupt Lust erzeugen? Ein spitzer Pfahl, wie ihn während des Hexenwahns in Europa so manche Frau in ihr Becken getrieben bekam, würde auch die größte Lust in einer Wolke aus unvorstellbarem Schmerz hinwegfegen, aber niemals einen Superorgasmus bescheren! Was fand diese verrückte Fantasieecke in ihrem Hirn daran nur so reizvoll, ihren Körper als zuckendes Häufchen Elend in einer Lache aus Erbrochenem, Urin, Blut und Fäkalien sehen zu wollen. Würde es wirklich einmal so geschehen, wäre dies auch für diese Fantasieecke das Aus! Es musste wohl mit der Sehnsucht nach dem Tod zu tun haben, die sie so oft schon verspürt hatte … Aber jetzt, wo sie Sydney und Sabrina kannte, wollte sie nicht mehr sterben. Sie wollte leben!

Ein Hoffnungsfunke glimmte in ihr auf: Sabrina hatte Recht! Sie konnte diese Fantasien loswerden. Niemals würde sie mit sich mit Hausmütterchensex zufrieden geben können, aber sie konnte die Grenzen ihrer perversen Fantasien selbst bestimmen, was ihr gerade gelungen war. Sie konnte der Spirale aus Lust und Widerwärtigkeit tatsächlich entkommen. Noch besaßen diese Fantasien genügend Macht, um sie zur Weißglut zu bringen, aber es gab sie wirklich, die Möglichkeit, sie zu beherrschen. Sydneys Nähe gab ihr die Kraft dazu. Liebe und das Gefühl der Geborgenheit schienen dazu in der Lage zu sein, diese quälenden Fantasien gegen Schmetterlinge im Bauch auszutauschen.

Ihr brennendes Verlangen jetzt zu unterdrücken, würde ihr schwer fallen, aber sie konnte ihre Fantasie ja in abgemilderter Form zu Ende bringen. Der Pfahl wurde in ihrem Kopf zu einer gewaltigen heißen Brühwurst mit der sie zwar heftig gemartert, aber nicht verletzt wurde und tatsächlich reichte diese Vorstellung völlig aus. Nach nur wenigen Augenblicken bog sie sich vor Lust durch und ließ sich keuchend auf den Boden gleiten, wo sie auch für das Feuerzeug eine lustvolle Verwendung fand und wurde daraufhin von einem detonierenden Rausch der Sinne durchgewalkt, bis ihr Becken Funken sprühend auszuglühen schien.

Sabrina und Sydney, die von ihr unbemerkt die Stube betreten hatten, hockten sich zu ihr und streichelten ihren konvulsivisch zuckenden Leib, bis ihr explosiver Orgasmus abgeklungen war. Weinend und zusammengerollt blieb Maya auf der Seite liegen. Sabrina wischte ihren Po und die Schenkel mit Papiertüchern trocken.

Nachdem ihr bebender Körper zur Ruhe gekommen war, hob Sydney sie in ihrer Fötushaltung auf den Tisch, zog den Zigarrenabschneider mit seinen Zähnen aus ihrer Vagina und schnitt damit eine Zigarre ab, die er der Tischschublade entnahm. Dann beugte er sich zu ihrem Hintern hinunter, zündete das in ihrem After steckende Feuerzeug und hielt seine Zigarre an die Flamme.

Grinsend tätschelte er danach ihre weit herausgestreckten Backen und lachte: „Ein bisschen protzig und umständlich zu handhaben, dieses Tischfeuerzeug, aber durchaus fantasievoll modelliert. Wir werden es behalten."

Maya ließ sich von ihnen noch eine Weile schnurrend verwöhnen, ehe sie das Feuerzeug genussvoll stöhnend aus ihrem Darm zog und sich vom Tisch heben ließ. Ihr Unterleib wurde von Sabrina mit einem wunderbar warmen Waschlappen gereinigt. Genussvoll streckte die ihren Bauch heraus, presste ihn an den Lappen, um ihren sanften Händen so nach wie möglich zu sein und hauchte mehr als sie sprach: „Oh ja, so ist es schön, so wunderschön. ... Jetzt bitte meine Muschi, ... mach sie ganz sauber, ... oh ja, fühlst du, wie ruhig sie nun ist? Alles ist so weich, so entspannt. Oh Sabrina, tut das gut. Ja, auch mein Pipilöchlein, es sehnt sich danach, dass du es wäschst, ... aaach Sabrina, es liebt deine Hand vom ersten Moment an, du warst so gut zu ihm ... "

Sydney lehnte sich zufrieden in seinem Stuhl zurück und lauschte ihren infantilen Worten. „Ja, dies war der Gesang, den er liebte, das Gefühlslied eines vollkommen zufriedenen Menschen, der nur noch Glück empfand und sich geborgen fühlte. So musste es sein, so wollte er es jeden Tag seines Lebens haben!

Maya schloss die Augen und überließ sich ganz ihren Gefühlen. Wie zärtlich Sabrina mit ihren empfindsamen Organen umging. Ganz so, als gehörten sie zu ihrem eigenen Körper. Gerade reinigte sie ihren Po. Die Wärme des Waschlappens ließ ihn wohlig erschauern. Er drückte sich ihren Händen entgegen, um ja nicht zu kurz zu kommen, räkelte sich regelrecht unter ihren Berührungen. Wie glücklich sie war, diese beiden Menschen gefunden zu haben. Genau diese Zärtlichkeit und diese Geborgenheit waren es, die ihr am meisten fehlten, nach denen sie sich schon immer gesehnt hatte und nun von den beiden im Übermaß geschenkt bekam! Dies war eindeutig die wundervollste Art von Sex. Wie schön doch dieses Leben sein konnte, wenn man nicht allein war, beschützt wurde, vor sich selbst und der bösen Welt. Hätte sie doch nur einen Vater wie Sydney und eine Mutter wie Sabrina gehabt, nie wäre dieses schöne Gefühl in ihrem Schoß zum Abgang verkommen, nie wäre ihr geheimnisvolles Löchlein zu einer Fotze mutiert, nie wäre ihr Popo zu einem Arsch geworden.

Als sie später zufrieden lächelnd vor Sydney saß, zeigte der auf seine Zigarre: „Diese Dinger lässt du aber bitte in Ruhe, es sind meine letzten für den Rest des Jahres. Clinton schickt mir erst zu Weihnachten wieder neue. Es werden wie immer benutzte sein. Die duften zwar wunderbar, aber alle irgendwie anders. Der Mann scheint noch heute eine Menge zigarrensüchtige Verehrerinnen unter seinem Schreibtisch zu verstecken."

Sabrina warf sich bei der Vorstellung, acht paffende Muschis und genauso viele hustende Popolöcher unter dem Schreibtisch eines ihrer Professoren zu entdecken, quer über den Tisch und lachte Tränen, ... bis plötzlich ihre Backen mit einem kräftigen Ruck geöffnet wurden und ihre eigene Muschi unerwartet von einem riesigen Gegenstand ausgefüllt wurde. Ihr Lachen verwandelte sich in ersticktes Keuchen. Sydneys Hosenriese sprengte sie fast beim Einfahren, aber fürsorglich wie er war, hatte er ihn vorher mit Butter eingefettet. Er machte sie ausdauernd und heftig von hinten fertig, wobei er ihre Schultern fest auf den Tisch drückte und sie damit zur Unbeweglichkeit verdammte. Sabrina sah ihr dabei starr in die Augen. Ihr Körper wollte sich winden und strecken und baute, weil er es nicht tun konnte, eine ungeheure Spannung auf, die sich dann in einer massiven Eruption entlud, als sie seine heiße Füllung empfing. Der Druck, mit dem sich in sie entleerte, trieb sie in höchste Höhen, denn sie fühlte sein Sperma wie einen Gewehrschuss in ihren Muttermund einschlagen.

Als Maya ihr die gleiche Reinigungsprozedur zuteil werden ließ, die sie vordem an ihr vollzogen hatte, klärten sich Sabrinas Sinne allmählich wieder. Sie lag, wie schon einmal, mit ihrem Bauch auf dem Tisch. Sydney setzte sich an ihrem Südpol und beschäftigte sich interessiert mit ihrem hinteren Ausgang. Nachdem er ihr zum wiederholten Mal seinen Finger in den After gesteckt und sie sich dabei wie eine Eidechse auf dem Tisch gewunden hatte, legte Maya sich auf seine andere Seite und sagte mit einem Schmollmund: „Bedienung, ich möchte bitte das gleiche wie die Dame auf der anderen Tischseite haben!

Sydney rieb seine Hände. Welch ein faszinierender Anblick! Mit lang ausgestreckten Beinen zwischen den munteren Gesäßspalten sitzend, experimentierte er mit den Darmausgängen seiner beiden Nimmersatts und beobachtete amüsiert ihre Reaktionen auf verschiedenste Berührungen.

Ein kräftiger Druck mit seinen Daumen auf die weichen Bereiche unter den Steißbeinen ließen die Anusmuskeln hervorkommen. Mayas schob sich als kurze Röhre heraus, während Sabrinas sich eher als Donut präsentierte. Bei kräftigen Berührungen des inneren Dammes zogen beide sich tief in ihre Körperhöhlungen zurück. Sabrinas After zuckte dabei. Mit seinem Spezialgriff in die Geburtskanäle, wobei er von oben her die Nervenansätze ihrer Anusringmuskeln stimulierte, öffneten sich beide After, wobei Sabrinas sich wesentlich mehr weitete als Mayas, sodass er ein Stück in sie hineinschauen konnte. Ihr Enddarm zeigte ständig wellenartige Bewegungen. Im Grunde sah er nur glänzende, graurötlich gekräuselte Schleimhaut mit etlichen Dellen und einigen helleren Flecken, die zum Anus hin Schründe aufwies. Fühlen ließ sich von den inneren Strukturen wenig, dafür waren sie zu weich.

Sabrinas morgendliche Entleerung mit anschließender Darmspülung musste ihren kompletten Verdauungskanal leergefegt haben, denn es zeigte sich auch jetzt noch kein Krümelchen. Alles schön sauber. Maya hingegen würde wohl in Kürze aufs Töpfchen müssen. Als Förster ging er ständig mit Exkrementen von Tieren um, warum sollte dies ihm bei seinen beiden Feen etwas ausmachen? Also hieß es: Hinein mit den Fingern und höchstmöglichem Genuss schenken.

Die sich wohlig windenden Grazien dankten es ihm mit einem verzückten Tanz ihrer Gesäße und bezirzenden Lauten. Ihre Münder sangen ihm gemeinsam das Lied ihres Glücks in der unmissverständlichen Sprache unstillbarer Wollust. Zwischendurch küssten sie sich mit einer Inbrunst, die ihm eine Gänsehaut verschaffte und heizten sich am Mienenspiel der jeweils anderen auf. Bekam Maya einen Schlafzimmerblick, bekam ihn Sabrina ebenfalls. Es gab keine Worte, die ausdrücken könnten, was er bei ihrem Anblick empfand. Wie Sabrina und Maya es so frugal aber treffend auszudrücken pflegten, es kribbelte … irgendwo und überall. Besäße er doch nur Finger, so lang und biegsam, dass er bis in ihre Münder vordringen könnte, um sich am Fandango ihrer Zungen zu beteiligen. Wie berauschend müsste es sein, jede einzelne Eizelle in ihren Eierstöcken streicheln zu können.

Die beiden Nimmersatts schienen einen Rekord im Synchrontanz weiblicher Südpole anzustreben, seinem Interesse an den lebhaften Strukturen ihrer diffizilsten Körperregionen wurde jedoch schon bald eine Grenze gesteckt. Weniger der nachlassenden Lust als des Drängens seines Magens wegen, der nach einer Zeit unwilligen Grummelns zur handfesten Randale überging. Nicht mehr lange und er würde wie ein Barrakuda nach dem Gaumenzäpfchen schnappen. Es wurde höchste Zeit, auch seinem Recht Geltung zu verschaffen. Wie er seine ahnungslosen Gespielinnen effektvoll vom Tisch herunterbekommen konnte, wusste er schon und bereitete sich grinsend auf einen Überraschungsangriff vor, der ihnen in Form von zwei Rammböcken in die Eingeweide fahren würde.

Jeweils im anderen Geburtsgang großzügig mit Gleitmitteln versehen, versenkte er seine Zeigefinger mit einem gepfefferten Rutsch bis zum Anschlag in ihren arglosen Gesäßen, wobei er gleichzeitig die Handinnenflächen zur Decke drehte. Seine Finger schraubten sich quasi in die völlig überraschten Damen hinein.

Von entrüsteten Aufschreien der beiden begleitet, flogen ihre Hintern abrupt in die Höhe, als hätte er Igel unter ihre Venushügel gedroschen und ihre geschockten Analmuskeln krampften sich steinhart um seine Finger. So war es vorgesehen, nun musste er nur noch seine Finger Richtung Decke bringen, um die beiden wie Bahnschranken aufzurichten. Dies tat er dann auch mit unerbittlichem Druck, bis sie weit nach hinten durchgebogen, mit geschlossenen Beinen und auf Zehenspitzen neben ihm tänzelten. Wollten sie die Schmerzempfindungen ihrer gepeinigten Abgänge in erträglichen Grenzen halten, blieb ihnen nichts weiter übrig, als absolut bewegungslos in dieser anstrengenden Stellung zu verharren.

Bei Sabrina ging seine Rechnung auf, die stand steif, mit durchgebogenem Kreuz, im Nacken liegendem Kopf und trippelnden Füßen da, Maya jedoch rieb, presste und quetschte euphorisch die prall gefüllten Weichteile ihrer Genitalien zwischen den Schenkeln und keuchte ekstatisch. Unfassbar!

Er hielt beide mit seinen Fingern aufrecht, bis Mayas Ekstase abklang und ein befreites Stöhnen ihre Entspannung ankündigte. Das Erschlaffen ihrer lustvoll krampfenden Genitalmuskeln ging wie erwartet mit einem Schwall austretender Flüssigkeit einher, die als heißes Bächlein über seinen Handrücken lief.

Völlig groggy und mit flatternden Lidern japste sie: „Oh, war das ein Ding. Sydney, Syyyydney, war das ein Ding. Ich hatte das Gefühl, einen Baumstamm in meinen Hintern gerammt zu bekommen. Du hast es ja echt drauf. Mit was verwöhnst du uns als nächstes?"

Sydney schüttelte fassungslos den Kopf: „Ihr seid ja wohl unersättlich. Ich befürchte, wenn ich euch nicht eine Zwangspause verordne, macht ihr solange weiter, bis Fransen aus euren Löchern hängen. Gerade erst aus der Wanne und schon läuft euch die Suppe wieder bis auf die Füße. Und das nach alldem, was ihr heute schon abgeregnet habt." Er lachte belustigt auf.

Sabrina zog einen Schmollmund und drohte mit ihrem Finger: „Du lachst uns doch wohl nicht aus?"

Sydney wehrte ab: „Würde ich niemals tun. Ehrlich!"

„Und warum grinst du so schmierig?"

„Na ja, mir ging so ein drolliges Bild durch den Kopf."

„Und? … Sag es schon, sonst knutsche ich dich solange, bis du keine Luft mehr kriegst und Maya schiebt einen Strohhalm in dein Albhorn, an dem sie so lange saugt, bis nur noch zwei vertrocknete Rosinen unter deinem Samenspender hängen."

Seine Hände beschwichtigend heben zu wollen, scheiterte im Ansatz, da seine Finger noch wie Stiele in weiblich modelliertem Softeis steckten. In auftauendem Softeis. Sie tropften zum Erbarmen. Beide! Wie konnte das sein? Er gab nach: „Ist ja schon gut, ich erzähle es euch, ehe ihr mich in euren Fluten ertränkt: Mir ist bewusst geworden, dass ich mit euch auf keinen Fall einen Waldspaziergang machen darf."

Beide blickten ihn verständnislos über ihre Schultern an und es kam wie aus einem Mund: „Wieso denn nicht?"

„Ganz einfach, ich bin Förster und weiß daher, wie wichtig es ist, alle Lebewesen des Waldes zu erhalten."

Ihre Gesichter verwandelten sich nun erst recht in Fragezeichen, deshalb erklärte er: „Es stünde zu befürchten, dass jede von euch auf fünfzig Yard Waldweg zwei Orgasmen erleidet und ihr mit euren Ergüssen auf dieser Strecke jeweils zweitausenddreihunderteinundvierzig Insekten auf dem Gewissen hättet. Tod durch Ertrinken in Genitalabsonderungen weiblicher Homo Sapiens käme bei einer veterinärärztlichen Untersuchung dieser Tragödie zu Papier."

112

Ihre Versuche, über ihn herzufallen, scheiterten an seinen Fingern, die er noch einmal mit Nachdruck in ihre zappelnden Hintern bohrte, bis sie ihre Rachegelüste ermattet aufgaben. Er ließ sie eine Minute lang bewegungsunfähig und jammernd auf ihren Zehenspitzen balancieren, ehe er den Tisch mithilfe seiner Beine vorrückte, auf seinem Stuhl nach vorn rutschte und kundgab: „Ich werde mich jetzt hinknien. Ihr beiden müsst ein bisschen Akrobatik betreiben und euch zu mir umdrehen, indem ihr jeweils ein Bein über meinen entsprechenden Arm schwingt. Dann legt ihr eure Arme um meinen Hals und kneift die Backen zackig zusammen. So auf meinen Fingern verankert, trage ich euch zwei zur Wanne, damit ihr duschen könnt, während ich eure Höschen von der Leine nehme."

Maya protestierte schmollend: „Wozu sollen wir unsere Höschen anziehen, hier drin ist es doch schön warm?"

„Weil zwei Beautys wie ihr selbst mit Unterleibsbekleidung schon genug Aufsehen erregt."

„Willst du denn mit uns irgendwohin gehen?"

„So ist es. Ich werde mir euch zwei Holden unter die Arme klemmen und euch mit stolz geschwellter Brust und einem laut gesungenen Halali zum Essen ausführen, denn wenn ich nicht bald etwas zwischen die Backenzähne kriege, erschlage ich euch vielleicht unabsichtlich beim Umkippen und das könnte ich weder verantworten noch ertragen."

Sabrina sah Maya mit gespielter Entrüstung an: „Pah, unsere Keulen sind ihm wohl nicht gut genug, dem Herrn verlangt es nach feudaleren Speisen."

Sydney kniete sich auf den Boden, wobei er die Finger da beließ, wo sie steckten. Während die Frauen sich auf ihnen umdrehten, brummte er: „Falsch! An euren im eigenen Saft schmorenden Keulen wäre ich schon interessiert, hab mich aber gefragt, wie ich morgen zwei amputierte Damen mit gespreizten Beinen an die Decke hängen soll. Also verzichte ich leidend auf eure köstlichen Schinken und begnüge mich mit weniger erlauchten Speisen. Ruhe jetzt, Backen zusammen und ab geht die Mail!"

Ohne Zweifel ging diese Transportprozedur für beide nicht ohne ein höllisches Brennen ihrer Gesäßöffnungen ab, aber sie schienen es zu genießen. Als er sie in der Wanne absetzte, bettelten sie darum, noch einmal so richtig hart angefasst zu werden. Er tat ihnen den Gefallen und griff steinerweichend in ihre Schamhügel, bis sie wimmernd auf die Knie fielen und um Gnade winselten. Kopfschüttelnd verließ er den Schuppen und schüttelte seine triefenden Hände aus.

Die Fahrt dauerte etwas über eine halbe Stunde, in der die Frauen aneinandergelehnt im Font saßen und schweigend durch die Fenster starrten.

„Ah, ein Jugoslawe!" Sabrina rieb sich erfreut die Hände: „Die haben oft eine rustikale Einrichtung mit Separees, in denen man ganz unter sich ist. Hoffentlich gibt es hier solche Eckchen, dann könnte es richtig gemütlich werden. In dieser Jahreszeit schenken die bestimmt auch heißen Slibowitz aus. Normalerweise brennt das Zeug einem ja die Mandeln weg, aber wenn er richtig heiß und gezuckert ist, dann schmeckt er komischerweise nach Pflaumensaft und wärmt den Bauch so richtig auf."

Maya legte verschmitzt lächelnd ihre Hand in Sabrinas Schoß: „Oh ja, heiße Pflaumen sind genau das Richtige für mich."

Sydney hielt ihnen grinsend die Wagentür auf: „Vorsicht, ihr Naschkatzen, dieses Zeug steigt ganz schön in eure hübschen Köpfe. Nicht, dass ich euch unter den Armen aus dem Lokal tragen muss."

Maya legte beim Aussteigen aus dem hohen Geländefahrzeug ihre Arme um seinen Hals und ließ sich herausheben, Sabrina hielt es ebenso.

Die Stielaugen der umstehenden Passanten schrieb Sydney der umwerfenden Schönheit seiner Begleiterinnen zu. Eine Annahme, die nur teilweise zutraf. Der wahre Grund ließ sich in Sabrinas Röckchen suchen, dessen Saum beim Absetzen an seiner Gürtelschnalle hängen blieb und ihnen einen höchst beeindruckenden Blick ins Paradies bescherte.

Sabrinas Wunsch ging in Erfüllung, denn es gab in diesem Lokal tatsächlich separierte Eckchen, in denen sie sich unbeobachtet fühlen konnten. Sie wählte ein besonders gut vor Blicken geschütztes Separee am linken Kopfende des Raumes aus, vor dem ein dicht bepflanzter Blumenkübel mit hohen Gewächsen stand, die romantisch von mehreren bunten Lämpchen beleuchtet wurden.

Sydney geduldete sich, bis seine Begleiterinnen ihre Plätze gewählt hatten. Beide wollten ihm gegenüber sitzen, was ihm behagte. Mit ihren bildschönen Gesichtern im Blickfeld bliebe dem Essen gar nichts anderes übrig, als vorzüglich zu schmecken. Nach einem Rundblick durch das gut besetzte und nach seinem Geschmack sehr behaglich eingerichtete Lokal gedachte auch er, sich auf seinem Stuhl niederzulassen, fuhr jedoch beim Anblick seiner Tischdamen zusammen.

Maya lag bäuchlings, mit hochgezogenem Röckchen und heruntergelassenem Slip auf dem Tisch und Sabrina beschäftigte sich auf Augenhöhe mit dem Inventar ihrer Leibesspalte.

„Ja, seid ihr denn des Wahnsinns, hier mitten im Lokal an euren Muschis zu spielen? Hose hoch und auf die Sitze mit euch, der Kellner ist im Anmarsch!"

„Ich hab doch gar nicht an ihr gespielt!", verteidigte Sabrina sich. „Ich musste ihr nur ein Tampon einführen, damit sie ihr Stuhlpolster nicht versaut. Sie hat ihre Tage bekommen."

„Himmel, Arsch und Wolkenbruch, so was erledigt man doch auf der Toilette!" Er sah sich nervös nach dem Kellner um, der gezielt ihr Separee ansteuerte.

114

Sabrina zog Mayas Schlüpfer nach einem bedauernden Blick auf ihren zappelnden Hintern wieder hoch und ordnete ihre Kleidung, bevor sich beide setzten.

Sydney hatte es daraufhin ebenfalls sehr eilig, seine Gürtellinie unter die Tischkante zu bekommen, denn die unübersehbare Zeltform seiner Hose hätte dem Kellner, der soeben ihren Tisch erreichte, mit Sicherheit mehr als ein erstauntes Hochziehen der Augenbrauen entlockt.

Bei Aufnahme der Getränkebestellung zündete der Mann die Kerzen auf dem Tisch an. Seine lüsternen Blicke in Richtung der Frauen entgingen Sydney ebenso wenig wie die neidischen in seine Richtung, die er ihm nicht verübelte. Alles Andere wäre widernatürlich. Ein Mann in Begleitung solcher Prachtweiber musste einfach beneidet werden.

Sabrina und Maya bestellten als Aperitif natürlich heißen Slibowitz, wovon er Abstand nahm. Ihm lagen eher die Kräuterbitter.

Während der Kellner mit einem schmachtenden Blick abzog und die Damen aufgeregt miteinander tuschelten, betrachtete er sie voller Hingabe. Nie hätte er sich träumen lassen, einmal mit zwei Grazien ihres Kalibers an einem Tisch zu sitzen, geschweige denn zu wissen, wie sie nackt aussahen, wie sie empfanden, wie sich ihre Küsse, ihre Brüste, ihre Genitalien, sogar ihre Därme anfühlten und welche geheimen Vorlieben sie mit sich herumtrugen. Beide üppig mit allem ausgestattet, was einem Mann die Hose sprengen konnte, besaßen sie aber auch etwas Anrührendes, Hilfloses, was wiederum seinen Beschützerinstinkt ansprach. Wesen mit ihrer Harmlosigkeit gehörten zu der bevorzugten Beute menschlicher Wölfe, schwebten ständig in Gefahr, zu Opfern ihres naiven Spieltriebes zu werden. Das Schicksal hatte sie ihm zugeführt und er würde seine Aufgabe sehr ernst nehmen, denn der Drang zum Hegen, Pflegen und Beschützen der Schwachen gehörte nicht nur zu seinem Job, sondern auch zu seinem Wesen.

Sein Blick wanderte für einen Moment zur Decke. Ohne Zweifel war ihm der Geist dort oben höchst gewogen, doch es stand zu befürchten, dass er sein Geschenk an ihn mit Fußangeln versehen hatte. Sydney fühlte es im Urin, dass die zwei etwas im Schilde führten!

Die Rechtfertigung seines Verdachtes zeigte sich nur Minuten später, als Mayas Handtasche beim Servieren der Getränke vom Tisch fiel. Beim Bücken danach traf Sydneys Blick zunächst auf Sabrinas nackte Beine und wanderte unheilschwanger in die Höhe. Er stutzte: Unter ihrem Röckchen gab es nichts als weiße Haut, die sich in der Schattenlinie ihrer Schamspalte verlor, in der sich ein Hauch ihrer dort zusammentreffenden Schamlippen abzeichnete. Ein schwacher Lichtreflex in deren Mitte deutete auf ihre feuchte, stark erregte

Klitoris hin. Mayas Hintern hingegen steckte züchtig in ihrem Schlüpfer, zeigte jedoch einen rötlichen Fleck am Zwickel.

Au verdammt, wie konnte ihm dieser Anblick nach einem Tag voller intensiver Einblicke in die Pforten ihrer Weiblichkeit noch derart in die Hose fahren? Diese zuckersüßen Luder hatten ihn mal wieder voll am Kanthaken. Ihren Trick, sich beim Aussteigen helfen zu lassen, um Sabrinas Nacktheit unter ihrem Röckchen zu verschleiern, zeugte von grandiosem Einfallsreichtum und Raffinesse. Bei ihnen musste er auf alles gefasst sein.

Einiges aus der widersprüchlichen Gedankenwelt von Frauen ließ sich von Männern wohl nie nachvollziehen. Sich mit nur spärlich verhüllten Genitalien in ein Speiselokal zu begeben, um dort ein abgeschiedenes Plätzchen aufzusuchen, an dem man nicht gesehen werden konnte, würde einem Mann wohl kaum einfallen. Da hieß es ganz oder gar nicht. Vielleicht lag der Reiz für Frauen ja eher in der nicht auszuschließenden Gefahr, ertappt und vor aller Augen bloßgestellt zu werden. So eine Art defensiver Exhibitionismus. Nach einem letzten Blick zwischen Sabrinas gewiss in berechnender Absicht geöffneten Schenkel ergriff er die Tasche. Fast wäre er beim Aufrichten mit seinem Kopf unter die Tischplatte gerasselt. Nach einer Sondierung der Lage über dem Tisch lehnte er sich erleichtert zurück. Er war er dem Kellner zuvorgekommen, der sich zunächst ebenfalls bücken wollte. Der arme Kerl hätte wohl für den Rest des Abends eine Mamsellschürze tragen müssen.

Nachdem er die Tasche wieder auf dem Tisch abgestellt hatte, sah er flüchtig in Sabrinas verschmitzt grinsendes Gesicht. Ihre Augen blitzen ihn herausfordernd an. Kein Zweifel, dieser Streich sollte nur der Auftakt zu einer Attacke besonderer Art sein. In seiner Hose wütete sein wild zum Gegenschlag entschlossenes Untier.

Voller Vorahnungen gab er die Bestellung auf. Cevapcici mit Pommes Frites für Maya, zweimal Grillteller für Sabrina und ihn, wobei sie Reis statt Kartoffelstäbchen wählte. Beim Servieren der Speisen befanden sich die beiden anlässlich des dritten Aperitifs schon in sehr gelöster Stimmung. Sydney musste zugeben, dadurch wirkten sie noch süßer und anschmiegsamer als vorher. Aus ihren Augen strahlte pure Wärme für ihn, die wohl zum Ausdruck bringen sollte, wie geborgen und sicher sie sich in seinen Händen fühlten. All ihre Gedanken schienen nur um ihn, ihren Jäger zu kreisen, der sie immer wieder neu zur Strecke bringen sollte. Sie überhäuften ihn dafür mit den erregenden Geschenken ihrer Körper und Seelen und er musste zugeben, es gab nichts Schöneres.

Beim Auftischen verhielten sie sich so gesittet wie man es von amerikanischen Provinzfrauen erwartete.

„Hmmm, vorzüglich, schwärmte Sabrina nach den ersten Bissen und bekam sofort Zustimmung von Maya, die sich hin und wieder auch von Sabrinas

Teller bediente. Die nächste Viertelstunde widmeten sie ausschließlich und sehr leidenschaftlich dem oralen Genuss, dann jedoch wurde Sydney auf Mayas Hand aufmerksam, die flugs unter dem Tisch verschwand, nachdem sie etwas vom Tellerrand genommen hatte.

Sabrina zuckte gleich darauf zusammen und verdrehte ihre Augen, um dann mit ihrem Hintern auf dem Stuhl nach vorn zu rutschen. Ihr Blick fixierte sich auf einen Punkt an der Decke und ihre Brüste hoben sich bei einem tiefen, aufgeregten Atemzug. Maya verschwand daraufhin mit einer fließenden Bewegung unter dem Tisch und in Sabrinas Gesicht begannen die Augen mit einem faszinierenden Schauspiel. Zunächst blitzten sie nur kurz auf, weiteten sich dann wie bei einem heftigen Schrecken, zogen sich wie unter Schmerzen zusammen und nahmen schließlich einen gnadenlos erotischen Schlafzimmerblick an. Ihre Finger krampften sich um das Besteck, ihr Kopf sackte haltlos in den Nacken und die Lippen ihres Mundes hauchten ein lag gezogenes „Ooooooh Maaaayaaa, du Verrückte."

Sydney beugte sich interessiert vor, als die Tischdecke sich bewegte. Mayas Hand grabbelte sich an ihr empor, erschien kurz über der Platte, langte zum Teller und verschwand mit einigen Beutestücken wieder nach unten. Ihm schwante Furchtbares. Dort unten mussten Dinge vor sich gehen, die mit Essen nur noch im weitesten Sinne des Wortes zu tun haben konnten. Vorsichtig beugte er sich zur Seite, hob die Tischdecke an und erstarrte:

Mayas Gesicht befand sich zwischen Sabrinas bebenden Schenkeln, ihr Mund schien genussvoll zu kauen. Oberhalb der Tischplatte erklang gedämpftes Stöhnen, während sich die Szene unter dem Tisch veränderte. Mayas Kopf zog sich zurück und gab den Blick auf Sabrinas fettig glänzende Scham frei. Dann kam Mayas Hand ins Blickfeld und Sydney riss seine Augen auf. … Flupp, flupp, flupp, wurde Sabrina wie ein Gewehrmagazin mit Cevapcici geladen. Ihr sich daraufhin krampfartig zusammenziehender Bauch ließ die zuletzt eingefüllte Minihackwurst wieder zum Vorschein kommen und Mayas Gesicht presste sich begehrlich zwischen die Schenkel.

Ein quälendes Reißen in seiner Hose zwang ihn dazu, sich aufzurichten. Über dem Tisch blickten ihm zwei verliebte Augen entgegen, in die er sich fasziniert versenkte. Ihre Blicke streichelten ihn, öffneten ihm ein Fenster in ihre Gefühlswelt, ließen ihn Schritt für Schritt an Sabrinas machtvollem Orgasmus teilhaben, den sie vibrierend, aber völlig still über sich ergehen ließ. Sydney fühlte ihn mit ihr, spürte ihr so oft erwähntes Kribbeln, das in ihrer Brust seinen Anfang nahm, dort unter Hitzeentwicklung einen wohligen Druck aufbaute, von dem es in ihren Bauch befördert wurde, sich dort schlagartig steigerte und ihn fast sprengte. Er spürte, wie es von ihren Bauchmuskeln in das kleine Becken gepresst wurde, sich dort noch einmal explosiv steigerte und schließlich im vordern Bereich konzentrierte. Beim Erreichen dieses Punktes gab es kein Halten mehr, denn die inneren Geschlechtsorgane wurden mit Macht zusammengepresst und entledigten sich der in ihnen gespeicherten Flüssigkeit, die als Eruption durch ihre Vagina ins Freie drängte. Er fühlte die unbändige Gier ihrer Geschlechtsmuskeln, nun Samen in Empfang zu nehmen, ihn durch den pumpenden Muttermund ins Zentrum ihrer Weiblichkeit zu befördern, um den Körper seiner naturgegebenen Bestimmung zuzuführen. Er schmunzelte: Diese Körpermechanismen würden wie so oft ins Leere greifen, denn Cevapcici trafen weder den Geschmack ihrer Eier noch ließen sie sich mit ihnen paaren, zumal Sabrina sie wieder, gemeinsam mit ihrem Erguss, aus sich hinaus in Mayas Mund beförderte.

Wärme durchflutete ihn. Im Gegensatz zu seinen Worten in der Luncheonette durfte und konnte er nun beide lieben, weil sie sich gegenseitig liebten. Amor hatte diesmal einen Pfeil mehr als üblich verschossen. Dass drei Menschen sich auf den ersten Blick ineinander verliebten, kam wahrscheinlich selten vor. Vom Gefühl her gab er ihrem Trio schon der gemeinsamen Bedürfnisse wegen gute Chancen, über lange Zeit stabil zu bleiben. Er würde beiden die Angst und ihre Zwänge nehmen, war sich sicher, dies zu können. Zurückbleiben durfte nur noch die Lust an fantasievollen, aber harmlosen erotischen Spielchen, die ihren Körpern das letzte Quäntchen Leidenschaft entlockten und dabei ihren Seelen den erhofften Frieden brachten.

Während Sabrinas Blick allmählich in diese Welt zurückfand, begann seiner auf die Reise zu gehen, denn fast unbemerkt hatten zwei gefühlvolle Hände unter dem Tisch für die Freiheit seines Raubtiers gesorgt und zwei zärtliche Lippen befreiten es von seinem enormen Leidensdruck. Als Sydney sich ihr hingab, umfasste Maya sein Gesäß und presste sein Glied so weit wie möglich in ihren Mund, damit auch ja kein Tröpfchen von dem verloren ging, was sie ihm mit Gaumen, Zunge und findigen Fingern entlockte. Nachdem sie ihn gemolken und aller Kraft beraubt hatte, verstaute sie sein erschlaffendes Glied mit geschickten Handgriffen wieder in der Hose. Nur wenige Sekunden bevor der Kellner erschien, um sich nach weiteren Wünschen zu erkundigen, saß sie zufrieden mit ihrem Werk an ihrem Platz und reinigte ihre Finger in dem Schälchen mit Zitronenwasser. Einem aufmerksamen Betrachter würden die weißen Schlieren darin kaum entgehen.

Die zufriedenen Gesichter schrieb der Mann sicherlich der Qualität der Speisen und seiner vortrefflichen Bewirtung zu, womit er zum Teil ja auch richtig lag. Wüsste er allerdings, zu welch erregender Reinigungsprozedur Mayas Serviette hingehalten hatte, wäre sie wahrscheinlich nicht achtlos im Mülleimer gelandet.

Der Gemütlichkeit und des heißen Pflaumenschnapses wegen blieben sie dem Lokal noch eine Stunde lang treu, während der Sabrina sich mit Mayas Hilfe unter dem Tisch auf die schon bald wieder erstarkte Lanze Sydneys

118

spießte. Die Stellung, zu der sie durch die beengten Verhältnisse gezwungen wurde, kostete sie allerdings erhebliche Kräfte. Der Orgasmus ließ ihren dabei bis an die Schmerzgrenze verrenkten Leib erbeben und raubte ihr für einen Moment die Besinnung. Maya streichelte den in ihrem Schoß liegenden Kopf Sabrinas, bis sie wieder genügend Kräfte gesammelt hatte, auf ihren Stuhl zu klettern. Die auf ihm zurückbleibenden Flecken würden dem Wirt wahrscheinlich noch Kopfzerbrechen bereiten.

Beim Verlassen des Lokals lag die Straße im romantischen Licht von Gaslaternen. Die herbstliche Kälte ließ jedoch die Romantik schnell verrauchen und die Frauen sehnten sich schleunigst wieder in wärmere Gefilde. Sydney nahm sie kurzerhand auf die Arme, denn nach dem Genuss von jeweils sechs Pflaumenschnäpsen fiel es beiden schwer, die Bewegungen ihrer Beine zu koordinieren. Sie hielten sich an seinem Hals fest und schmiegten sich wie Kinder an ihn, ließen sich in den Wagen setzen und genossen seine Fürsorge. Er umsorgte sie gern und mit einem Gefühl großer Dankbarkeit.

Der Gedanke daran, dass es Typen gab, die solchen hilflosen Wesen auflauerten, um sie bis aufs Blut zu quälen, ließ für einen Moment sein Gesicht zu einer dämonischen Maske werden. Wehe dem, der im dann über den Weg lief und wehe denen, die für Sabrinas Zustand verantwortlich zeichneten! Ihre Gelegenheiten, sich an Schwachen zu vergehen, gehörten bereits jetzt der Vergangenheit an, nur wussten sie es noch nicht.

Vor der Hütte angekommen, trug er sie nacheinander in die Stube und von da aus in seinen Schlafraum, entkleidete sie und legte sie in die Federn. Verliebtere Augen als die, die ihm beim herabsteigen der Treppe nachblickten, konnte es nicht geben.

Eine geschlagene Stunde hatte er noch im Schuppen zugebracht, um die Dinge für den nächsten Tag vorzubereiten und ging davon aus, die beiden schlafend anzutreffen, aber sie empfingen ihn sehnsüchtig, um sich ihm nacheinander noch einmal hinzugeben. Ihr geradezu suchtartiges Verlangen nach sexuellen Betätigungen musste jede Statistik verhöhnen, denn im Grunde wollten sie immer. Mayas Periode tat dem Reiz der Situation keinen Abbruch.

Es gab diesmal jedoch keine profane Wollust, keine Gedanken, nur gegenseitige Hingabe in harmonischster Vollendung. Sydney gab ihnen alles, wonach es sie verlangte und fühlte, wie sie ihn dafür belohnten, indem sie sein Glied in ihren warmen Liebessäften badeten. Beide schenkten ihm einen grandiosen Höhepunkt und ihre ganze Zuneigung.

Als sie eng an ihn gekuschelt, die Köpfe in seinen Armen und jeweils ein Bein auf seinem Bauch eingeschlafen waren, dachte Sydney über die Zukunft nach. Niemals zuvor hatte er sich so vollkommen wohl gefühlt. Ein Wochenende voller Zärtlichkeiten und aufregender Spielchen lag noch vor ihnen, bevor sie wieder ihren jeweiligen Beschäftigungen nachgehen mussten, aber das nächste Wochenende lag nicht fern. Sich mit Maya zu treffen, stellte kein Problem dar, Sabrinas Universität jedoch lag zu weit entfernt, um sie unterhalb der Woche dort aufzusuchen. An den Wochenenden allerdings würden Maya und er sie dort abholen. Morgen gedachte er, ihre sehnlichsten Träume zu erfüllen, sie in seinem Schuppen aufzuhängen und ihre Körper mit Orgasmen heimzusuchen, bis ihnen die Puste ausging. Er wollte ihre Leiber melken, bis sie keinen Tropfen mehr von sich gaben und sie lieben, bis sie weinten. Sein Fundus an Ideen sollte ihnen eine Gänsehaut nach der anderen zwischen die Schenkel jagen, ihre Körper in wahren Wollustexplosionen zerreißen. Nicht nur sie kämen dabei auf ihre Kosten. Mit diesen Gedanken schlief auch er ein.

„Spürst du auch so ein furchtbares Ziehen im Bauch?"

Sabrina nickte schwach: „Ich fühle mich im Moment wie ein Tier im Schlachthof. Nebenan werden schon die Messer gewetzt. Es fehlt nicht mehr viel und meine Muschi knistert wie Pergamentpapier. So trocken war ich da unten noch nie."

Maya rieb fröstelnd über ihre Oberschenkel: „Ja, es ist schon komisch. Gegen meine sonstigen Fantasien sollten Sydneys Überraschungen für uns wie ein Gang in die Sonntagsmesse sein, aber mir geht es auch nicht besser. Mein Popo ist wie zugenagelt und in meinem Bauch geht es zu, als hätte jemand eine Packung Ladykracher in mir angezündet."

Sabrina strich beruhigend über Mayas Wuschelkopf, obwohl sie selbst nicht weniger Unruhe in sich verspürte. Auch sie starrte mit gemischten Gefühlen zur Schuppentür, in der Sydneys bärenartige Statur jeden Moment erscheinen konnte. Eigentlich sollte ihr Hintern bei dem Gedanken, ihm in wenigen Minuten hilflos ausgeliefert zu sein, schon vor Erregung beben. Es kribbelte zwar zwischen ihren Beinen, aber bei weitem nicht so stark wie in ihren bisherigen Vorstellungen und so richtig feucht wurde sie auch nicht. Seltsamerweise bewirkten ihre Folterfantasien, die ihr so oft ein klitschnasses Höschen verpasst hatten, keine Steigerung. Eher noch erzeugten sie das Gegenteil.

Wie oft hatte sie sich bisher wie besessen im Wald, in dreckigen Kellern, sogar auf wilden Müllkippen bei dem Gedanken gewälzt, jemandem völlig ausgeliefert zu sein, der sie brutal gefesselt mit seinen erbarmungslosen Händen von unten nach oben zu Hackfleisch verarbeitete? Wie viele Orgasmen hatte sie mithilfe von schäbigsten Werkzeugen, selbst Tierknochen, bei der Vorstellung buchstäblich aus sich herausgeprügelt, ihr Unterleib würde während ihrer Ekstase barbarisch gefoltert. Die Folter ihres Darmes erregte sie dabei fast noch mehr als die ihrer Vagina. Dabei schwamm sie meist schon im Saft, wenn die ersten Bilder an ihr vorüber zogen. Nun jedoch nahm ihr Kribbeln von derartigen Fantasien ab. Nicht einmal die Nippel ihrer Brüste schwollen davon an.

Stellte sie sich aber vor, dass Sydney ihre Beine spreizte, ihre Vagina mit seiner harten Zunge malträtierte oder mit seinen Fingern in ihrem After wühlte, bis sie sich kreischend bog, steigerte sich das Kribbeln. Der Gedanke an ein Messer, ein Gewehr oder gar eine Kettensäge ließ es wieder abklingen, bis es sich wie durch Watte anfühlte. Es würde kaum für einen Orgasmus ausreichen. Da konnte sie ihre Fantasien noch so bemühen. Einerseits fast beängstigend, anderseits war es wie die Befreiung aus einem Kerker.

Während sie auf ihre nackten, von einer Gänsehaut überzogenen Beine starrte, durchzog sie ein Gedanke wie der vorüberziehende Lichtkegel eines Leuchtturms. Wurde etwa der Zwang zum Missbrauch ihres Körpers schon schwächer? Wäre es an dem, könnte nur Sydney der Grund dafür sein. Sollte er ihr in nur zwei Tagen die Rampe für einen Neustart gebaut haben, ihr die verlorene Liebe für sich selbst wieder eingehaucht haben, die irgendwann einmal ihren ausufernden Trieben zum Opfer gefallen war? War es etwa die herrliche, unverfälschte Sexualität der Jugend mit all ihren zarten Gefühlen, die dort unten wieder Einlass begehrte und sich dem Kampf mit den fremden, aufoktroyierten Perversitäten stellte? Ihr Herz blieb bei dieser Erkenntnis fast stehen. Ja, ja und noch einmal ja, sie spürte es! Ihr Geist, ihre Seele und ihr Körper versuchten wieder miteinander zu verschmelzen, wollten sich wieder als Einheit fühlen, wehrten sich zum ersten Mal gemeinsam gegen das Sterben der Gefühle. Dem Karussell der Perversionen wurde der Treibstoff entzogen, es verlor an Schwung. Nach nur zwei Tagen? Sydney musste göttliche Fähigkeiten besitzen. Sie fühlte förmlich das Sehnen ihres Unterleibes, endlich wieder die ganze Palette seiner ursprünglichen Gefühle genießen zu können. Er verweigerte sich den Brachialfantasien, anders konnte es nicht sein.
Ja, jetzt erkannte sie Sydneys einfache aber geniale Strategie! Er trieb den Teufel mit hundert kleinen Belzebuben aus, setzte jedem seelischen Schmerz einen wohldosierten körperlichen Schmerz entgegen, quälte ihren Körper, um ihre Seele zu heilen, stieg in den Sumpf ihrer Fantasien, um ihn auszutrocknen. Er würde sie und Maya im ständigen Wechsel mit Schmerz und Liebe überhäufen und ihre unwirklichen Fantasien durch reale Gefühle ersetzen, so wie er es gesagt hatte. Ein mächtiges Kribbeln ließ ihren Leib erbeben, ihre Scheide kleidete sich mit wundervoll glitschigen Säften aus, wurde zur weichen Muschi, die geradezu nach Sydneys Händen maunzte.

Maya lehnte ihren Kopf an Sabrinas Schulter: „Vor lauter Aufregung kann ich es kaum noch halten. Was mag er bloß mit uns vorhaben, dass wir nicht pinkeln durften?"
Sabrinas Stimme zitterte vor Erregung: „Ich weiß es nicht, aber er hat sich bestimmt ein paar gepfefferte Sachen für uns ausgedacht. Ehrlich gesagt, so ein bisschen Bammel habe ich auch vor meiner Courage. Wenn ich meine

Augen schließe und mir die unheimlichen Sachen da drin vorstelle, knallt es in meinem Hintern, als würde mir der After platzen."

Maya presste ihre Pobacken schaudernd zusammen. „Geht so was denn überhaupt?"

„Klar, einfacher als du denkst. Dir braucht nur jemand was richtig Dickes mit Gewalt in den Hintern zu rammen, dann zerreißt es den Ringmuskel wie ein altes Gummi."

Maya riss entsetzt die Augen auf: „Das muss doch bestialisch wehtun, wer macht denn so was?"

„Zum Beispiel Leute, die im Sexrausch die Gewalt über sich verlieren oder die menschlichen Wölfe. Die tun so was mit Genuss, weil du dabei so schön jammerst und je mehr du schreist, desto mehr strengen sie ihre Fantasie an, deinen Hintern so grausam wie möglich zu demolieren. Du weißt doch, was der Russe mit den Mädchen … "

Sie stockte und schüttelte ärgerlich ihren Kopf: „Worüber rede ich eigentlich? Über solche Dinge brauchen wir uns bei Sydney nun wirklich keine Gedanken zu machen. Der würde sich eher selbst kastrieren als uns zu verletzen. Du hast es doch erlebt, wie vorsichtig er ist. Er achtet ja sogar mit Argusaugen darauf, welche Dinge wir selbst in die Finger nehmen. Nein, der lässt unser zartes Innenleben und all die juckenden Teile genau da, wo sie hingehören. Ich vertraue ihm, wie ich noch nie jemandem vertraut habe. Er wird uns in seinem Schuppen auswringen, bis kein Tropfen mehr rauskommt, aber niemals etwas tun, was uns schadet. Darauf kannst du dich verlassen."

„Ich vertraue ihm ja auch, aber Angst hab ich trotzdem. Bisher ist er ja wirklich gut zu uns gewesen, aber vorstellen kann ich mir schon, dass es plötzlich anders wird. Ich hab es doch bei meinen Eltern … " Sie beendete ihren Satz nicht und fragte stattdessen: „Ob er uns da hinten auch was hineinsteckt?"

„Ich wäre sehr enttäuscht, wenn er es nicht täte. Er wird unseren Popos garantiert einheizen, bis wir mit ihnen Löcher in die Couch brennen können."

„Oh man, irgendwie krieg ich immer mehr Schiss. Wenn ich mir vorstelle, mit aufgerissenen Löchern da zu hängen und sie nicht zusammenkneifen zu können, wird mir kotzübel. Aber kribbeln tut es doch und wie immer umso mehr, je schlimmer die Dinge aussehen, mit denen ich gefoltert werden soll. Oh man, … manchmal könnte ich wegen meiner eigenen Fantasien kotzen."

Sabrina streichelte ihre Wange: „Ja, Süße, bei mir ist es nicht anders, aber glaub mir, das lässt bald nach."

Mayas Fragen klangen fast kindlich: „Meinst du? Hast du denn auch so böse Gedanken wie ich? Musst du auch so oft über dich selbst weinen?"

„Oh ja, ich habe schon oft über mich geweint. Schlimmer als ich kannst du es gar nicht getrieben haben. In meiner Fantasie hätte man beim Orgasmus wirklich alles mit mir anstellen können. Je grausamer die Bilder in meinem

Kopf waren, desto mehr hat mein Arsch randaliert. Ich befürchte, irgendwann hätte ich jemanden auf Knien darum angebettelt, mich beim Höhepunkt tatsächlich zu pfählen oder mir die Eingeweide aus dem Hintern zu reißen. Stell dir nur vor, es ist mir doch tatsächlich bei dem Gedanken einer abgegangen, Syd hätte mir beim Pinkeln den Lauf seines Gewehrs brutal in den Hintern gerammt, mir furchtbare Schmerzen zugefügt und dann abgedrückt! Dabei ging es mir in die Wäsche, dass ich dachte, es zerfetzt meine Hose. Findest du so was nicht absolut krankhaft? Wer außer mir kriegt bei solchen Gedanken einen Orgasmus?"

Maya zeigte auf ihre Brust: „Ich! … Oh man, bei dieser Vorstellung wäre es aus mir auch nur so rausgespritzt. Aber nur bei der Vorstellung", setzte sie zaghaft hinzu. „In echt möchte ich so was auf keinen Fall erleben. Ich will doch nicht sterben, ich will leben, ich will, dass mich jemand ganz fest liebt und meinem Popo noch sehr viele schöne Stunden schenkt. Was ist denn passiert, dass es jetzt anders bei dir ist?"

Sabrina senkte den Blick: „Er hat mir im Wald sehr drastisch klar gemacht, wie die Realität meiner Fantasien aussieht. Glaub mir, du verspritzt dich nicht bei einem Superorgasmus, wenn dir jemand sein Messer zwischen die Beine drückt. Es gibt dann nur noch Panik. Du schreist vor Angst, flehst und würdest wirklich alles tun, damit er es nur nicht in deine Muschi rammt. Ich war so was von fertig, als ich Sydneys Messer im Schlitz spürte und seine Kanone auf meiner Gebärmutter. Ich sah meine juckenden Teile schon als Konfetti aus meiner Beckenöffnung fliegen. Zunächst konnte ich es dann gar nicht glauben, dass er mich nur wachrütteln wollte und hab geheult wie ein Schlosshund."

Sie strich die Haare aus ihrem Gesicht und lächelte: „Hinterher hat er mir dann den Himmel gezeigt. Eigentlich wusste ich es immer schon, aber danach war mir erst wirklich klar, dass es nicht so weitergehen durfte, denn irgendwann würde ein Ausgeflippter mal meine Fantasien wahr machen und mich wirklich bei lebendigem Leib schlachten. Das fühlt sich garantiert anders an als Schlafpillen zum Sterben zu schlucken. Jetzt bin ich froh, dass Sydney es mir auf diese Weise beigebracht hat, denn sonst hätte es nicht gewirkt und morgen lägen meine Überreste vielleicht schon in irgendeinem Fressnapf. Gegen solche Fantasien helfen nur Schocks, wie er sie dir und mir beigebracht hat. So kaputte Tussis wie wir sind mit Worten allein nicht zu packen. Uns muss man wie junge Hunde mit der Nase in die Scheiße drücken, bis wir kapieren, dass wir den Grenzwall der Erotik überschritten haben und kurz vor dem perversen Kollaps stehen, der uns die letzten guten Gefühle raubt und uns in den Selbstmord treibt, wenn uns nicht ein anderer zuvorkommt."

Maya sah Sabrina schockiert in die Augen: „Er hat dir wirklich sein Messer in die Muschi gedrückt und sein Gewehr in den Bauch gerammt?"

Sabrina nickte: „Und zwar so brutal, dass es biestig wehgetan hat. Natürlich mit der stumpfen Seite, aber im ersten Moment dachte ich, er hätte mich von vorn bis hinten aufgeschnitten und mein ganzer Inhalt würde aus mir rausfallen. Ich hab die Spitze schon in meinem Hintern gespürt und mein Kitzler brannte danach, als hätte ihn eine Wespe gestochen."

„Oh Gott, ich hätte an deiner Stelle alles in meine Hose gehen lassen und wäre dann tot umgekippt." Sie sah eine Weile nachdenklich auf ihre Füße: „Glaubst du, wir können von diesen Gedanken mal ganz wegkommen und wieder so wie früher sein? Irgendwann war es doch mal ganz anders gewesen, viel schöner. Ich möchte heulen, wenn ich daran denke."

Sabrina umarmte und küsste sie zärtlich: „Oh ja, Liebes. Ich glaube ganz fest daran, dass es für uns noch mal bessere Zeiten gibt. Allerdings sind wir jetzt erwachsene Frauen und werden uns schon von Natur aus niemals mehr wie Kinder fühlen können. Was wir erlebt haben, das wird für immer in unseren Köpfen bleiben, aber wir können es verschlossen in uns aufbewahren und nur das nach draußen lassen, was uns nicht quält. Sydney wird uns beim Aussortieren helfen. Wie er es macht, kann ich mir auch noch nicht so richtig erklären, aber alles was er mit uns anstellt tut er hauptsächlich für uns. Dass er uns zwischendurch mal abfüllt, ist nur gerecht, denn er muss ja auch etwas davon haben. Vielleicht ist er wirklich so eine Art Waldgeist, der uns vom Himmel geschickt wurde."

Während sie miteinander sprachen, betrachtete Sydney zufrieden sein Werk. Die Schlaufen für die Hand- und Fußfesseln der beiden würden ihnen weder Schmerzen bereiten noch die Blutzufuhr allzu stark einschränken. Die groben Werkzeuge hatte er nach einigem Überlegen für den Kick an ihren Plätzen belassen. Zum Einsatz kämen allerdings nur harmlose Dinge. Ein bisschen grob würde er sie hin und wieder schon anfassen, ihre empfindlichsten Stellen knebeln, bis sie jammerten, um ihren krankhaften Fantasien ein Stück entgegenzukommen. Danach sollten sie jedoch Zärtlichkeit spüren, damit dieses Gefühl wieder eine größere Präsenz in ihnen bekam und irgendwann zum hauptsächlichen Verlangen wurde. Zu einem Verlangen, dem ihre krankhaften Fantasien zwangsläufig weichen mussten. Den Kitzel, exotische Dinge in sich einzuführen und die Lust auf ein bisschen Schmerz beim Sex würden sie wohl ihr Leben lang verspüren, aber warum nicht, wenn es mit Bedacht und Genuss geschah. Nach seiner Überzeugung ließen sich die beiden mit dieser einfachen Therapie wieder auf den Boden bringen, denn eigentlich waren sie gar nicht so verkorkst. Ihnen fehlte nur eine Art von Zuwendung, die sie scheinbar nie bekommen hatten.

Wie wundervoll musste es sein, sie eines Tages beim Streicheln ihrer eigenen Körper zu ertappen, zu sehen, wie sie sich selbst liebten, ohne sich dabei Schmerzen zuzufügen. In diesem Moment wäre der Bann gebrochen. Sie würden ihre Fantasien wahrscheinlich nie vergessen, aber die besäßen keinen Reiz mehr, könnten keine Macht mehr auf ihr Gemüt ausüben.

Er rieb sich die Hände. Der Tanz konnte beginnen. Die beiden Beautys würden den rohen Waldboden des Schuppens mit ihren Elixieren geradezu überfluten. Auf sein erstes Spielchen mit ihnen freute er sich besonders. Es sollte ihre süßen Hintern bis zum Exzess auswringen.

Maya erstarrte, als die Schuppentür geöffnet wurde und Sydney im Rahmen erschien. Obwohl sein Glied noch keinen Deut von Erektion zeigte, wirkte es schon mörderisch. Dass dieses unfassbare Exemplar von Männlichkeit bereits bis zum Anschlag in ihr gesteckt hatte und sie immer noch lebte, konnte sie im Nachhinein kaum glauben. Allein um seine Eichel in den Mund zu bekommen, hatte sie sich gestern im Restaurant fast den Kiefer ausrenken müssen. Schaudernd blieb ihr Blick an Sabrinas beim Aufstehen zitternden Hintern hängen, in den dieses Monstrum schon eingefahren war. Ihre Analöffnung musste enorm dehnbar sein. Maya befühlte ihren After mit klopfendem Herzen. Nein, da würde dieses Ding keinesfalls reinpassen, ohne die Hintertür samt Rahmen bis an ihre Mandeln zu schieben. Hinten passte bei ihr noch längst nicht alles hinein, was sich vorn unterbringen ließ.

Sydney schien ihre Gedanken zu erahnen, denn er grinste bei seiner einladenden Bewegung anzüglich und verkündete: „It's teatime, Ladies, ich hoffe, eure zarten Bläschen nicht überfordert zu haben. Sollte ich eure blassen Gesichter richtig deuten, dürften sie zum Bersten angefüllt und schon ziemlich renitent sein. Wollen wir doch mal sehen, wie lustvoll wir sie von ihren hormongeschwängerten Säften befreien können."

Maya klemmte nervös ihre Hände zwischen die Beine und erhob sich zögernd, als Sydney ihr auffordernd zurief: „Nun mal los, in meiner Folterkammer warten einige Dinge ungeduldig darauf, deinen Hintern kennen zu lernen, um ihn durch die Mangel zu drehen!"

Mit mulmigen Gefühlen zwischen den Backen folgte sie Sabrina. Was verstand er unter ‚Hintern durch die Mangel drehen?' Hoffentlich hing nicht schon die Hälfte ihrer Eingeweide aus ihren Löchern, bevor ihm auffiel, dass er etwas zu derb zugefasst hatte.

An der Tür hielt er sie beide zurück und zog ihre Schlüpfer bis auf die Knie herunter, um seine Hände unsanft zwischen ihre geschlossenen Schenkel zu drängen. Sofort sackten sie wimmernd über seine Schultern, denn Sydneys Finger machten sich an ihren Harnöffnungen zu schaffen. Natürlich reagierten ihre Schließmuskeln auf diese Reizung mit einem unbändigen Harndrang. Er wusste genau, in welche Bedrängnis er sie damit brachte und piesackte sie bis ins Unerträgliche. Bevor sie sich allerdings ihren übermächtigen Bedürfnissen ergeben konnten, rammte er seine gewaltigen Zeigefinger derart heftig in sie hinein, dass ihre Pobacken förmlich auseinanderhüpften, um wieder deutlich hörbar zusammenzuklatschen.

Maya gelang es nur noch trippelnd und mit äußerster Anstrengung, nicht mehr als einige Tropfen in seine Hand zu verlieren, Sabrina hingegen bog sich unter einen Orgasmus, der ihr die Beine weggerissen hätte, würde sie nicht durch seinen Finger aufrecht gehalten. Ihr Hintern wollte gar nicht mehr zur Ruhe kommen und sie biss ihm wild kreischend in die Schulter.

Mit dem, was beide von sich gegeben hatten rieb Sydney jeweils den Bauch der anderen ein, was Sabrina mit lustvollem Seufzen quittierte. Erstaunlich, wie schnell sie auf Touren kam. Zufrieden richtete Sydney sich auf, stellte sich hinter sie und massierte ihre Pobacken zunächst sehr sanft, bevor er unerwartet ruppig in ihre Gesäßspalten griff, um ihre Analöffnungen mit Daumen und Zeigefingern zu bearbeiten. Jammernd stiegen sie auf die Zehenspitzen und wurden von ihm trippelnd in die Mitte des Schuppens geschoben, wo er Maya nach einem letzten kräftigen Afterzwirbeln zurückließ, um Sabrina an den für sie vorgesehenen Platz zu bringen. Ihm war Mayas Ängstlichkeit nicht entgangen, somit erschien es ihm ratsam, ihr die Harmlosigkeit seines Vorhabens zunächst an Sabrina zu demonstrieren.

Maya presste beim Betrachten der Seile ächzend ihre Schenkel aneinander. Ihre prall gefüllte Blase konnte den Urin kaum noch halten. Ständig musste sie kneifen und ihre Öffnung mit einem Zeigefinger verschließen, um nicht wild loszupinkeln. Nervös tänzelnd rieb sie mit der anderen Hand ihren von Sydneys rüder Behandlung brennenden After. Dass ihr Finger sich nach und nach unmerklich in ihn hineinbohrte registrierte sie erst, als sie unter einem Lust-schauer einknickte und in die Entenhaltung sackte. Gleich darauf stand sie jedoch wieder mit durchgedrücktem Kreuz und geschlossenen Beinen stramm, denn der Schließmuskel ihrer Blase brannte plötzlich, als hätte ihr jemand beim Bücken eine heiße Stricknadel in die Harnröhre gerammt. Einige Spritzer mogelten sich trotz verzweifelter Anstrengungen heraus. Sie liefen als erstaunlich heiße Rinnsale an ihren Schenkeln herab und sorgten damit für eine flächen-deckende Gänsehaut an Po und Beinen.

Mayas Blicke wanderten mit zwiespältigen Gefühlen zwischen den Seilen, Sabrina und Sydney hin und her. Unbewusst wand und bog sie ihr Becken, um die vom Harndrang und Sydneys Attacke völlig überreizte Scham an den Schenkeln zu reiben. Ihre unterschwellige Angst verlangte dringend nach einer Spannungsentladung und seltsamerweise halfen die sexuellen Reize ihr auch dabei, die Blase zu besänftigen.

Klägliche Laute entrangen sich ihrer Kehle, als sie sah, wie Sydney Sabrina mit ausgestreckten Armen anhob und zurechtdrehte, um sie für sein Vorhaben in die richtige Position zu bringen. Für ihn besaßen sie beide nur das Gewicht von Puppen. Sinnlos, sich seinen urwüchsigen Kräften widersetzen zu wollen.

Was auch immer er jetzt mit ihnen vorhatte, sie würden sich dem nicht entziehen können. Seufzend beugte sie sich etwas zur Seite, um ihren Finger bis zum Anschlag in sich hineinbohren zu können und beobachtete kritisch, was er mit Sabrina anstellte. Gefährlich sah es eigentlich nicht aus. Allmählich wich ihre Beklemmung und machte fiebriger Erwartung Platz, denn was ihren Augen da geboten wurde, sorgte für immer heftigeres Brennen zwischen ihren Schenkeln. Während Sydney Sabrina an den Seilen befestigte, nahm seine Männlichkeit nämlich erschreckende Ausmaße an und drückte sich so tief in ihren Bauch, dass man meinen könnte, er würde sie durchbohren. Wäre sein Penis jetzt ein Holzpflock und er stieße einmal kräftig zu, käme seine Spitze noch weit genug aus ihrem Kreuz heraus, um eine hinter ihr liegende Jungfrau zu deflorieren.

Ein heftiger Schauer schüttelte sie durch und ein weiterer Spritzer Urin lief an ihren Beinen hinunter. Welch eine Wahnsinnsvorstellung, durch Sabrina hindurch gerammelt zu werden! Oh man, das würde ihren Hintern bestimmt in einer Staubwolke auseinander fliegen lassen. Einen kleinen Vorgeschmack davon hatte sie ja schon auf dem Parkplatz der Luncheonette bekommen. Sydneys Stöße in Sabrinas Hintern waren manchmal wie Huftritte in ihrem Bauch angekommen. Sabrina hatte es genossen, also konnte es doch gar nicht so schlimm sein, dieses Ding im Hintern zu haben. Wie sie es geschildert hatte, fühlte sich sein Erguss sich in ersten Moment so an, als schlüge ein Klumpen aus heißem Wackelpudding in den Darm ein, der beim Aufprall flüssig wurde und als glühende Flut durch seine Windungen zog, um dort wohlige Krämpfe hervorzurufen. Wahnsinn! Und wenn es das Letzte war, was sie fühlte, das Ding musste sie auch mal in sich spüren.

Sabrina schaute mit weichen Knien zu, wie Sydney ihre Hände fixierte. Seine Eichel stach dabei wie eine Speerspitze in ihren Bauch. Es tat nicht im Geringsten weh, als er die gepolsterten Schlingen zusammenzog, aber ihre Hände ließen sich nicht mehr herausziehen. Nachdem er ihr etwas Eiskaltes tief in den Po gedrückt hatte, trat er an die Wand und drehte gleichmäßig an zwei Kurbeln, womit er ihre Arme gleichzeitig auseinander und in die Höhe zog. Nach einigen Umdrehungen streckte sich ihr Körper fühlbar und Sekunden später hing sie mit leicht geöffneten Beinen in der Luft, unfähig, ihren Oberkörper auch nur um ein Quäntchen zu bewegen. Während Sydney sich Maya zuwandte, konzentrierte sie sich auf ihre Empfindungen.

Ihre Bauchhaut fühlte sich von den Rippen bis zwischen die Schenkel straff gespannt an, reagierte sensibel wie nie zuvor auf jede noch so kleine Bewegung. Besonders intensiv machte sich ihre Dehnung am Übergang des Venushügels in die Scham bemerkbar, die sich soeben durch einen kühlen Hauch ungestüm zusammenzog. Ein merkwürdig erregendes Gefühl, als griffen eiskalte Finger in ihr Lustfleisch. So berauschend hätte sie es sich nicht vorgestellt, an den Armen zu hängen. Ihr Hintern geriet schon in helle Aufregung, obwohl noch gar nichts Aufregendes passiert war. Das kalte Ding in ihrem After fühle sich seltsam an. Was hatte er ihr da nur hineingesteckt? Fast schien es, als hinge ein Band aus ihrem Hintern heraus.

Der Gedanke, völlig wehrlos zu sein, allem ausgeliefert, was Sydney mit ihr tun wollte, ängstigte und berauschte sie zugleich. Würde er sie jetzt wirklich wie in ihren Fantasien grausam schlachten wollen, könnte sie nur noch schreien. Der einzige Schutz für ihre Genitalien und den After waren die Schenkel und Pobacken, die sie zusammenkneifen könnte, aber was brächte dies bei Sydneys Kräften? Er könnte ihre Beine mühelos bis zum Spagat auseinanderziehen. Wahrscheinlich würde er sie aber eleganter gefügig machen. Ein biestiger Griff in ihre Vulva oder ein brutal in den Hintern gerammter Gegenstand und ihre Schenkel würden sich freiwillig öffnen. Ihre Brüste besaßen nicht einmal diesen geringen Schutz. Nichts, aber auch gar nichts könnte sie ihm entgegensetzen. Aufreizend hallte eine wohlbekannte Wortfolge durch ihren Kopf: "Nackt - wehrlos - gepfählt - aufgeschlitzt - zerquetscht - ..."

Nein, nein, nein, nicht mehr!!! Wütend über ihre Inkonsequenz stoppte sie die an ihr vorbeirauschende Parade und setzte andere Worte an ihre Stelle: Geliebt - geborgen - Zärtlichkeit - Achtung - Würde - erotische Spiele - Spiele - Spiele - Orgasmen - Orgasmen ... !!!

Ein machtvoller Schauer schüttelte sie von oben nach unten durch und ließ auf seinem Weg durch ihren Körper all ihre verkrampften Muskeln erschlaffen. In ihrem Bauch, den Brüsten und dem Po begann es zu prickeln, als flösse Champagner durch ihre Adern. Das Prickeln steigerte sich schnell zum Brodeln, das wild aufschäumend alle anderen Gefühle beiseite fegte, sich in ihr vorderes Becken drängte und wie eine Brandungswelle in ihre äußeren Geschlechtsorgane flutete. Dort entfaltete sich eine Glut, als hätte Sydney sie im Spagat auf den Grat einer glühendheißen Saharadüne gedrückt.

Sabrina warf aufstöhnend ihren Kopf in den Nacken, wobei ihre Haare die Pobacken peitschten, die daraufhin zusammenzuckten und bebend nachzitterten. Die kleinen Schamlippen schienen zu Wärmflaschen mutiert zu sein, hingen schwer und heiß aus ihrer Öffnung heraus, um bei der geringsten Bewegung träge nachzuwippen. Ihre Klitoris fühlte sich wie bis zum Bersten aufgepumpt an, schien sich von ihrer Verankerung am Schambein lösen zu wollen, um sich wie eine Made aus ihrem Gang zu arbeiten. Eine aufregende Fantasie, sie sich als Wächterin ihrer Scheide vorzustellen, die sich lustvoll in den Kampf stürzen, aber mit Wonne unterliegen würde, um sich im Schmerz der Lust winden zu können.

Ihre Fantasien wurden von einem irritierenden Gefühl verdrängt. Sabrina presste verstört ihre Beine aneinander. Was geschah da in ihrem Hintern? War es ein vibrierender Eiszapfen, der sich durch ihre Eingeweide nach oben schob? Nein, ... jetzt spürte sie es genau. Es kam von dem seltsamen Ding in ihrem Darm! Für einige Sekunden zuckte es nur leicht, dann aber fuhr ein ungeheurer Blitz wie der zerfetzende Schlag einer Bullenpeitsche von innen heraus in ihren After und an der Wirbelsäule hinauf bis zu den Fesseln ihrer Handgelenke. Ihre Beine flogen auseinander, als sei eine Sprengladung zwischen ihnen explodiert, zuckten unkontrollierbar, schleuderten ihren Körper in den Seilen hin und her und ihr Lustzentrum jagte einen pulsierenden Gefühlsschwall nach dem anderen durch Muskulatur ihres Beckenbodens. Eine Perlenkette aus gelblichen Kügelchen zog an ihren Augen vorbei. Wahrscheinlich handelte es sich um Urintropfen, die aus ihrer Scheide geschleudert worden waren. Der ungeheure Gefühlsstrom aus ihrem Darm ließ ihren Bauch wie unter einem Hagel von Projektilen zucken. Ihr Stöhnen ging in Wimmern über, ihr Unterleib schrie förmlich nach einem Orgasmus, der jedoch nicht kommen wollte. Sie brauchte sofort Entspannung, sofort, sofort, … aber wie?

Könnte sie doch nur irgendetwas zwischen die Beine bekommen, um sich Erleichterung zu verschaffen. Einen Stiel, einen Ast, ein Geweih. Egal was es wäre, Hauptsache sie könnte sich daran reiben, quetschen und es irgendwie in ihre Vagina hineinbekommen! Es musste sein, jetzt, jetzt, jetzt!!!

Wieso tat Sydney nichts, wieso stand er nur da und sah zu, wie sie sich quälte? Würde er ihr doch wenigstens einmal zwischen die Schenkel greifen, ihr Genital mit seinen riesigen Pranken packen, es so richtig heftig knebeln, bis es sich vor lauter Lustschmerz völlig verspritzte. Er bekäme doch dafür ihr schönstes Geschenk in die Hand gelegt, all ihre innigsten Gefühle, die der Saft ihres Lebens mit sich trug! Er musste doch bemerken, dass sie den unerträglich werdenden Pruritus ihrer Organe nicht selbst lindern konnte. In der Luft hängend, brachten ihre Schenkel einfach nicht die Kraft auf, die Scham fest genug zusammenzupressen, um durch Drücken, Quetschen und Reiben des Kitzlers eine Entspannung herbeizuführen.

Ihr Blick richtete sich gequält auf Maya, die nur einen Meter vor ihr genauso verzweifelt in den Seilen zappelte. Ihre Brüste flogen nur so um die Rippen. Deren enorme Knospen stachen weit aus den wunderschön rosigen Vorhöfen heraus. Es waren wirklich makellose Brüste. Wären sie doch nur voller Milch. Wie gern würde sie jetzt Mayas Brüste bis auf den letzten Tropfen aussaugen, um sich dann im Augenblick des Höhepunktes mit der Vagina auf sie zu pressen und sie mit dem Ausfluss ihrer Liebe wieder prall zu füllen.

Diese berauschende Vorstellung und der erregende Anblick des auf Mayas Knien hängenden Höschens steigerten Sabrinas Nöte bis ins Unerträgliche. Könnten sie doch nur ihre Beine ineinander verhaken und damit ihre Popos aneinanderziehen, um ihre Geschlechtsöffnungen aufeinander zu pressen und sich gegenseitig den brennenden Strom ihrer Liebe tief in die Zentren der Lust spritzen. Könnten sie doch nur ihre von Sydney befruchteten Eier untereinander austauschen, um jeweils das Kind der anderen zu gebären. Sabrina winselte vor unendlichem Verlangen, den Schuppen mit ihren Säften zu tränken, sich in einem schillernden Regenbogen aus all ihren Flüssigkeiten restlos zu versprühen. Ihre Scheide brannte, als hätte ihr jemand brennendes Pech zwischen die Schenkel geschmiert. Wie konnte sich ihre Rage nur so steigern? Außer ein Kabel und ein scheinbar elektrisches Teil im Hintern zu haben, war doch noch gar nichts passiert. Kein brachialer Griff in die empfindlichen Teile, kein brutales Werkzeug in der Vagina, kein Biss in die Brüste ... Es musste tatsächlich diese Ding in ihrem Darm sein, das sie so verrückt machte, denn Maya zuckte immer im gleichen Moment wie sie zusammen und aus ihrem Hintern kam ebenfalls ein Kabel heraus, dass in einem grünen Kasten an der Wand endete.

Ihre Vagina verkrampfte sich bereits vor lauter Anstrengung, der Anus ebenfalls. Ihre Blicke suchten Sydneys Augen und flehten: „Sydney, bitte, tu doch etwas, ich halte es nicht mehr aus, ich sterbe!" Er tat aber nichts, starrte nur lüstern zwischen ihre Beine. In ihren Lenden braute sich ein heftiger Krampf zusammen und ein von den Nieren ausstrahlendes Ziehen bog ihr Gesäß mit Macht nach hinten, zog in zwei glühenden Bahnen in ihrem hinteren Becken nach unten, durchdrang dann ihre Därme in Bauchrichtung, ließ die Eierstöcke aufglühen und vereinigte sich schließlich über dem Schambein, um dann wie ein Vorschlaghammer in ihre prall gefüllte Blase einzuschlagen.

Sabrina schluchzte auf, wollte es unter sich gehen lassen, es endlich loswerden, aber da kam nichts. Nicht ein Tropfen! Wollte Sydney sie an ihrer Lust sterben lassen? War dies der Auftakt zu einem Todesorgasmus, von dem sie mal in einem Buch gelesen hatte?

Auch Maya kämpfte verzweifelt um Erlösung. Sie öffnete und schloss hilflos ihre Schenkel, presste sie kraftlos aneinander und wand sich ohne Erfolg. Auch sie fand nichts, an dem sie sich entspannen könnte. Immer wieder verlor sie beim Zappeln einige Spritzer Urin und sie flehte Sydney vergeblich an, seine Hand zwischen ihre Beine zu legen. Der jedoch ließ den Druck zwischen ihren Schenkeln mit auf dem Rücken verschränkten Händen und gleichmütigem Lächeln anwachsen. Sein Glied stand wie das Rohr einer Panzerhaubitze von ihm ab. Oh Grundgütiger, warum rammte er es nicht endlich mit aller Gewalt in sie hinein, bis sie den kolossalsten Orgasmus ihres Lebens verspritzte und sterbend austropfte? „Sydney, bitte!"

Kurz bevor sich seine Opfer nur noch in Qualen wanden, trat er an die Werkbank, ergriff ein dort angebrachtes Seil, führte es zwischen ihren Beinen entlang und spannte es, bis sie einen Hauch von Berührung an ihren Schamspalten verspürten. Viel zu zart, um ihren Druck in einer Explosion der Gefühle abzulassen, aber fest genug, um die empfindlichsten Teile so eben daran reiben zu können.

Die Blicke ineinander versunken, begannen Sabrina und Maya ihre Leiber im Gleichtakt schwingen zu lassen. Ihre Bäuche und Schenkel schlugen dabei schon bald klatschend aneinander und flogen dann von heftigen Stromschlägen heimgesucht wieder auseinander. Vor und zurück, vor und zurück. Ihr Stöhnen und Jauchzen klang wie eine Ode an die Lust. Irgendwann zuckten ihre gestreckten Beine und Füße in Ekstase, ihre Gesäße flogen nur so auf dem Seil vor und zurück und ihre Bäuche streckten sich zu den machtvoll anrollenden Orgasmen heraus.

Nur einen Lidschlag vor ihrer kollektiven Eruption ließ Sydney das Seil sinken. Beide schrieen in höchster Not auf und verdrehten ihre Augen. Ihre aufgepeitschten Leiber krümmten und wanden sich, die Bäuche zogen sich tief in ihre Becken hinein, bis die Knochenkämme hart hervortraten. Ihre Gesäße streckten sich verlangend nach jedem Gegenstand aus, an dem sie sich befriedigen könnten. Nichts ließ sich erreichen. Kraftlos schwangen ihre gepeinigten Körper in den Seilen aus und ergaben sich zuckend.

Da schlug Sydney zu! Das Seil schnellte mehrfach wie eine Peitsche in ihre Genitalspalten und wurde schließlich schmerzhaft in sie hineingespannt. Die Explosionen rissen Sabrina und Maya förmlich auseinander, ihre Brüste flogen nur so hin und her und ihre im höchsten Diskant gekreischten Lustschreie erfüllten den Schuppen, dass Sydney seine Ohren bedecken musste. Käme jetzt zufällig ein Spaziergänger an der Hütte vorbei, müsste der das Schlimmste annehmen. Allmählich gingen ihre Schreie in Winseln, haltloses Schluchzen und schließlich in befreiendes Weinen über, bis ihre Körper nur noch bebend in den Seilen hingen.

Sydney begutachtete sein gelungenes Werk mit höchster Befriedigung. Da hingen sie nun, schwer atmend, rollten ihre Bäuche, als müssten sie noch Reste ihrer berstenden Orgasmen aus sich herausbefördern und tropften zwei kleine Pfützen ab.

Während es bei Sabrina dabei blieb, ließ Maya endlich den Inhalt ihrer Blase in wahren Sturzbächen unter sich gehen. Sie hing regungslos und mit geschlossenen Augen in ihren Schlaufen und genoss seufzend den warmen Strom, der an ihren Beinen hinunterlief. Da Sydney das Seil auf ihrer Seite etwas höher hielt, perlte ein Teil ihres Urins an ihm entlang, lief bis in Sabrinas Schamspalte hinein und bildete auch unter ihr eine schimmernde Lache, die der Boden jedoch schnell aufsog. Er ließ das Seil besorgt fallen und trat vor Sabrina, deren Gesicht immer wieder Anflüge von Schmerzen bekundete.

Völlig ermattet ließ Maya sich hängen und beobachtete, was Sydney mit Sabrina tat. Zunächst streichelte er ihre Scham, die sie unruhig gegen seine Hand presste, dann führte er seinen Finger in ihre Vagina ein und tastete scheinbar ihre Blase ab. Sabrina gab dabei erregend klägliche Laute von sich, bog ihm ihr Geschlecht jammernd entgegen und stöhnte: „Mach es weg, Sydney, bitte mach es weg, meine Blase, sie platzt gleich, ich hab einen furchtbaren Krampf im Schließmuskel."

Er streichelte beruhigend ihren Bauch: „Ganz ruhig, Kleines, gleich wird deine Muschi wieder schnurren." Aus einer großen Kiste holte er eine Thermounterlage hervor, breitete sie unter ihr aus, befreite Sabrina sanft aus ihren Fesseln und bettete sie auf die Unterlage. Sie krümmte sich und jammerte dabei ganz erbärmlich.

Sydney griff abermals in seine Kiste, holte eine kleine Schüssel nebst einem verpackten Etwas daraus hervor. Die Verpackung riss er auf, nachdem er die Schüssel unter ihre angewinkelten Schenkel geschoben hatte, die sie nicht mehr ausstrecken konnte. Ihre Blase zeichnete sich bereits als praller, glänzender Hügel über ihrem Schambein ab.

Sabrina wand sich beklagenswert unter seinen Händen und flehte: „Syd, bitte, mach schnell, ich halte es nicht mehr aus, gleich platzt sie auf!"

Maya durchzog es heiß bei der erregenden Szene, die sich nun ihren gierenden Augen bot. Sydney legte Sabrinas Arme eng an ihren Körper, stellte sich mit seinem Hintern zu ihrem Gesicht über ihren Unterleib, hob ihre Beine an, drückte sie zwischen seinen hindurch, bis ihre Hacken hinter seinen Schenkeln lagen, und ging dann auf die Knie. Mayas Po hob sich ihm entgegen und öffnete sich. Dann rutschte er mit seinem muskulösen Hintern zu ihrem Oberkörper hinauf, was Sabrinas Hintern immer mehr anhob und ihre Unterleibsspalte noch weiter öffnete. Nach einem prüfenden Blick ruckte er noch etwas höher, bis seine Backen Sabrinas Brüste zusammenstauchten und sie neben ihr Kinn drückten. Sein gewaltig erigiertes Ding legte sich dabei wie ein Rettich auf ihre Rippen und seine wie alles an ihm gewaltigen Hoden bedeckten ihre Augen.

Das war eindeutig zuviel! Maya unternahm zum wiederholten Mal verzweifelt den Versuch, ihr Geschlecht mit den Schenkeln zu bearbeiten. Was Sydney da mit Sabrina tat, fuhr ihr wie ein Stockhieb in die Scheide. Ihre vorderen Unterleibsorgane zogen sich heftig zusammen und es ergoss sich ein heißer Bach zwischen ihre Beine. Sie konnte nicht an sich herabsehen, ahnte aber, worum es sich handelte. Menstruationsblut! Ihr Blick fixierte sich fiebernd auf Sydneys Hände.

Der sprühte aus einer Dose etwas auf das abgerundete Ende eines Schlauches, den er der Verpackung entnommen hatte, rückte die Schüssel an Sabrinas Rücken heran, ließ das andere Schlauchende hineinfallen und presste ihre Füße mit seinen Unterschenkeln fest auf ihre Schultern. Damit hob er Sabrinas geschundenen Unterleib noch weiter an und öffnete ihn auf diese Weise so weit, dass ihre Gesäßkerbe fast zu einer glatten Fläche wurde. Schließlich lagen die bedauernswert verwelkt aussehende Umrahmung ihrer blassroten Scheide und ihr sich als winziger Schwimmring abzeichnender Anus wie auf einem matt glänzenden Tablett unter seinen Händen. Interessanterweise hüpfte dieser Ring immer wieder mal wie auf einer Welle in die Höhe und öffnete sich dabei. Manchmal so weit, dass man ein Stück in ihren Darm sehen konnte, aus dem Sydney das Ding nun herauszog, was er ihr dort hineingesteckt hatte.

Während die Finger seiner rechten Hand den mächtig angeschwollenen Harnausgang massierten, führte er mit der Linken das Schlauchende zunächst vorsichtig in dessen winzige Öffnung hinein, um es dann ruckartig vorwärts zu schieben. Ein erstaunlich langes Stück des Schlauches flutschte dabei in Sabrina hinein. Zwischen Sydneys Beinen, wie in einem Schraubstock eingespannt, musste sie die sichtlich unangenehme Prozedur bewegungsunfähig über sich ergehen lassen. Nicht einmal zurückzucken konnte sie. Dafür hüpfte ihr kleiner Schwimmring wild auf und ab.

Sabrinas gellender Schrei verstummte unter Sydneys Hoden, die er ihr kurzerhand auf den Mund presste, bis sie endlich ein befreites Stöhnen ausstieß. Danach leckte und saugte sie wie ein hungriger Säugling an ihnen, während sich ein nicht enden wollender Strahl plätschernd in die Schüssel ergoss. Immer, wenn Maya meinte er würde nun sanft versiegen, begann er von neuem zu plätschern. Sabrinas kurzatmiges Stöhnen deutete darauf hin, dass sich allmählich wieder angenehme Gefühle in ihrem Popo ausbreiteten. Ihr ungewöhnlich ausgeprägter Kitzler erigierte bei der ihr aufgezwungenen Stellung wie eine Made und ragte schon bald als kleiner Penis aus ihrer Scheide. Die fahlen Schamlippen blühten auf, füllten sich mit Blut, entfalteten sich unter Sydneys streichelnden Händen, als wollten sie sich mit frischem Mut zum Dienst zurückmelden.

Er packte ihre Labien, zog sie zunächst lang und dann weit auseinander, bis er tief in ihre Vagina hineinschauen konnte, sog mit seiner Nase prüfend den Duft ihres geöffneten Geschlechts ein, nickte zufrieden, als hätte ihm der Geruch etwas mitgeteilt und zog die Nase zurück, um der Zunge Platz zu machen. Die leckte dann wie ein lebender Waschlappen alles bis in die kleinste Hautfalte hinein aus.

Maya staunte. Er konnte seine Zunge der Länge nach zusammenrollen, bis ein Rohr aus ihr entstand. Als er es dann in der Art eines Spechtschnabels in Sabrina hineinstieß, japste die auf, schrie wie am Spieß und musste ihren sichtlich extremen Orgasmus absolut bewegungsunfähig über sich ergehen lassen. Maya wusste aus eigener Erfahrung, ihn in dieser Weise hinnehmen zu müssen, konnte einen Frauenleib förmlich bersten lassen. So kam es dann auch. Sabrinas gellende Schreie ließen ihre Ohren klingeln. Wie hypnotisiert starrte Maya auf ihre nun fast blutrote Scheide. Es sprenkelte nur so aus ihr heraus, … mitten in Sydneys Gesicht.

Der grinste und brummte: „Na, siehst du, der Brunnen sprudelt wieder, lass es tüchtig fließen, Kleines", was sie auch tat. Maya wurde bald verrückt vor lauter Kribbeln, denn Sabrinas Ausfluss überschwemmte ihren Hintern förmlich und das Schärfste daran war, dass einiges davon durch ihren sich abermals öffnenden After wieder in sie hineinfloss. Sie schluckte ihre eigene Suppe mit dem Hintern, das war ja nicht auszuhalten! Wann kam Sydney endlich zu ihr? Ihr Hintern schrie auch schon wie wild nach seinen Händen.

Nachdem er Sabrinas Beine rechts und links neben der Schüssel abgelegt hatte, stieg er von ihr herunter, beugte sich über ihr Gesicht, nahm sie in den Arm und küsste sie innig. Dabei massierte er sanft ihren Venushügel und ihre Scham, bis sie schnurrte. Ihr Körper wand sich in kaum sichtbaren Bewegungen, ihr kleiner Bauch rollte wie ein Ball ein Stückchen auf und ab. Der dabei noch in ihr steckende Schlauch erweckte Mayas Interesse, denn er führte während Sydneys ungewöhnlicher Heilbehandlung ein reges Eigenleben. Er rollte auf dem Schüsselrand herum, richtete sich hin und wieder auf oder schlängelte sich wild auf und ab und immer mal wieder plätscherte es aus seinem Ende hörbar in die Schüssel, die nun schon überlief. Schließlich zog Sydney ihn mit einer fließenden Bewegung heraus, wobei Sabrina noch einen überraschend heftigen Strahl von sich gab, der auf ihre Füße platschte. Dann sank sie in sich zusammen, um reglos und mit seligem Lächeln liegen zu bleiben. Ihr Blick richtete sich dabei träumend in die Ferne.

Ach ja, Sydney … Sabrina betrachtete ihn dankbar, sog seinen männlich herben Geruch begierig in ihre Nase. Allein schon sein Duft wäre es wert, gleich noch einen barocken Orgasmus zu bekommen. Im Moment besaß sie leider keine Kraft mehr dazu. Mit seinem innigen Kuss und seiner unendlichen Zärtlichkeit, aber auch seiner spielerischen Gelassenheit während ihrer Notlage, hatte er die Wahrhaftigkeit seiner Worte ein weiteres Mal unter Beweis gestellt. Er besaß nicht nur die Kontrolle über sich und seine Handlungen, sondern betrachtete sie tatsächlich in jeder Sekunde als gleichwertige Person, achtete peinlich genau darauf, ihre Gefühle nicht zu verletzen. Egal wie obszön eine Situation auch von einem Außenstehenden empfunden werden könnte, sie war es nicht. Worte wie Obszönität oder Demütigung besaßen in seiner Nähe keine Gültigkeit, denn selbst die freizügigste Darbietung ihrer intimsten Leibesteile und ihre bedingungslose Hingabe verleiteten ihn weder zu entwürdigenden Worten noch zu herablassenden Blicken und schon gar nicht zu beschämenden oder verletzenden Handlungen. Seine eigene sexuelle Leidenschaft verführte ihn niemals dazu, Macht auszuspielen, ließ ihn nicht die Achtung vor seinem Gegenüber vergessen. Dieser himmlisch sanfte Riese, gegen dessen Kraft kein Kraut gewachsen wäre, zollte Maya und ihr gerade in ihren schwächsten Momenten, in denen sie ihm tatsächlich so hilflos wie Säuglinge ausgeliefert waren, den größten Respekt und achtete peinlichst darauf, nie ihre Würde anzutasten. Er tat nur das, was sie ihm gestatteten und was sie selbst als befriedigend empfanden. Wie wohltuend es doch war, nicht als Schlampe, Fotze, Möse oder Sonstiges betitelt zu werden. Bei Engelchen, Zaubermaus, Puschel oder seinem liebevoll gebrummten "Kleines" hinterließ ein Höhepunkt wesentlich mehr als nur triefende Schenkel. Solche Worte berührten das Herz einer Frau und ihre Seele bekam gleichzeitig einen Orgasmus. Für ihn waren die Brüste und Leibesöffnungen einer Frau nicht nur Lustobjekte, nein, unter seinen forschenden Blicken wurden sie zu begehrenswerten Körperteilen eines Wesens, dem er Pflege und Befriedigung schenken wollte. Sich lieblos an ihnen zu vergehen, widerstrebte ihm. Ja, Sydney … Keinem anderen Mann als ihm könnte sie es abnehmen, dass die Körperöffnungen ihres Unterleibes mit ihrem wabbeligen Drumherum und den manchmal nicht gerade berauschenden Düften nicht nur sexuell erregend, sondern ebenso schön wie ihr Gesicht sein sollten. Bei ihm fiel es ihr nicht schwer, dies und manches andere zu glauben.

Wärme breitete sich in ihrer Brust aus und sie lächelte glücklich, als Sydney sich Maya zuwandte, für die ihre Gefühle ebenfalls heiß entflammt waren. Trotz ihrer abartigen Gedanken war sie im Grunde die Unschuld in Person. Einfach im Geist, aber liebenswert und bis ins Tiefste hinein warmherzig. Schon jetzt stand für sie fest, dass Maya in Zukunft ihre beste Freundin sein würde. Im wahrsten Sinne des Wortes ihre Busenfreundin, deren Brustschnuller wohl jeder Frau der Welt lesbische Gefühle einhauchen könnten.

Begierig sog sie das weitere Geschehen mit ihren Blicken auf. Was er mit Maya und ihr tat, musste für einen Beobachter auf den ersten Blick nach profanen Sexspielchen aussehen, bei genauerem Hinsehen erschlösse sich ihm jedoch ein System, nach dem Sydney vorging. Er wollte mit seinen Handlungen etwas erreichen und er würde es erreichen, denn er war in allem was er tat überzeugend!

Später einmal gedachte sie, als Sexualtherapeutin zu praktizieren. Zu diesem Zweck studierte sie Psychologie, würde Schulweisheiten in sich aufnehmen, ihre Gefühle zu Rate ziehen, ihre eigenen Fehler kennen, aber was sollte dies alles gegen Sydneys Naturbegabung und seine absolut intakte Moral sein? Er würde ihr all die Dinge beibringen müssen, die ein Schulwissen nicht vermitteln konnte, all die Weisheiten, die nur wahrhafte Menschen glaubhaft vermitteln konnten. Er wäre im Grunde der wirklich richtige Lehrer und Therapeut für Frauen, die wie sie und Maya unter den Qualen entarteter Triebe litten. Nicht eine seiner Schülerinnen würde ohne eine geläuterte Seele und einem Pickup voller Lebensmut wieder nach Hause fahren.

Schwächen hatte dieser Riese scheinbar nicht, zumindest konnte sie bisher keine einzige an ihm entdecken. Welch ein Mann und welch ein Glück für sie, ausgerechnet ihm auf die Nase gepinkelt zu haben! Sie würde es jederzeit wieder tun. Es konnte keine Einbildung sein, sie spürte schon deutlich, wie seine Worte und sein Wesen Früchte in ihr trugen, fühlte die schmachvollen Fantasien schal werden. Sie wusste jetzt, dass sie sich beim Sex zukünftig nur noch gefühlsechte Extravaganzen leisten würde, um sich auf Dauer nicht zu zerstören, denn selbst die abartigsten Perversitäten verlangten wie jede andere Droge immer noch nach Steigerung und brächten doch nur eine Leere nach der anderen. Leider könnte man mit Sydneys Methode nicht alle Menschen therapieren, schon weil seine Therapie sich nur auf die sensible Gefühlswelt von Frauen anwenden ließ. Bei Maya und ihr durfte er sich seines Erfolges jedoch jetzt schon sicher sein, denn sie träumten beide nach langen Jahren der seelischen Verödung endlich wieder vom Leben, wollten lieben, geliebt werden, Orgasmen wieder genießen und nicht immer nur erleiden, sehnten sich wieder nach Zärtlichkeiten. Sicher, dieser Wunsch bestand eigentlich schon immer, aber nicht im Zusammenhang mit Sex.

Keine drei Tage hatte er dazu benötigt, die Genese ihrer Gefühle in Gang zu setzen. Der Heilungsprozess könnte zwar noch Monate in Anspruch nehmen, denn eingefahrene Gedanken- oder Gefühlsabläufe ließen sich nicht von heute auf morgen unterbinden, würde aber nachhaltig wirken. Noch gab es keine gefühlsmäßige Einheit in Maya und ihr, wie sie an sich selbst am besten beurteilen konnte, denn nicht sie streckte sich Sydneys Händen verlangend entgegen, sondern ihre Brüste, ihr Bauch, ihr Geschlecht oder ihr Po. In der Psychologie ein bekanntes Phänomen. Das Ich wurde bei der völligen Sexualisierung des Seins in Teile zergliedert, weil die Summe der einzeln aufgezählten Gefühle vom Unterbewusstsein höher als die eines nicht zu beschreibenden Gesamtgefühls bewertet wurde. Ein Trugschluss, denn diese Aufzählung bewertete nur das Subjekt Körper, ließ die Bedürfnisse des Bewusstseins und der Seele, die einen Menschen im eigentlichen Sinne ausmachten, völlig außer Acht.

Sie wälzte sich matt auf die Seite, legte ihren Kopf auf die Schulter und sah Sydney fasziniert zu, wie er Maya nach allen Regeln der Kunst in die Welt intensivster Gefühle entführte. Nachdem er auch ihr den Katheter verpasst und ihre Blase noch um einige Spritzer erleichtert hatte, hing sie nun kopfüber, mit weit gespreizten Beinen da und krümmte sich vor Wonne. Sydney stand hinter ihr, hatte einen banalen Löffel in ihre Vagina eingeführt, mit dessen erhabener Seite er nun ihre Blase und ihren G-Punkt massierte. Seine andere Hand lag auf ihrem Venushügel und der Daumen bearbeitete mal zart, mal grob ihre Klitoris. Sein Gesicht steckte zwischen ihren prallen Backen. Immer, wenn seine Zunge mit hartem Druck über ihren After fuhr oder in ihn eindrang, stöhnte sie kehlig auf und bog sich so weit sie konnte nach hinten durch. Im gleichen Rhythmus spannte und entspannte sich ihr Bauch. Den Geräuschen nach blies er sie auch immer mal wieder auf und sie ließ dann die Luft ungehemmt wieder ab. Unglaublich, mit welch harmlosen und einfachen Mitteln er eine Frau bis zur hellen Weißglut anheizen konnte. Schamgefühle vor ihm kamen gar nicht erst auf, verrauchten auf wundersame Weise. Maya furzte mit wahrer Begeisterung und Sydney weidete sich mit gleicher Begeisterung an ihrer unschuldigen Verzückung. Was könnte daran falsch sein? Ob man ihre Handlungen nun als pervers bezeichnete oder nicht, wenn sie beide ihre Freude daran haben konnten, brachte es auf jeden Fall etwas Positives mit sich.

Sabrina sah Mayas Blicke auf sich gerichtet. Ihre Augen ließen sie teilhaben an dem, was sie empfand. Sie bekundeten einen soeben beginnenden, sich schnell in höchste Höhen schraubenden Höhepunkt. Mayas Atemfrequenz erhöhte sich, ihr Stöhnen zog sich länger, klang zittriger, ihr Bauch drückte sich immer weiter heraus, bis die Haut vor Spannung glänzte und ihr Körper bog sich immer weiter und schneller durch. Andere Bewegungsmöglichkeiten gab es in ihrer Lage nicht, denn Sydney hatte ihre Beine bis an die Schmerzgrenze gespreizt. Die Strukturen ihrer verführerischen Schamspalte traten weit heraus. Aus Sabrinas Blickwinkel wirkten die Labien wie die ersten fleischigen Blätter einer Pflanze, die sich aus dem Boden eines Hügels kämpfte. Aus der Schamkerbe trat ein heller Blutfaden aus und floss an ihrem Bauch herab.

Mayas Unterleib wölbte sich plötzlich wie ein Ballon nach vorn, dann kam es ihr mit Macht. Beim letzten Aufblähen ihres Bauches blieb sie weit durchgebogen und laut kreischend hängen, schrie sich geradezu die Seele aus dem Leib, bis ein lang anhaltendes Beben ihren Körper durchlief und aus ihrer Vagina ein glitzernder Vorhang aus Tropfen an Sydneys Kinn sprühte. Rötlich gefärbte Bäche rannen unter seiner Hand hervor, hinterließen ein glänzendes Kunstwerk aus filigranen Fließspuren auf ihrem Bauch und an den Unterseiten ihrer Brüste. Zwei oder dreimal peitschte ihr Becken noch in den Seilen vor und zurück, ein weiterer Schwall Menstruationsblut lief in einer breiten Bahn an ihrem Bauch herunter, dann pendelte sie erregend wimmernd aus. Ihr Körper erschlaffte nach einem letzten Aufbäumen und blieb ausgestreckt, mit herunterhängenden Armen hängen. Wüsste Sabrina nicht, was sich ereignet hatte, würde sie Sydney jetzt für einen bestialischen Mörder halten müssen, denn Maya sah nun wahrhaft wie gepfählt aus.

Sydney befreite sie behutsam aus den Seilen, darauf achtend, ihr nicht weh zu tun, bettete auch sie auf eine Unterlage und bedeckte ihren bebenden Körper mit einer Wolldecke. Maya musste völlig fertig sein, denn sie bewegte nicht ein Glied, starrte nur weltentrückt in den Giebel des Schuppens. Er kümmerte sich rührend um sie, bis sie ihre Arme um seinen Hals schlang und glücklich lächelnd sagte: „Du Wahnsinniger, wie kann man eine hilflose Frau nur derart fertig machen? Ich hab mich völlig verspritzt, in mir fühlt es sich an, als gäbe es da unten nur noch Trockenfleisch." Sie ließ sich kraftlos auf die Matte zurücksinken und registrierte, dass er sich nun wieder Sabrina vorknöpfte.

Er küsste ihre Stirn und tönte jovial: „So, mein Täubchen, wie ich sehe, hast du dich erholt. Soll ich dir was sagen, ich hab einen Bärenhunger und werde dich jetzt vernaschen. Ich denke, ich beginne damit an deinen saftigen Weichteilen. Aber zunächst hab ich Durst und werde dich restlos ausschlürfen."

Sie schrie verblüfft auf, als er seinen Kopf zwischen ihre Beine stieß und ihr gleich darauf in den Damm biss. Seine Nase steckte dabei in ihrer Vagina und seine harten Bartstoppeln raspelten wie eine Drahtbürste durch ihre Spalte. Risse er jetzt nur einmal fest an ihrem Damm, dann … Nein, nein, nein, … nicht diese Gedanken!

Ihr Körper detonierte unter seinen Händen vor Schmerz und Wonne. Er ließ sie erst los, als sie schnaufend erschlaffte. Nur zwei Minuten später wusste Sabrina, wie Maya sich gefühlt haben musste. Das Atmen fiel ihr schwerer als sonst, denn der Inhalt ihres Bauches drückte nun auf die Brustorgane. Ihr war schwindelig. Die Brüste lasteten seltsam schwer an ihrer Haut, die Fingerspitzen berührten kaum den Boden. Sie fühlte kühle Luftzüge in ihren Öffnungen, die weit offenstehen mussten. Nur noch ein bisschen mehr Spannung auf die Seile und es würde ihre Hüftgelenke auseinander reißen. In ihrem Inneren grummelte es. Die Eingeweide versuchten scheinbar, sich an ihre neue Lage anzupassen. Ihr Damm, noch von seinem Biss brennend, stand scheinbar kurz vor dem Zerreißen.

Sie versuchte, sich nach Sydney umzusehen. Vergeblich, denn ihr Oberkörper ließ sich wegen der stramm gespannten Unterleibshaut kaum drehen. Nach zwei Versuchen gab sie ihr Vorhaben auf, denn es schmerzte, als würde sie vom Schambein bis hin zu den Brüsten aufgerissen. Er schien in der Badekabine zu hantieren. Nach etwa einer Minute sah sie die Schatten seiner Beine von hinten auf sich zukommen und versteifte sich. Eine Gänsehaut bildete sich im Nacken, zog sich schnell über ihr Kreuz und die Pospalte und von dort aus über ihr Geschlecht zum Venushügel, um letztlich auch den Bauch und die Brüste einzuhüllen. Die Nippel fühlten sich steinhart an, als sie nach ihnen griff. So hart und lang, dass zu befürchten stand, sie würden im nächsten Moment wie Sydneys Hosenknöpfe in der Luncheonette davonfliegen. Ihre Arme verloren schnell an Kraft und sanken wieder zu Boden, während sich ihr Körper immer mehr versteifte. Bewegungslos und etwas furchtsam harrte sie des Kommenden. Lange brauchte sie nicht zu warten.

Sie schrie laut auf, denn es schlug plötzlich und wie ein Beil in ihre Vagina ein! Ihr Bauch schien zu detonieren, als Sydney seinen kühlen Körper unerwartet von hinten an ihren bis zum Äußersten sensibilisierten Rücken presste. Die Innereien schienen sich durch ihre Bauchwand katapultieren zu wollen, um zu fliehen. Erst seine streichelnde Hand beruhigte sie wieder. Seine ruhige Stimme sagte: „Nicht so heftig, mein Sternschnüppchen, sonst muss ich dich nach meiner Malzeit erst wieder zusammenbauen. Erschrick jetzt nicht. Es fühlt sich wahrscheinlich ziemlich heiß an, hat aber nur wenig mehr als deine Körpertemperatur."

Im nächsten Moment meinte Sabrina, von innen heraus zu verglühen. Ein dickes, entsetzlich heißes Etwas drang in sie ein, sprengte sie fast. Immer tiefer, immer tiefer. Es schob sich brennend in ihre Innereien und schien ihre Unterleibsorgane bis in die Brust schieben zu wollen. Die Glut erfasste ihren gesamten Körper, einschließlich ihres Kopfes, wurde heißer und heißer. Ein panikähnlicher Druck baute sich in ihrer Brust auf, ihr Körper tobte, wollte sich des Eindringlings erwehren ihn hinauspressen, … ihn untersuchen, … ihn umschließen, … ihn festhalten, … sich an ihn schmiegen, … einschließen, sich seiner verlockenden Wärme mit allen Fasern hingeben. Was auch immer in sie eingedrungen sein mochte, es fühlte sich schön an, wunderschön. Es ließ ihre Seele schweben. Ihr Leib summte vor Wohlbehagen und immer wieder durchzogen ihn Wellen von paradiesischen Gefühlen, die sich nicht beschreiben ließen.

Nie hatte sie einen solch weichen, lange anhaltenden Orgasmus erlebt, ihn so warm, so entspannend empfunden. Sie ließ sich einfach nur glückselig hängen und spürte den wunderlichen Dingen nach, die sich zwischen ihren Beinen abspielten. Sie genoss es, Sydneys kitzelnde Bartstoppeln an ihren zuckenden Schenkeln zu fühlen. Er hielt ihre Brüste von hinten umfasst, knetete sie sanft und zog ihre Knospen lang, als würden Babys an ihnen saugen.

Oh ja, Babys, Babys, sie wünschte sich so sehr Babys, die sie lieben und hegen könnte, wie Sydney es mit ihr tat. Wie gern hätte sie jetzt ihre Brüste mit Milch gefüllt und Sydney würde sie verspritzen, sie melken, aussaugen. Im Moment hatte er allerdings anderes im Sinn. Sein Kinn bewegte sich genießerisch kauend zwischen ihren Schenkeln und sie presste für ihn immer wieder einen Bissen aus sich hinaus, wenn er fordernd an ihrem Damm leckte. Um das letzte Stückchen Gigant-Bratwurst aus ihr herauszubekommen, saugte er mit einer solchen Vehemenz an ihrer Vagina, dass sie befürchtete, er würde ihre Innereien ebenfalls vernaschen wollen. Nach Beendigung seiner extravaganten Malzeit säuberte er die außergewöhnliche Tafel mit der Zunge von Fett und anderen Überresten. Auch in ihre Vagina drang sie ein, um ihr Innerstes zu reinigen. Sabrinas Leib schrie vor unsagbarem Wohlempfinden. Sollte er sie doch völlig aussaugen und seinen Magen an ihren im höchsten Grade esoterischen Gefühlen teilhaben lassen!

In der Erwartung, Sydney ließe sie nun wieder auf ihre Unterlage herab, streckte sie sich behaglich und blieb völlig entspannt hängen. Die Haare lasteten schwer wie Gewichte an ihrem Kopf. Sie breiteten sich als schillernde Matte unter ihr aus. Ein aufreizendes Gefühl, nichts tun zu können, splitternackt und wehrlos, die intimsten Körperteile weit geöffnet seinen Blicken ausgeliefert, ein Objekt der Begierde zu sein, dessen er sich nach seinem Gutdünken bedienen konnte.

Als Sydney wieder in ihrem Blickfeld erschien, wurde ihr jedoch mulmig. Beim Anblick der massiven Rohrzange krampften sich ihre Schließmuskeln erschrocken zusammen. Ihr Leib bog sich ganz von selbst weit durch, um in sich Platz für ihre Griffe zu schaffen. Fast hätte Sabrina in Panik losgeheult, als sich die eiskalten, unterschiedlich geformten Eisengriffe in beide Öffnungen senkten. Sie spürte, wie ihre Därme und die Vagina sich wanden, um sich vor dem eisigen Eindringling zurückzuziehen. Ein ohnmächtiges Beben durchlief ihren Unterleib, als Sydney seine Finger von der Zange löste. Sie sank durch ihr Eigengewicht tiefer und tiefer in sie hinein. Der längere der unterschiedlich langen Griffe schien in ihrem Po zu stecken. Er stieß schon bald auf ein Hindernis, welches sich ihm unter gerade noch erträglichen Schmerzen entgegenstellte. Verzweifelt versuchte sie, die Griffe wieder aus sich hinauszupressen, bewirkte damit jedoch das Gegenteil. Der Griff im Darm verdrängte den Widerstand und die Zange glitt zügig und unaufhaltsam tiefer und tiefer in sie hinein. Ihre Kälte erzeugte unbeschreiblich intensive Gefühle und Sabrina musste ihr Becken weit nach vorn drücken, um den sie pfählenden Griffen Raum zu verschaffen.

Endlich spürte sie die eisigen Verbindungskrümmungen der Zange auf ihrem Damm aufsetzen und atmete erleichtert auf. Die Griffe hätten keinen Millimeter tiefer mehr in sie eindringen können, ohne ihr Höllenqualen zu bereiten. Den vorderen glaubte sie schon ganz oben in ihrer Gebärmutter zu spüren, der hintere erzeugte vor der Wirbelsäule einen schmerzhaften Druck, irgendwo in Bauchnabelhöhe. Mit vorsichtigen Becken- und Bauchbewegungen versuchte sie, die Lage ihrer Innereien etwas zu verändern. Schließlich schaffte sie es auch, die Zange schmerzfrei in sich ruhen zu lassen, jedoch nur dann, wenn sie nicht einen Muskel mehr bewegte. Selbst ein leichtes Zusammenkneifen ihrer Pobacken ließ unerträgliche Krämpfe durch ihren Bauch ziehen. Hielte sie nicht ihr Kreuz weit durchgebogen und ihr Becken extrem nach vorn durchgedrückt, würde sie wahrscheinlich von einer Schmerzexplosion wie von einer Handgranate zerrissen. Nicht einmal Kopf und Finger durfte sie bewegen, ohne aufstöhnen zu müssen. Die Zange schien ihr dann sofort zeigen zu wollen, wie sich ein Schuss in den Unterleib anfühlen würde. Nein, jetzt war sie sich endgültig sicher, etwas Derartiges nie erleben zu wollen. Sie spürte ihren Empfindungen nach:

Nun war sie völlig hilflos. So wehrlos, wie sie es sich in ihren Fantasien Hunderte von Malen erträumt hatte, aber auf diese Weise einen Orgasmus bekommen zu können, schien ihr unmöglich. Sicher, sie spürte ein Wahnsinnskribbeln im ganzen Körper, aber würde sie zulassen, dass es sich zu einem Orgasmus steigerte, dann ginge dies nicht ohne Bewegungen ab. Selbst ein leichtes Zucken ihres Hinterns verursachte schon eine Höllenpein, wie sollte sie da einen Höhepunkt aushalten? Der würde sie zerreißen! Sie würde schreien wie am Spieß, sobald ihre Vagina den Gegenstand in ihr umschmeicheln, ihr Darm sich spielerisch an ihm reiben, ihn kneten wollte. Sie würde meinen, von innen heraus grausam zerfleischt zu werden, wenn sich ihr Leib drehte, bog und wand, um den Superorgasmus ihrer Fantasien wenigstens einmal zu erleben. Ihr Körper setzte sich über ihre Bedenken hinweg, er wollte diesen Orgasmus, holte zum Rundumschlag aus und sie schrie all ihren Schmerz, all ihre Angst schrill hinaus, verspritzte ihre Körperflüssigkeit, wand und krümmte sich um das Zentrum ihrer Schmerzen herum, streichelte es besänftigend mit ihrem Darm, mit ihrer Vagina, badete es in der Wärme des intensivsten, wenn auch schmerzhaftesten Höhepunktes ihres Lebens. Ihre verkrampften Finger bohrten sich tief in das brennende Fleisch ihres Unterleibes, hinterließen blutige Striemen, ihre Blase überschwemmte Bauch und Rücken mit Urin, der sich inzwischen wieder angesammelt hatte, und ihr Bewusstsein ergab sich nach einem gewaltigen Beben ihres Körpers, bei dem die Brüste wild auf und ab tanzten, der wohlwollenden Dunkelheit, die sie wie ein Hort tiefsten Friedens umfing. Ihr Körper erschlaffte und verfiel in Starre, ihre Arme sanken haltlos herunter. Selbst ihre Brustmuskeln verloren die Spannung, bis ihre Brustwarzen fast zum Boden zeigten.

Als Sydney die Zange behutsam aus ihr entfernte, fühlte sie sich heiß an. Sabrinas Genitalien glühten. Nachdem er sie wieder auf ihre Matte gebettet hatte, massierte er ihren Körper sanft, besonders intensiv die Innenseiten der Schenkel und ihre am Schambein ansetzenden Muskeln. Danach bedeckte er auch sie mit einer Wolldecke. Nach einem innigen Kuss wandte er sich wieder Maya zu, die ihm erwartungsvoll entgegenschaute.

Sein Herz brannte vor Glück. Wie musste ihm das Schicksal gewogen sein, ihm ein solches Geschenk zu machen? War es schon eine besondere Gunst, gleich zwei Frauen beglücken zu dürfen, die seine Fantasien mit ihm teilten, steigerte es sein Wohlgefühl natürlich bis ins Höchste, es mit zwei wunderschönen Frauen tun zu können. Was sie hier miteinander zelebrierten, könnte man abfällig als Perversität, aus einer anderen Sicht jedoch als innigste Form der gegenseitigen Zuwendung bezeichnen, die auch er so dringend wie die beiden Frauen brauchte. Dies hatte er sich schon immer erträumt und nun war es Realität geworden. Er könnte ewig so weitermachen, durfte jedoch dabei seine Ziele nicht aus den Augen verlieren, die ihm wichtiger als seine eigene Befriedigung waren.

Er sah ihnen beiden an, wie fertig er sie gemacht hatte, aber noch nicht fertig genug, denn erst ab einer gewissen Schwelle würden sie befriedigt und ausgelaugt genug sein, um sich auch für die anderen Dinge des Lebens wieder zu öffnen. Dann, da war er sich sicher, würden ihre extremen Fantasien immer mehr an Bedeutung verlieren. Mit der Zeit sollten ihre Bäuche nur noch dann kribbeln, wenn sie an Liebe, vielleicht gepaart mit einigen stimulierenden Extraeinlagen dachten.

Wer konnte schon sagen, ob ihrer Konstellation auf Dauer Bestand beschieden sein würde? Ihm gefiele es, aber er nähme es ohne zu klagen hin, käme es anders. Bis dahin jedoch gedachte er, sie zu verwöhnen, sie zu lieben, ihre Liebe und ihre Körper zu genießen und ihnen beizubringen, wieder an sich selbst zu glauben. Er wollte ihre vergangenen Fantasien zum Gewesenen machen und ihnen eine Zukunft ohne Scham, Schuldgefühle und Angst ermöglichen. Dies war er ihnen und demjenigen schuldig, der sie zu ihm geführt hatte. Allmählich glaubte er daran, dass nicht nur ein zufälliger Ablauf für den Werdegang des Lebens verantwortlich zeichnete. Da musste es noch etwas Größeres geben, etwas, das selbst den abstrakten Fantasien gequälter Seelen einen Sinn verlieh!

Er lächelte in sich hinein. Könnte jetzt jemand seine Gedanken lesen, dann müsste derjenige meinen, einen Heiligen vor sich zu haben. Weit gefehlt, denn zu den völlig selbstlosen und pazifistischen Typen gehörte er nicht. So mancher durfte dies schon am Spiegel feststellen, wenn er seine Brillenhämatome kühlte und so manche Frau musste nach einer gemeinsamen Nacht erleben, wie rigoros er von einer verpflichtenden Verbindung Abstand nahm und dass sie ihren Hintern ausschließlich für seine sexuellen Bedürfnissen hingehalten hatte. Eine eheähnliche Gemeinschaft oder Wohngemeinschaft hatte er bisher nie angestrebt. Diese beiden Engel zu seinen Füßen jedoch brachten etwas in seine Welt, auf das alle seine Gefühle und Sinne ansprachen. Sie wollte er unbedingt bei sich und somit in Sicherheit wissen, ihre Triebe notfalls bis zum Exzess befriedigen, bis ihre Lust zu Exessen abklang, denn ihnen durfte kein Unheil widerfahren. Nicht diesen Engeln, die keine Schuld an ihren Entgleisungen trugen! Dabei käme er nicht zu kurz denn sie nahmen ja nicht nur, sie gaben auch, öffneten ihm die Pforten ihrer Liebestempel mit größter Hingabe, gaben ihm ihre tiefsten Gefühle preis und schämten sich vor ihm nicht. Ein Zeichen tiefsten Vertrauens und die Grundbedingung für den Erfolg seiner Therapie, die hauptsächlich seinem Bauch entstammte, der zwar nicht in allen, aber doch in gewissen Fällen den Kopf an Verstand übertraf.

Da kam er seinem Vater nach, der sehr erfolgreich als Tierarzt praktiziert hatte. Der fragte seinerzeit auch zunächst nach der Meinung seines Bauches, bevor er den Kopf einsetzte und lag damit immer goldrichtig. Wo andere aufgaben, kam er zum Einsatz und wies Erfolge auf, von denen seine Kollegen nur träumten. Ja, so ein Bauch wusste von Wegen, die dem Kopf verschlossen blieben.

Maya empfing ihn mit den Worten: „Oh Sydney, ich liebe dich so sehr. Jetzt bist du aber mal dran. Denk auch an dich und schimpfe nicht mit mir, wenn ich dir jetzt sage, benutze mich. Ich bitte dich, benutze mich. Mach es mit mir, wie du es brauchst, nimm keine Rücksicht."

Er lächelte nur und drehte sie sanft auf den Bauch.

Anfangs meinte sie, ihre Backen würden samt Oberschenkeln in ihre Beckenöffnung gepresst, dann aber jauchzte sie vor Glück. Welch ein Wahnsinnsgefühl! Ihr Unterleib wurde von seinem Gewicht wie von einer Planierwalze auf den Boden gepresst. Geradezu wie festgenagelt steckten ihre Beckenkämme in der Thermounterlage. Nur noch ein bisschen mehr Druck und Sydney würde den Inhalt ihres Beckens ausquetschen wie eine Tube Tomatenmark. Ihr Bauch fühlte sich an, als läge er direkt auf dem eiskalten Boden und von hinten schob sich sein mächtig heißer Phallus in ihren After, der nur kurz Widerstand leistete, bevor er die Waffen streckte und sich der Pein einer Niederlage ergab. Zunächst schmerzte die Dehnung ihres Schließmuskels zwar höllisch, obwohl er sein Glied eingefettet haben musste, dann jedoch überwog immer mehr ein nie gekanntes Wohlempfinden.

Ganz sanft, tiefer und tiefer, bahnte sein Penis sich den Weg in ihr Leibeszentrum. Auf halbem Wege zog er sich ebenso bedächtig zurück, bis er fast aus ihrem Popo flutschte, um dann wieder vorwärts zu streben. Allmählich bohrte er sich weiter in sie hinein, weiter und weiter, bis sie seine Eichel wie eine heiße Glühbirne mitten in sich spürte. Mal mehr links, mal rechts, mal stieß sie steil zum Boden und presste durch alles hindurch einige Tropfen aus ihrer Blase. Dann wieder schien es, als berühre sie ihr Herz, welches daraufhin erschrocken für einen Schlag aussetzte, um dann wie wild loszuhämmern. Wie hart er doch war, dieser Riese, der sie wie ein Spanferkel aufspießte, sich unaufhaltsam in ihren Leib bohrte. Es schien, als gäbe es in ihr nur noch ein tunnelgroßes Loch. Normalerweise musste sie beim Analverkehr zusätzlich ihre Klitoris reizen, um zum Orgasmus zu kommen, Sydney jedoch brauchte keine derartige Unterstützung, denn sein gewaltiger Hodensack tat das Seine dazu. Er tätschelte bei jedem Stoß ihre Schamlippen und schlug wie ein Glockenklöppel auf ihren Kitzler. Nach und nach erhöhte sich sein Tempo, bis er sie so hart rammelte, dass ihr gesamter Bauchinhalt schwabbelte.

Fiebernd erwartet und dennoch völlig unvorbereitet barst ihr Leib. Schreiend bäumte sie ihren Oberkörper auf, schlug mit dem Rücken gegen Sydneys Brust und klatschte beim Zurückschnellen mit ihren Brüsten auf die Unterlage. Sein gewaltiger Erguss schlug wie eine heiße Portion Wackelpeter in sie ein, so, wie Sabrina es gesagt hatte, und überschwemmte ihr Inneres mit einer siedendheißen Flut aus Sperma. Wie konnte sein Samen nur derart heiß sein? So etwa musste es sich angefühlt haben, wenn in der Zeit der Hexenverfolgungen die Därme einer Frau mit glühenden Kohlen gefüllt wurden. Ihr Kinn sank auf die Matte, sie streckte Arme und Beine weit von sich, spreizte Finger und Zehen und ließ ihren unbeschreiblichen Orgasmus mit seinem Glied spielen. Ihr Darm knetete sein Raubtier, saugte an ihm, bis es keinen Tropfen mehr hergab. Maya wand sich in bisher nie erreichtem Glück. Sie hatte seinen Drachen besiegt, alles aus ihm herausgepresst! Sydneys Penis fühlte sich in ihr tausendmal schöner als alles an, was sie jemals in ihre Löcher gestopft hatte.

Keine Taschenlampe, kein Rührbesen und schon gar nicht der Stiel einer Klobürste konnten da mithalten. Oh man, was sie schon alles ausprobiert hatte. Bananen, Gurken, Kerzen, Kochutensilien aller Art, Schraubendreher, verschiedene Schläuche, glatte und geriffelte. Sogar einen Ladykracher hatte sie mal auf der Toilette beim Masturbieren in ihrem After gezündet. Nie mehr wieder! Er tat zwar nicht sehr weh, aber danach hatte sich jeder Gast schnüffelnd nach ihr umgedreht, wenn sie an ihm vorbeikam. Einmal hatte sie sogar den kompletten Schlauch eines Kinderfahrrades in sich hineingepresst und ihn dann mit einer elektrischen Luftpumpe aufgeblasen. Da war sie ganz schön in Nöte geraten, denn ihr Bauch nahm innerhalb weniger Sekunden die Form einer Hochschwangeren an, stand kurz vorm Platzen und beim Herausziehen riss es ihr fast die Hintertür heraus. Das blöde Ding wollte partout die Luft nicht mehr ablassen.

Am nächsten Tag hatte der Luncheonetten-Staubsauger sie fast umgebracht, denn bald wäre es ihm gelungen, ihren gesamten Bauchinhalt in seine Tüte zu ziehen. Dumm wie sie war, hatte sie daraus nichts gelernt, denn ihre Geilheit ging über jede Vernunft hinaus. Beim zweiten, sehr vorsichtigen Versuch hätte sie fast ihre Schamlippen eingebüßt. Eigentlich wollte sie das Rohr nur beim Schenkelquetschen an ihren Schamhügel halten, es rutschte ihr jedoch aus den Fingern, flutschte zwischen die Beine und sog sich an ihrer Scheide fest. Innerhalb von Sekunden hatte es ihre Blase gemolken und ihren Wahnsinnsorgasmus gleich mit verschlungen. Das war zwar höchst erregend, aber sie kam nicht an den Ausschalter des Saugers und beim Abziehen des Rohres wurden ihre Schamlippen entsetzlich lang gezogen und flatterten dermaßen in dem Luftstrom, dass sie fiepende Geräusche von sich gaben. Tagelang war sie dann wie mit vollen Hosen durch die Gegend gelaufen, denn die geschwollenen Labien hingen wie wassergefüllte Säcke an ihr und ihr gesamtes Geschlecht war vom Schambein bis um den After herum ein einziges Hämatom. Nie mehr würde sie ein elektrisches Haushaltsgerät zweckentfremden. Nie mehr!

Die zappelnde Blindschleiche in ihrem Po konnte sie erst nach Stunden als Leiche aus ihrem Darm bergen, aber bis zu ihrem tragischen Ende hatte sie auf Schritt und Tritt für ein Feuerwerk von Gefühlen gesorgt. Der Feuersalamander hingegen weigerte sich entschieden, in ihr hinteres Loch zu kriechen. Er verschwand nach mehreren Versuchen aber mit einem Rutsch in ihrer Vagina und wollte sie nicht wieder verlassen. Zwei oder drei Stunden ständiger Orgasmen verdankte sie ihm. Nach einiger Zeit hatte er sich nämlich in ihr umgedreht, seinen Kopf halb herausgestreckt und wie wild gezüngelt. Immer und immer wieder genau auf ihren hochsensiblen Harnwulst. Herausziehen ließ er sich nicht, also musste sie erfinderisch tätig werden. Eine durchsichtige Plastiktüte voller eingefangener Fliegen löste das Problem endlich, was auch Zeit wurde, denn der Lurch hatte sie derart fertig gemacht, dass sie noch zwei Stunden lang wie erschossen und mit nacktem Hintern in der Scheune lag. Dinge, die sich weigerten ihre Öffnungen wieder zu verlassen, waren seitdem ebenfalls passee.

Als einer der Cowboys sie in ihrem wehrlosen Zustand auffand, benutze er sie kurzerhand für seine Zwecke und nahm sie durch, als wolle er ihr ein Fohlen machen. Ohne zu fragen! Ihm erzählte sie, beim Pinkeln in Ohnmacht gefallen zu sein, weil dabei eine Ratte an ihrem Hintern geschnüffelt hätte. Er glaubte es ihr und sah darin einen triftigen Grund, dieses Löchlein ebenfalls einer besonders gründlichen Inspektion zu unterziehen. Dann füllte er sie auch hinten derart auf, dass es nur so aus ihr herauskleckerte. Sie verbrauchte alle Taschentücher, um sich für den Heimweg zu reinigen. Das Letzte ließ sie als Stopfen im Hintern stecken. Ein seltsames Gefühl, mit einem Pfropfen im Anus umherzulaufen.

Zuhause hatte sie dann in der Badewanne Last, die in ihre Ritze geratenen Spelzen wieder aus den Öffnungen zu entfernen. Letztlich gelang es nur, indem sie sich vorn und hinten warme Einläufe mit dem Schlauch der Dusche verpasste. Vier Tage lang brauchte sie danach nur noch zum Pinkeln auf die Toilette. Der Darmeinlauf musste sie bis zum Magenausgang rigoros leergefegt haben, allerdings auch etwas zu heiß gewesen sein. Glücklicherweise begann ihr Dienst im Kaffee erst am nächsten Mittag, denn ihre Öffnungen fühlten sich an, als seien sie mit einer Drahtbürste ausgescheuert worden und beim Pinkeln brannte alles, als hätte ihr jemand mit einer Spritze Salpetersäure in die Blase gefüllt. So ähnlich sah es im Spiegel auch zwischen ihren Schenkeln aus. Ein großer Teil ihrer Scheide schimmerte für einige Tage ganz gelb. Und dann war da noch der aufdringliche Bullterrier ... oh man!

Ja, sie war in der Vergangenheit mit ihren Öffnungen nicht gerade zimperlich umgegangen. Glücklicherweise war ihr der dicke Tannenzapfen zu unheimlich gewesen, der einer Bekannten fast das Leben gekostet hatte. Nachdem er trotz einer dicken Butterschicht auf halbem Weg in ihrem Hintern stecken geblieben war, ließ er sich weder vor noch zurückbewegen, ohne sie völlig aufzureißen. Bei dem schon in ihr steckenden Teil hatten sich durch die feuchte Wärme ihres Darmes die Widerhaken aufgestellt. Da war zu Hause nichts mehr auszurichten. Auf dem Bauch liegend wurde sie mit ihrer höchst peinlichen Verzierung ins Hospital transportiert und dort sofort operiert. Heute sah ihr Hintern wie nach einem Sprengstoffattentat aus. Schade drum, denn sie hatte einen wirklich schönen Hintern gehabt.

Alles in allem gab es neben ihren vielen wirklich scheußlichen Exessen schon so einige berauschende Erlebnisse, aber nichts kam dem gleich, was Sydney an Glücksgefühlen in ihr erzeugte.

Sabrina war das I-Tüpfelchen auf allem. In ihre Augen schauen zu können, während der eigene Körper malträtiert wurde und sich in Krämpfen wand, war wie ein Blick in den siebten Himmel der Liebe. Ja, eigentlich bestand sie nur aus Liebe, genau wie Sydney. Ihr Sydney, Sabrinas Sydney. Hoffentlich für immer!

Rundherum befriedigt und saftlos sah sie zu, wie auch Sabrina von ihm an den Boden genagelt wurde. Ihr erging es nicht anders. Sie tobte ihre allerletzten Kräfte unter ihm aus und er gab es ihr, bis sie nicht mehr schreien konnte. Irgendwann zuckte sie nur noch und stotterte: „Syd ... Sydney, ich ... kann nicht ... mehr." Er gab ihr noch eine berstende Füllung und ließ dann sofort von ihr ab. Danach deckte er sie sorgfältig zu und zog ihre Matten zusammen.

Oh man, seine Potenz stand seiner Körpergröße in nichts nach. Als er lächelnd in die Stube ging, um einen Kaffee zu trinken, stand seine Erektion immer noch wie eine Eins. Total erschossen sahen Sabrina und sie sich in die Augen. Einen weiteren Orgasmus würde wohl keine von ihnen überleben. Im Moment stand ihnen der Sinn auch nach anderen Dingen und über drei Dinge herrschte zwischen ihnen sofort Einigkeit: Zum ersten sollte ihre berauschende Liebe zueinander ewig dauern, zum zweiten würde es keinen anderen mehr für sie geben als Sydney und zu dritten sollten andere ruhig ihre perversen Fantasien pflegen, sie wollten lieber die Wirklichkeit genießen! Eine Wirklichkeit, die ihnen das Paradies auf Erden bescherte.

Sydney setzte sich zu ihnen in die Wanne, um mit ihnen gemeinsam Pläne zu schmieden. Später gedachte er, ihnen seine Stadtwohnung zu zeigen. Ein kleines, schnuckeliges und etwas abgelegenes Häuschen mit Garten am Highway nach Sweethome. Die ehemalige Praxis seines Vaters. Dort wollte er ihnen zunächst ein köstliches Wild-Menü zaubern, sie rundherum verwöhnen und später ausführen. Zuvor jedoch sollte es an Sabrinas Studentenzimmerchen vorbeigehen, denn sie wollte Maya und sich mit frischer Kleidung ausstatten.

Natürlich hatte er die beiden belauscht und wusste von ihren Plänen, die seinen Vorstellungen in allen Punkten entgegenkamen und ihn zutiefst beglückten. Sie würden sich bei ihm wie in Abrahams Schoß fühlen, zumal sein Keller so etliche Überraschungen für sie bereithielt. Zum Beispiel einen Reizstromgenerator, der sich nicht nur zu Massage großer Muskeln eignete, einen Operationstisch mit äußerst interessanten Instrumenten und vieles mehr. Sein Konzept eines Urin-Austauschers würde sie in helle Begeisterung versetzen. Mit ihm konnten sie versuchen, der jeweils anderen eine Blasenfüllung mit ihrem Urin zu verpassen. Eigentlich bestand das gute Stück nur aus einem Schlauch mit Drucksensoren und gegenläufigen Ventilen, der sie beide verbinden würde. Diejenige, die am kräftigsten drücken konnte, verpasste der anderen eine Ladung. Ein einfaches aber wirkungsvolles Spielzeug, wie auch die Orgasmuswippe mit Vibrator- Saug- und BD-Funktionen. Wahre Orgasmuswettkämpfe könnten sie darauf austragen, bis sie groggy in den Seilen hingen. Die beiden sollten sich wundern, wie aufregend ihr Sexualleben auch ohne Folterfantasien sein konnte.

Nun verspürte er keine Zweifel mehr, sie wieder in ein lebenswertes Leben zurückholen zu können. Sein Freund, der Schamane, würde ihn dabei nach allen Regeln der indianischen Kunst unterstützen. Der hatte Praktiken drauf, die selbst Schulmediziner oder Psychologen an Geister glauben ließen und würde demnächst einschließlich seiner Freundin auftauchen, um die Geräteschuppen-Therapie fachkundig zu begleiten. Sabrina würde nach ihrem Studium noch eine Menge von ihm lernen müssen, um eine wirklich gute Sexualtherapeutin zu werden. Nach einer Praxis musste sie danach nicht suchen, denn das Sprechzimmer seines Vaters war, einschließlich Couch, mit allem ausgestattet, was sie brauchen würde und Maya könnte ihre Vorzimmerdame werden. Die beiden würden ein prächtiges Gespann abgeben und vielen verzweifelten Frauen wieder zu einem lebenswerten Dasein verhelfen.

Nun, diese Dinge bekämen erst in zwei Jahren Aktualität, bis dahin war Maya in der Luncheonette gut aufgehoben, denn er konnte sie morgens dort absetzen und nach Feierabend wieder abholen.

Er rieb sich glücklich die Hände, denn ab morgen hieß es auch in Sweethome Alabama:

Game over, Ladys.

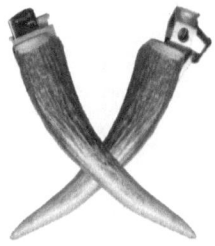